Vous avez dit totalitarisme ?

Slavoj Žižek

Vous avez dit totalitarisme ?
Cinq interventions sur les (més)usages d'une notion

Traduit de l'anglais par Delphine Moreau et Jérôme Vidal

Éditions Amsterdam

Cet ouvrage est conforme à la nouvelle orthographe.
www.orthographe-recommandee.info

© Paris 2005, Éditions Amsterdam,
pour la première édition.

© Paris 2007, Éditions Amsterdam,
pour la présente édition.

Tous droits réservés. Reproduction interdite.

Édition originale :
Did Somebody Say Totalitarianism?
Five Interventions in the (Mis)Use of a Notion
Verso, Londres et New York, 2001, © Slavoj Žižek

Éditions Amsterdam
31 rue Paul Fort, 75014 Paris
www.editionsamsterdam.fr

Abonnement à la lettre d'information électronique
d'Éditions Amsterdam : info@editionsamsterdam.fr

Les Belles Lettres Diffusion Distribution

ISBN : 978-2-915547-49-8

Table des matières

Introduction : Les antioxydants idéologiques · 11

Chapitre I : Le mythe et ses vicissitudes · 19

  Avant Œdipe, Hamlet · 20
  La Beauté née de l'Abject · 25
  De la comédie à la tragédie · 31
  Le mythe de la postmodernité · 36
  « Économie, économie, Horatio ! » · 47
  Agapè · 52
  L'énigme de/dans l'Autre · 62

Chapitre II : Hitler, un ironiste ? · 69

  L'Holocauste est-il le Mal diabolique ? · 69
  Riez à en mourir ! · 76
  Le musulman · 81
  En deçà de la tragédie et de la comédie · 89

CHAPITRE III : Quand le Parti se suicide ... 97

Le pouvoir des sans-pouvoir ... 97
Le sacrifice communiste ... 104
Staline-Abraham contre Boukharine-Isaac ... 110
La jouissance stalinienne ... 115
Lénine contre Staline ... 119
Quand le discours implose ... 123
Digression: Chostakovitch et la résistance au stalinisme ... 128
L'ambigüité radicale du stalinisme ... 132

CHAPITRE IV : Le deuil, la mélancolie et l'acte ... 145

Le manque n'est pas la perte ... 147
Une « pensée postséculière » ? Non, merci! ... 156
L'Autre : imaginaire, symbolique et réel ... 163
L'acte éthique : au-delà du principe de réalité ... 168
Défense du créationnisme matérialiste ... 175
Le Pape contre le Dalaï-lama ... 180
John Woo critique de Lévinas,
ou le visage comme fétiche ... 183

CHAPITRE V : Les *cultural studies*
sont-elles vraiment totalitaires ? ... 191

Une question brulante ... 191
Les deux réels ... 199
L'évolutionnisme déconstructionniste ... 201
Le bouddhisme cognitiviste ... 205
La *third culture* comme idéologie ... 209
L'impasse de l'historicisme ... 217
Appareils théoriques d'État ... 224

Conclusion :

« ... à quoi servent les indigents (totalitaires)
 en ces temps poétiques ? » 229

Notes de l'auteur 257

Notes des traducteurs 369

L'introduction, les chapitres I et IV, et la conclusion ont été traduits par Delphine Moreau avec la collaboration de Charlotte Nordmann. Les chapitres II, III et V ont été traduits par Jérôme Vidal.

Dans le texte, les chiffres utilisés comme appels de note (^{1}) renvoient aux notes de l'auteur, en fin de volume ; les astérisques (*) renvoient aux notes des traducteurs, également en fin de volume.

*Merci à Charlotte Nordmann et Mathilde Vidal
pour le précieux concours qu'elles ont apporté
à la réalisation de cette traduction.*

Introduction
Les antioxydants idéologiques

Laquelle, tout en proposant au lecteur impatient un avant-gout du contenu de l'ouvrage, explique pourquoi la notion de totalitarisme est et fut, dès son origine, un subterfuge.

Sur l'emballage du thé vert *Celestial Seasonings*, on peut lire une courte description de ses bienfaits : « Le thé vert est une source naturelle d'antioxydants qui neutralisent les molécules toxiques du corps appelées *radicaux libres*. Par la *neutralisation des radicaux libres*, les antioxydants aident le corps à entretenir sa bonne santé naturelle. » La notion de totalitarisme n'est-elle pas, *mutatis mutandis*, l'un des principaux antioxydants idéologiques, dont la fonction est depuis l'origine de *neutraliser les radicaux libres*, et d'aider ainsi le corps social à entretenir sa bonne santé politico-idéologique ?

Les universitaires prétendument radicaux d'aujourd'hui sont, comme l'ensemble du monde social, soumis à des règles et des interdits tacites – et bien que ces règles ne soient jamais explicitement formulées, y désobéir peut avoir de terribles conséquences. L'une de ces règles a trait à l'exigence, toujours et partout affirmée sans jamais être mise en question, de « contextualiser » ou de « situer » sa propre position : « Vous parlez des femmes, mais de *quelles* femmes ? Il n'existe pas de femme en soi : votre discours généralisant sur les femmes, bien qu'il semble inclure toutes les situations avec neutralité, ne privilégie-t-il pas certaines figures spécifiques de la féminité aux dépens de certaines autres ? »

Pourquoi une telle historicisation radicale est-elle fausse, en dépit de l'évident moment de vérité qu'elle contient ? Parce que la *réalité sociale d'aujourd'hui (celle de la mondialisation capitaliste avancée) est elle-même dominée par ce que Marx appelle le pouvoir de l'« abstraction réelle »*: la circulation du Capital est une force de « déterritorialisation » radicale (pour employer le vocabulaire de Deleuze) qui, dans son fonctionnement actuel, ignore délibérément les situations singulières et ne peut y être « enracinée ». Ce n'est plus, comme dans l'idéologie classique, l'universalité qui occulte sa partialité, qui masque le fait qu'elle privilégie un contenu particulier ; c'est plutôt la tentative même de déterminer des enracinements particuliers qui occulte idéologiquement la réalité sociale du règne de l'« abstraction réelle ».

La promotion, ces dix dernières années, de Hannah Arendt au rang d'autorité intouchable et d'objet de transfert, est une autre de ces règles. Il n'y a pas vingt ans de cela, ceux qui appartenaient à la gauche radicale lui reprochaient d'avoir forgé la notion de « totalitarisme », l'arme décisive de l'Ouest dans l'affrontement idéologique de la guerre froide : quand, au cours d'un colloque des *cultural studies** dans les années soixante-dix, quelqu'un demandait d'un ton innocent à un intervenant : « Votre raisonnement ne s'apparente-t-il pas à celui d'Arendt ? », il était clair que les choses allaient mal tourner pour ce dernier. À l'inverse, il convient aujourd'hui de se référer à elle avec respect – et même les universitaires dont l'orientation fondamentale devrait les dresser contre elle (des psychanalystes comme Julia Kristeva, étant donné la façon dont Arendt a réfuté la théorie psychanalytique ; les disciples de l'école de Francfort comme Richard Bernstein, étant donné l'excessive antipathie d'Arendt envers Adorno) s'efforcent en vain de la concilier avec leur option théorique fondamentale. Ce nouveau statut d'Arendt est peut-être ce qui manifeste le plus clairement la défaite théorique de la

Les antioxydants idéologiques

gauche, c'est-à-dire l'acceptation par la gauche des données fondamentales de la démocratie libérale (la « démocratie » se définissant ainsi par opposition au « totalitarisme ») et sa tentative actuelle de redéfinir sa position (son opposition) *à l'intérieur* de cet espace. La première chose à faire est par conséquent de transgresser sans crainte ces tabous libéraux : quelqu'un est accusé d'être « antidémocratique », « totalitaire »... *Et alors ?*

La notion de « totalitarisme » a toujours été une notion idéologique au service de l'opération complexe visant à « neutraliser les radicaux libres », à garantir l'hégémonie libérale-démocrate, et à dénoncer la critique de gauche de la démocratie libérale en la représentant comme le pendant, le double de la dictature fasciste de droite. Il est vain de tenter de sauver cette notion par la distinction de sous-catégories (en accentuant la différence entre les formes fasciste et communiste du totalitarisme) : accepter la notion de « totalitarisme », c'est clairement se situer à l'intérieur de l'horizon libéral-démocrate[1]. Ce petit livre entend ainsi défendre la thèse suivante : loin d'être un concept théorique pertinent, la notion de « totalitarisme » est une sorte de subterfuge ; au lieu de nous donner les moyens de réfléchir, de nous contraindre à appréhender sous un jour nouveau la réalité historique qu'elle désigne, elle nous dispense du devoir de penser, et nous empêche même positivement de le faire.

Aujourd'hui, la référence à un danger « totalitaire » contient une sorte de *Denkverbot* tacite, une interdiction de penser semblable à l'odieux *Berufsverbot*, l'interdiction d'être employé par l'État, de l'Allemagne de la fin des années soixante – dès l'instant où quelqu'un montre le plus petit signe d'engagement dans des projets politiques qui contestent l'ordre existant, la réponse est aussitôt : « Avec ces bonnes intentions, ça va forcément se terminer par un nouveau goulag ! » Le retour de l'éthique dans la philosophie politique actuelle exploite honteusement les horreurs du Goulag ou de l'Holocauste en les agitant comme l'abomination suprême, afin de nous contraindre à renoncer à tout engagement radical sérieux. De cette manière, ces canailles de libéraux conformistes peuvent se satisfaire hypocritement de leur défense de l'ordre existant : ils n'ignorent pas l'existence de la corruption, ni de l'exploitation, mais ils accusent toute tentative de changement d'être dangereuse et inacceptable d'un point de vue éthique, de ressusciter le fantôme du « totalitarisme ».

Ce livre n'a pas pour but de proposer un exposé systématique de plus sur l'histoire de la notion de totalitarisme. Il tente plutôt de suivre le mouvement dialectique qui va d'un contenu particulier de cette notion universelle à un autre, mouvement constitutif de ce que Hegel a appelé l'« universalité concrète ». Dans son livre *À quoi penses-tu ? Les incertitudes de l'amour* [*Why Do Women Write More Letters Than They Post ?*], Darian Leader affirme que lorsqu'une femme dit à un homme : « Je t'aime », elle pense au fond toujours l'une des trois choses suivantes :

- *J'ai un amant* (comme dans « Oui, j'ai eu une aventure avec lui, mais ça ne signifie rien, je t'aime toujours ! ») ;
- *Je m'ennuie avec toi* (comme dans « Mais oui, je t'aime, il n'y a pas de problème, seulement, s'il te plaît, laisse-moi un peu tranquille, je voudrais avoir la paix ! ») ;
- et enfin, un simple : *J'ai envie de faire l'amour*[2] !

Ces trois significations sont liées entre elles comme les termes d'un raisonnement : « J'ai un amant parce que je m'ennuyais avec toi, donc si tu veux que je t'aime, fais-moi l'amour comme il faut ! » De la même manière, de nos jours – après les diatribes libérales qui, à l'époque de la guerre froide, dénonçaient rituellement le stalinisme comme la conséquence inévitable du marxisme – quand les théoriciens utilisent le terme de « totalitarisme » comme un terme légitime, ils se réfèrent à l'une des cinq positions suivantes :

• le « totalitarisme » est la *dégénérescence du modernisme* : il remplit le vide ouvert par la dissolution moderniste de tous les liens sociaux organiques traditionnels. Les conservateurs traditionalistes et post-modernistes s'accordent sur cette idée, mais ils se distinguent par des différences d'accent : pour les uns, le « totalitarisme » est la conséquence nécessaire des Lumières modernistes, tandis que pour les autres, il est plus une menace qui vient à effet quand les Lumières ne déploient pas leur pleine puissance ;

• l'Holocauste est le crime absolu, suprême, qui ne relève pas d'une analyse politique concrète, dans la mesure où une telle analyse le banaliserait ;

• l'affirmation néolibérale selon laquelle tout projet politique radical d'émancipation aboutit nécessairement à la domination et au contrôle totalitaires, sous une forme ou une autre. Le libéralisme réussit ainsi à associer les nouveaux fondamentalismes ethniques et (ce qui reste des) projets d'émancipation de la gauche radicale, comme si les deux avaient d'une certaine façon des « liens profonds » et constituaient les deux faces d'une même pièce de monnaie, tous deux cherchant à parvenir à un « contrôle total » (cette combinaison est la nouvelle variante de la vieille notion libérale selon laquelle le fascisme et le communisme sont deux formes de la même dégénérescence « totalitaire » de la démocratie) ;

• l'affirmation postmoderne actuelle (déjà présente, mais de façon masquée dans *La Dialectique des Lumières* d'Adorno et Horkheimer) selon laquelle le totalitarisme politique se fonde sur une « clôture métaphysique phallogocentrée » : la seule façon de prévenir ses conséquences totalitaires est d'insister sur le vide radical, l'ouverture, le déplacement, qui ne pourra jamais être contenu dans un édifice ontologique clos ;

• enfin, une récente et violente réaction cognitiviste a accusé les *cultural studies* elles-mêmes d'être « totalitaires », d'être l'ultime refuge dans lequel subsiste la logique stalinienne d'obéissance inconditionnelle à la ligne du Parti, inaccessible à toute argumentation rationnelle.

Ce qu'il faut remarquer ici, c'est la façon dont la « critique » philosophique dominante de l'hégémonie libérale, celle de la gauche déconstructionniste postmoderne, repose elle-même sur la catégorie de « totalitarisme ». Voici comment procède à peu près la *doxa* politique déconstructionniste : le social est un champ marqué par une indécidabilité structurelle, il est caractérisé par un vide ou un manque irréductible, condamné à jamais à la non-identité à soi-même, et le « totalitarisme » est, à son niveau le plus élémentaire, la clôture de cette indécidabilité – la gauche postmoderne ne reformule-t-elle pas dans son propre jargon la vieille sagesse libérale d'Isaiah Berlin, Robert Conquest et Cie ? Le « totalitarisme » est ainsi élevé au rang de confusion ontologique, il est conçu comme une sorte de paralogisme kantien de la raison politique pure, d'« illusion transcendantale » inévitable qui opère quand un ordre politique existant est directement identifié, dans un court-circuit infondé, avec l'Autre impossible de la Justice – *toute* position qui ne consiste pas à répéter la litanie de la contingence/du déplacement/de la finitude est rejetée comme potentiellement « totalitaire ».

La notion philosophique de totalité et la notion politique de totalitarisme tendent ici à se rejoindre, selon une ligne de pensée qui va de Karl Popper à Jean-François Lyotard : la totalité rationnelle hégélienne est perçue comme le paradigme de l'édifice totalitaire en philosophie. La rationalité comme telle a mauvaise presse de nos jours : les disciples du *New Age* la condamnent comme pensée cartésienne rigide, mécaniste et discursive ; des féministes la rejettent comme posture fondamentalement masculine reposant implicitement sur l'opposition à la sensibilité féminine ; quant aux postmodernistes, la rationalité présuppose selon eux l'exigence métaphysique d'« objectivité », laquelle occulte les mécanismes de pouvoir et de discours qui déterminent ce qui peut être considéré comme « rationnel » et « objectif ». C'est contre cet irrationalisme prétendument de gauche qu'il faut rappeler le sous-titre d'un des écrits de Lacan, *L'instance de la lettre de l'inconscient* : « *ou la raison depuis Freud* ».

* * *

En 1991, après le coup d'État fomenté par la nomenklatura contre Ceaucescu, la police secrète roumaine continua bien sûr à fonctionner comme à l'ordinaire ; mais ses efforts pour donner une nouvelle image d'elle-même, plus sympathique, en phase avec les temps « démocratiques » nouveaux, produisirent d'étranges péripéties. Un de mes amis américains, qui était à ce moment-là à Bucarest à l'occasion d'un échange universitaire, appela chez lui une semaine après son arrivée et raconta à son amie qu'il se trouvait dans un pays pauvre mais accueillant, où les gens étaient sympathiques et avides de connaissance. Dès qu'il eut raccroché, le téléphone sonna ; il prit le combiné, et, à l'autre bout du fil, dans un anglais un peu gauche, quelqu'un se présenta comme l'officier chargé d'écouter ses conversations téléphoniques, et le remercia pour les choses aimables qu'il avait dites sur la Roumanie – après quoi l'officier lui souhaita un agréable séjour et le salua avant de raccrocher. Ce livre est dédié à cet agent anonyme de la police secrète roumaine.

Chapitre premier
Les vicissitudes du mythe

Dans lequel le lecteur sera étonné d'apprendre que le mythe est un phénomène secondaire qui succède à la comédie sociale ; en prime, il découvrira le secret de l'apparition d'une femme splendide.

À la fin des années soixante et dans les années soixante-dix, alors que le marxisme lacanien connaissait son heure de gloire, de nombreux disciples français de Lacan étaient attirés par son antiaméricanisme, qui se manifestait notamment par son rejet du tournant ego-psychologique de la psychanalyse, assimilé à l'expression idéologique de l'« *American way of life* ». Bien que ces disciples (qui étaient pour la plupart de jeunes maoïstes) y aient vu le signe de son « anticapitalisme », il est plus pertinent d'y discerner les traces d'un thème classique de la pensée conservatrice : dans la société actuelle, société bourgeoise, commerciale et « américanisée », la véritable tragédie n'a plus sa place. Ainsi certains grands écrivains conservateurs, comme Claudel, ont-ils tenté de ressusciter la notion de tragédie pour redonner sa dignité à l'existence humaine. Lorsque Lacan se risque à évoquer les derniers vestiges de la bonne vieille authenticité, à peine perceptibles dans la superficialité du monde actuel, ses mots résonnent comme autant de platitudes idéologiques.

Cependant, bien que l'antiaméricanisme de Lacan soit ce qui sonne le plus « faux » et ce qu'il y a de plus idéologique dans son œuvre, il y a néanmoins un « fond rationnel » dans ce thème idéologique : l'avènement du modernisme porte effectivement atteinte aux notions traditionnelles de tragédie et de fatalité.

Avant Œdipe, Hamlet

Quand nous parlons des mythes en psychanalyse, nous ne parlons en fait que d'un seul mythe : le mythe d'Œdipe. Tous les autres mythes freudiens (le père primordial, la version freudienne du mythe de Moïse) n'en sont que des variantes, bien qu'ils soient tout aussi nécessaires. L'histoire d'Hamlet vient cependant tout compliquer. L'interprétation psychanalytique classique d'*Hamlet* – interprétation « naïve », pré-lacanienne – met l'accent sur le désir incestueux d'Hamlet pour sa mère. Le choc éprouvé par Hamlet à la mort de son père est ainsi l'effet traumatique de la satisfaction d'un violent désir inconscient (en l'occurrence, du désir de voir mourir son père). Le spectre de son père mort est la projection de la culpabilité qui l'accable du fait de son désir de mort. Sa haine envers Claude est, quant à elle, la conséquence de la rivalité narcissique qui l'oppose à lui : c'est Claude, et non Hamlet, qui a conquis sa mère. Le dégout d'Hamlet pour Ophélie et pour les femmes en général manifeste sa répulsion pour le sexe : celui-ci lui est en effet devenu insupportable, du fait de son caractère incestueux et en l'absence d'interdit ou de sanction paternels. Ainsi, d'après cette interprétation, *Hamlet* serait une version modernisée du mythe d'Œdipe, qui témoignerait du renforcement de la prohibition de l'inceste, bien plus forte à l'âge moderne qu'elle ne l'était dans l'Antiquité : dans le cas d'Œdipe, il s'agit encore d'inceste, tandis que dans *Hamlet*, le désir incestueux est refoulé et déplacé. En voyant dans Hamlet un névrosé obsessionnel, on corrobore encore cette interprétation : tandis que l'hystérie se retrouve tout au long de l'histoire (occidentale du moins), la névrose obsessionnelle est un phénomène spécifiquement moderne.

Le mythe et ses vicissitudes

S'il ne faut pas sous-estimer la force et la vigueur de l'interprétation freudienne, le problème est de savoir comment on peut concilier cette lecture avec le fait que, même si Hamlet apparait, à la suite de Goethe, comme le modèle de l'intellectuel moderne (introverti, rêveur, indécis), le mythe d'Hamlet est plus ancien que celui d'Œdipe. La structure élémentaire de l'histoire d'*Hamlet* (le fils se venge des actes criminels de son oncle, qui a tué son père et est monté sur son trône ; il parvient à survivre pendant le règne illégitime de son oncle en jouant le fou et en proférant des remarques « délirantes » mais pleines de vérité) est un mythe universel que l'on retrouve partout, depuis les vieilles cultures nordiques jusqu'en Iran et en Polynésie, en passant par l'Égypte ancienne. De plus, un certain nombre d'éléments nous permettent de conclure que ce récit a pour objet réel non des traumas familiaux mais des évènements célestes : la « signification » dernière du mythe d'Hamlet est à chercher dans le mouvement de précession des étoiles ; le mythe habille de cette histoire de famille un ensemble complexe d'observations astronomiques[3]. Cependant cette solution, convaincante au premier abord, génère aussitôt ses propres impasses : le mouvement des étoiles n'a pas en soi de signification ; ce n'est qu'un fait naturel sans résonance libidinale. Pourquoi donc sa traduction imagée a-t-elle pris la forme de cette histoire de famille, qui engendre un tel investissement libidinal ? En d'autres termes, la question de la signification de cette histoire n'est aucunement tranchée par cette interprétation : l'histoire d'Hamlet « signifie »-t-elle les étoiles ou les étoiles « signifient »-elles l'histoire d'Hamlet ? N'est-il pas possible que les Anciens se soient servis de leurs connaissances en astronomie pour chiffrer ce qu'ils percevaient des impasses libidinales fondamentales de la race humaine ?

Une chose est néanmoins claire : chronologiquement et logiquement, l'histoire d'Hamlet précède de fait le mythe d'Œdipe. Nous avons ici affaire au mécanisme de déplacement inconscient bien connu de Freud : quelque chose qui logiquement vient avant n'est perçu et ne s'inscrit dans la texture du rêve que comme la déformation secondaire d'une histoire prétendument « originelle ». C'est en cela que consiste la matrice élémentaire du « travail du rêve », souvent méconnue, qui fait intervenir la distinction entre les pensées latentes du rêve et le désir inconscient à l'œuvre dans le rêve : dans le travail du rêve, les pensées latentes sont codées, déplacées, et c'est par ce déplacement que les autres pensées, celles qui sont véritablement inconscientes, s'expriment.

Ainsi, il ne faut pas interpréter *Hamlet* selon une temporalité linéaire et historiciste comme une déformation secondaire du mythe d'Œdipe : ce dernier est (comme Hegel l'a déjà affirmé) le mythe fondateur de la civilisation grecque occidentale (le suicide du Sphinx représentant la désintégration du vieil univers pré-grec) ; mais ce n'est que dans la « déformation » du mythe d'Œdipe opérée dans *Hamlet* que son contenu refoulé apparait. La preuve en est qu'on retrouve la matrice d'*Hamlet* partout dans la mythologie préclassique, jusque dans l'ancienne Égypte, dont la défaite spirituelle est représentée par le saut suicidaire du Sphinx. (Soit dit en passant, n'en va-t-il pas de même pour le christianisme ? Freud ne défend-il pas la thèse que le meurtre de Dieu dans le Nouveau Testament met au jour le traumatisme « dénié » de l'Ancien Testament ?) Quel est alors le « secret » préœdipien d'*Hamlet* ? Il faut garder à l'esprit l'idée qu'Œdipe est un véritable « mythe » et que l'histoire d'Hamlet en est la variante « moderne », disloquée ou altérée : le « mythe » d'Œdipe et, peut-être, la « naïveté » mythique elle-même servent à occulter un savoir prohibé, qui est en dernière analyse celui de l'obscénité du père.

Comment l'acte et le savoir s'articulent-ils donc dans une constellation tragique ? On le comprendra en analysant ce qui oppose Œdipe et Hamlet : tandis qu'Œdipe accomplit l'acte (de tuer le père) parce qu'il ne sait pas ce qu'il fait, Hamlet sait, et c'est précisément pour cela qu'il n'est pas capable de passer à l'acte (de venger la mort de son père)

Le mythe et ses vicissitudes

De plus, comme Lacan le souligne, Hamlet n'est pas le seul à savoir, son père sait lui aussi mystérieusement qu'il est mort, et même comment il est mort, à l'inverse du père du rêve de Freud qui ne sait pas qu'il est mort ; c'est cet excès de savoir qui explique les faibles qualités mélodramatiques d'*Hamlet*. Ainsi, au contraire de la tragédie, qui est fondée sur une méconnaissance ou une ignorance, le mélodrame implique toujours un excès de savoir inattendu, non chez le héros, mais chez son autre ; c'est ce savoir qui sera délivré au héros à la toute fin, lors du dernier renversement mélodramatique.

Il suffit de rappeler le renversement final particulièrement mélodramatique du *Temps de l'innocence* de Wharton : le mari, qui a nourri durant de longues années un amour illicite et ardent pour la comtesse Olenska, apprend que sa jeune épouse n'a jamais ignoré sa passion secrète. Voilà qui permettrait peut-être d'améliorer le film déplorable qu'est *Sur la route de Madison* : dans les dernières scènes, Francesca, mourante, pourrait apprendre que son mari, qu'elle considère comme un être grossier et terre à terre, savait tout de sa liaison, brève mais passionnée, avec le photographe du *National Geographic* et de l'importance qu'elle avait eue pour elle. C'est en cela que réside l'énigme du savoir : comment est-il possible que toute l'économie psychique d'une situation se transforme radicalement, non quand le héros apprend directement quelque chose (un secret longtemps refoulé), mais lorsqu'il découvre que l'autre (qu'il tenait pour ignorant) l'a toujours su tout en prétendant l'ignorer pour sauver les apparences ? Y a-t-il situation plus humiliante que celle d'un mari qui, après avoir longtemps entretenu une liaison secrète, apprend soudain que sa femme le savait tout du long, mais qu'elle a gardé le silence par politesse ou, pire, par amour pour lui ?

Dans *Tendres passions*, Debra Winger, qui gît sur son lit d'hôpital, rongée par un cancer, dit à son fils (lequel la méprise profondément d'avoir été quittée par son père) qu'elle est convaincue de son amour : elle sait qu'un jour, après sa mort, il se l'avouera à lui-même et qu'il se sentira alors coupable de l'avoir autrefois détestée ; c'est pourquoi elle veut qu'il sache qu'elle lui pardonne par avance et le délivre ainsi du poids de sa culpabilité future. Toute l'essence du mélodrame est dans cette manipulation du sentiment de culpabilité à venir : par son geste de pardon, elle rend son fils coupable à l'avance. (Et c'est également dans cette culpabilisation, dans le geste qui impose une dette symbolique par l'acte même qui la supprime, que réside la ruse la plus habile du christianisme.)

Aux deux formules que nous avons évoquées, « il ne sait pas ce qu'il fait, bien qu'il le fasse » et « il le sait, par conséquent il ne peut le faire », il faut néanmoins en ajouter une troisième : « il sait très bien ce qu'il fait, et cependant il le fait. » Si la première formule décrit le héros traditionnel et la seconde celui des premiers temps de la modernité, la dernière, en combinant de manière ambiguë le savoir *et* l'acte, correspond à la position du héros de la modernité tardive, le héros contemporain. Autrement dit, la troisième formule permet deux lectures totalement opposées, un peu comme dans le jugement spéculatif hégélien où coïncident le plus bas et le plus élevé. D'un côté, la formule « il sait très bien ce qu'il fait, et le fait néanmoins » est l'expression la plus claire du cynisme propre à la dépravation morale : « Oui, je suis une ordure, je triche et je mens, et alors ? C'est la vie ! » D'un autre côté, cette même proposition peut désigner ce qu'il y a de plus opposé au cynisme, à savoir la conscience tragique de ce que, même si ce que je suis sur le point de faire va avoir des conséquences catastrophiques pour moi-même et pour ceux qui me sont les plus proches et les plus chers, je dois néanmoins le faire, suivant en cela une injonction éthique implacable. (Souvenons-nous de la conduite classique du héros des films noirs : il sait parfaitement le terrible destin qui l'attend s'il répond à l'appel de la femme fatale, il sait qu'il est en train de se laisser prendre à un double piège et que cette femme le trahira à coup sûr, mais il ne peut y résister.)

Ce clivage n'est pas seulement celui qui sépare le domaine

Le mythe et ses vicissitudes

du « pathologique » (du bien-être, du plaisir, de l'intérêt) de ce qui relève de l'injonction éthique ; il peut s'agir aussi d'un clivage entre les normes morales auxquelles je me conforme habituellement et une injonction inconditionnelle à laquelle je me sens obligé d'obéir, comme Abraham qui « sait très bien ce que signifie le fait de tuer son propre fils », mais qui néanmoins se résout à le faire, ou comme le chrétien prêt à commettre un terrible péché, à sacrifier son âme au nom d'un plus grand dessein, pour la gloire de Dieu. En un mot, la situation proprement moderne, post- ou méta-tragique, advient lorsqu'une plus haute nécessité me contraint à trahir la substance éthique même de mon être.

La Beauté née de l'Abject

Le XXe siècle a bien sûr connu nombre d'évènements catastrophiques dont l'horreur a probablement dépassé tout ce qui les avait précédés. Cependant, est-il encore possible de qualifier Auschwitz ou les camps staliniens de « tragédie » ? N'y a-t-il pas quelque chose de plus radical à l'œuvre dans la situation des victimes des procès staliniens ou de celles de l'Holocauste ? Le terme de « tragédie », au moins dans son usage classique, n'implique-t-il pas encore la logique de la Fatalité, qu'il serait absurde d'appliquer à l'Holocauste ? Dire que l'anéantissement des Juifs obéit à une nécessité cachée, celle de la Fatalité, c'est lui donner un caractère acceptable. Lacan affronte ces questions insolubles à l'occasion de son étonnante interprétation de la trilogie des Coûfontaine de Paul Claudel [4].

C'est un lieu commun de la psychanalyse que d'affirmer qu'il faut trois générations pour produire un bon psychotique ; le point de départ de l'analyse lacanienne de la trilogie des Coûfontaine consiste à dire qu'il faut également trois générations pour produire un (splendide) objet de désir. Dans le mythe familial d'Œdipe comme dans la saga de la famille Coûfontaine, trois générations se succèdent selon la structure suivante : (1) l'échange symbolique défaillant, (2) la situation de proscrit et (3) l'apparition du sublime objet de désir. Le « péché originel », qui est constitué par la rupture d'un pacte symbolique par les grands-parents (les parents d'Œdipe le rejettent ; Sygne de Coûfontaine renonce à son amour sincère et se marie à Turelure qu'elle méprise), donne naissance à un paria indésirable (Œdipe lui-même ; Louis de Coûfontaine), qui à son tour engendre une fille d'une beauté étourdissante, l'objet du désir par excellence (Antigone ; la jeune aveugle Pensée de Coûfontaine). Un troisième exemple vient apporter la preuve que nous avons ici affaire à une nécessité structurelle. Précisément parce qu'il vient d'une culture « inférieure », la culture de la France profonde, cet exemple fait apparaitre la structure sous une forme distillée, pure. Elle apparait dans les deux romans de Marcel Pagnol, *Jean de Florette* et *Manon des sources*, ainsi que dans leurs deux versions cinématographiques (les deux films, réalisés par Pagnol lui-même, qui précèdent leur version romanesque, puis le film grand public réalisé par Claude Berri en 1987).

Voici les grandes lignes de l'histoire. Dans la Provence du début des années 1920, un bossu, Jean de Florette, qui est un citadin instruit (il est percepteur des impôts) et a appris à cultiver la terre dans les livres, hérite un petit terrain de sa mère, Florette. Accompagné de son épouse dévouée, une ancienne chanteuse d'opéra, et de sa fragile petite fille Manon, il décide de s'installer à la ferme et d'y élever des lapins, ce qui est peu courant dans la région. Jean incarne une figure utopique qui allie des sentiments profondément religieux et le désir de mener une vie authentique à la campagne à la volonté de cultiver la terre de façon scientifique. L'idée qu'il y aurait une authenticité de la vie rurale s'opposant à la corruption de la vie citadine est ici clairement dénoncée comme un mythe urbain. Les paysans sont au contraire méfiants et renfermés sur eux-mêmes ; la principale règle éthique de la communauté, perturbée par l'arrivée de Jean, est en effet la suivante : *on ne s'occupe pas des affaires des autres*.

Le mythe et ses vicissitudes

Les ennuis ne tardent pas à arriver. Les voisins de Jean ont d'autres projets pour ce lopin de terre : ils veulent y cultiver des œillets pour les vendre à la grande ville voisine. Les deux compères, le riche César, resté vieux garçon, et son neveu Ugolin, un simple d'esprit, qui sont les derniers descendants de la puissante famille Soubeyran, d'anciens potentats locaux, préparent alors soigneusement un plan pour provoquer la perte de Jean. César, qui le concocte, n'est pas seulement méchant et avide, il justifie en outre ses actions en exaltant la continuité de la propriété de la terre et de la famille, de sorte qu'à ses yeux sa conspiration est pleinement légitimée par la nécessité de défendre sa terre contre l'intrusion d'étrangers. Avant l'arrivée de Jean, César et Ugolin obstruent la source irriguant sa terre. Ainsi, lorsque les plantes assoiffées commencent à se dessécher et les lapins à mourir, Jean et sa famille sont contraints d'aller puiser de l'eau, du matin au soir, à une source lointaine, sans savoir qu'ils en ont à foison sous leurs pieds. Cela donne lieu à la scène traumatique qui nous montre la pauvre famille marchant continuellement, écrasée sous le poids de l'eau, jusqu'à l'épuisement le plus total, et ce, sous les yeux de tous les habitants du village, pourtant parfaitement au courant de l'existence de la source, mais sans qu'aucun d'eux ne fasse un geste pour le leur dire, puisqu'*on ne s'occupe pas des affaires des autres*. La volonté et la persévérance de Jean ne fléchissent pas, et il finit par mourir dans une explosion alors qu'il tente désespérément de creuser un puits pour accéder à l'eau. Sa femme est alors contrainte de vendre la ferme à César et Ugolin, et part habiter avec Manon dans un cabanon isolé situé sur la montagne toute proche. César et Ugolin « découvrent » bientôt la source et commencent à cultiver leurs œillets.

La seconde partie se déroule dix ans plus tard : Manon est maintenant une magnifique jeune bergère, une sorte de fée mystérieuse hantant les montagnes et évitant la compagnie des villageois. Deux hommes sont amoureux d'elle, le jeune maître d'école, qui vient d'arriver dans le village, ainsi que l'infortuné et horrible Ugolin, qui se prend de passion pour elle après l'avoir secrètement observée chanter et danser nue dans la nature. Cependant Manon, qui se méfiait déjà de l'amitié d'Ugolin pour sa famille lorsqu'elle était petite, fait deux découvertes fatales : non seulement elle apprend que la source qui irriguait le terrain de son père a été obstruée par César et Ugolin, et que tout le village le savait, mais elle découvre par accident, en explorant les excavations souterraines de la montagne, la source qui alimente le village. Pour se venger, elle décide alors de tarir l'eau du village.

Les évènements se succèdent ensuite rapidement. Ugolin reconnait à demi son crime, et offre pitoyablement à Manon de l'épouser, en lui promettant de prendre soin d'elle et de racheter ainsi ses fautes passées. Après qu'elle l'a publiquement repoussé, Ugolin se pend, lui léguant sa terre et toute sa fortune. Comme l'eau ne revient toujours pas, les villageois désespérés font appel à un ingénieur du Génie rural, qui leur assène nombre de théories compliquées, mais ne fait pas revenir l'eau. Le curé propose alors d'organiser une procession autour de la fontaine du village. Dans son sermon, il fait clairement allusion au fait que l'interruption de l'écoulement de l'eau est la punition d'un crime collectif. Pour finir, le maître d'école, dont l'amour pour Manon est payé de retour et qui la soupçonne de connaitre le secret de l'assèchement subit de la source et même d'en être la cause, la convainc de pardonner aux villageois et de faire revenir l'eau. Ils libèrent ensemble la source, de sorte que le jour suivant, pendant la procession et les prières, l'eau se met à couler de nouveau. L'instituteur et Manon se marient, et elle donne naissance à un beau bébé sans bosse, tandis que le vieux César apprend d'une vieille connaissance, une aveugle venue passer ses derniers jours au village, le secret de Jean le bossu.

Florette, la mère de Jean, était le grand amour de César. Au lendemain d'une nuit d'amour avec elle, César partit pour l'Algérie faire son service militaire. Peu après, elle lui écrivit une lettre, où elle lui annonçait qu'elle était enceinte de lui et lui disait son amour. Malheureusement, César ne la reçut jamais. Florette, désespérée, crut que César ne voulait pas d'elle, et tenta de se débarrasser du bébé en se jetant dans les escaliers, sans parvenir à ses fins. Elle se rendit alors au village voisin, séduisit le maréchal-ferrant, se maria avec lui et donna naissance à Jean, l'enfant que ses tentatives pour mettre un terme à sa grossesse ont rendu difforme. César apprend ainsi qu'il a conspiré contre son propre fils, qu'il a causé la mort du fils qu'il avait tant désiré pour perpétuer sa lignée. Son temps est venu, et il décide de mourir : il écrit une longue lettre à Manon où il lui explique qu'il est son grand-père, qu'il lui laisse la fortune des Soubeyran, et lui demande son pardon. Il se couche alors et meurt paisiblement.

Toute la tragédie tient ainsi dans une lettre (celle de Florette à César) qui arrive trop tard à destination, après un long détour de deux générations : la tragédie débute lorsque la lettre ne parvient pas à César en Algérie ; elle connaît son dénouement quand il la reçoit et est alors confronté au fait atroce qu'il a sans le savoir causé la mort de son fils unique.

Comme dans le mythe d'Œdipe et dans la trilogie des Coûfontaine, l'objet splendide (Manon) est issu de l'abject, il est la progéniture d'un enfant non désiré ; la bosse de Jean, de même que la claudication d'Œdipe, est le signe qui témoigne du rejet parental. Il est tentant de lire la succession de ces trois générations à travers le prisme de la structure inversée des trois moments du temps logique [5] :

• à la première génération, des évènements catastrophiques sont engendrés par l'acte fatal d'une fausse conclusion (le contrat aliénant) ;

• suit alors le « temps de la compréhension » (le temps nécessaire pour se rendre compte que, par ce contrat, j'ai tout perdu, j'ai été réduit à l'abject – ce qui se joue ici, c'est la séparation du grand Autre, la perte de l'enracinement dans l'ordre symbolique) ;

- pour finir, il y a le « *moment de voir* ». De voir quoi ? L'objet splendide, bien sûr [6].

Le passage du deuxième au troisième moment est l'équivalent de la transformation de l'objet phobique répulsif en fétiche adoré. Nous avons ici affaire à l'inversion de l'attitude subjective par rapport à un même objet : non de la transformation habituelle d'un « trésor en merde », mais de la transformation opposée, de la « merde en trésor », d'un objet abject dénué de valeur en pierre précieuse. Ce qui se dissimule en arrière-plan, c'est le mystère de l'apparition du splendide objet (féminin) : au commencement, il y a le « péché originel », l'acte d'échange aliénant (une lettre, la lettre de Florette à César, n'atteint pas son destinataire, la rencontre amoureuse échoue, le couple n'est pas réuni). Ce dérèglement originel (l'aveuglement de César face à l'amour de Florette pour lui) trouve son « corrélat objectif » dans l'atroce difformité de leur enfant, qui aboutit ensuite au renversement de la difformité en une beauté étourdissante (la fille de Jean, Manon) [7]. Chez Pagnol, la tragédie inverse la structure du mythe d'Œdipe : au contraire d'Œdipe, qui tue sans le savoir son propre père, César ignore que c'est son fils dont il provoque la perte. César n'est pas simplement mauvais ; il accomplit ses gestes malfaisants en se conformant strictement à l'éthique traditionnelle qui commande de s'attacher inconditionnellement à sa terre, de la protéger à tout prix contre l'intrusion d'étrangers. La communauté villageoise elle-même, en se contentant d'observer passivement les souffrances de la famille de Jean, ne fait également qu'obéir à sa devise, « *on ne s'occupe pas des affaires des autres* », et à sa contrepartie, « *quand on parle, on parle trop* ».

Ces trois figures masculines sont ainsi tragiques chacune à sa manière. César comprend pour finir que l'ennemi dont il a provoqué la perte était son propre fils. Son destin illustre parfaitement le cercle de l'expérience tragique, selon lequel la flèche destinée à l'ennemi revient à l'envoyeur. À ce moment-là, le cercle de la Fatalité se referme, et il ne reste plus au sujet qu'à mourir, comme César le fait avec dignité. La figure la plus tragique de cette histoire est peut-être celle d'Ugolin, qui, à n'en pas douter, aime Manon plus profondément que le superficiel instituteur, plus séducteur que passionné, et qui est conduit au suicide par sa culpabilité et son amour malheureux. Enfin, le personnage de Jean a lui aussi une dimension tragique. Quand les nuages dont il attendait qu'ils mettent fin à la sècheresse passent au-dessus de sa ferme sans apporter aucune goutte de pluie à la terre desséchée, il se tourne vers le ciel et crie dans une explosion de rage un peu ridicule : « Je suis bossu. C'est difficile d'être bossu. N'y a-t-il personne là-haut ? » Jean incarne la figure paternelle qui persévère jusqu'au bout dans ses projets, qui continue de s'en remettre aux statistiques météorologiques, sans égard pour les souffrances que son effort surhumain impose à sa famille[8]. Ce qu'il y a de tragique, c'est l'extrême absurdité de sa tentative : il mobilise toute sa famille, jour après jour, pendant de longues heures, pour rapporter de l'eau d'un puits éloigné, sans savoir qu'il existe sur sa terre une source abondante.

De la comédie à la tragédie

La relation traditionnelle entre la communauté et l'individu tragique est ainsi renversée : alors que dans la forme classique de la tragédie, l'individu outrage la communauté, chez Pagnol, c'est la communauté qui fait offense à l'individu. Dans la tragédie classique, la culpabilité se trouve du côté du héros qui est ensuite pardonné et réintégré au sein de la communauté, tandis qu'ici la culpabilité fondamentale est celle de la communauté elle-même. Elle ne réside pas dans un acte qu'auraient commis les villageois, mais justement dans le fait qu'ils n'ont pas agi, c'est-à-dire dans le décalage entre ce qu'ils savaient et ce qu'ils ont fait : tous connaissaient l'existence de la source, mais aucun n'était prêt à en informer le malheureux Jean.

Si la situation paradigmatique de la tragédie classique est celle du héros qui commet un acte dont les conséquences lui sont entièrement inconnues, qui viole donc sans le savoir l'ordre sacré de la communauté, chez Pagnol, le héros est la communauté elle-même, la collectivité des villageois, et ce, non à cause de ce qu'ils ont fait, mais à cause de ce qu'ils savaient et n'ont pas fait : tout ce qu'ils avaient à faire, au lieu de se contenter d'observer en silence le labeur de la famille, était de communiquer ce qu'ils savaient à Jean. Par conséquent, la découverte tragique de Manon a lieu lorsqu'elle s'aperçoit non de ce que les membres de la communauté ont fait, mais de ce qu'ils savaient. C'est pour cela que César a raison de rétorquer aux villageois qui, vers la fin de l'histoire, lui reprochent tout à coup d'avoir obstrué la source, que même si Ugolin et lui sont effectivement coupables, tous sont complices, puisque tous savaient. La culpabilité de la communauté s'incarne dans l'image fantasmatique du défunt Jean, qui apparait sous la forme d'un spectre hantant les villageois pour leur reprocher de ne pas lui avoir dit la vérité au sujet de la source. L'enfant mutique qu'est Manon ne peut, elle, être trompée. Elle voit et comprend tout, bien qu'elle ne puisse que regarder en silence les efforts surhumains de son père et sa chute finale : ses dessins malhabiles d'enfant, dans lesquels elle représente toute sa famille en train de porter l'eau, constituent pour la communauté un *mémento* insupportable.

L'opposition entre Manon et la communauté villageoise correspond, bien sûr, en termes lacaniens, à l'opposition entre J et A, entre la substance de la Jouissance et le grand Autre. Manon est « des sources », elle incarne le Réel de la Source de Vie (non seulement la sexualité, mais la Vie en tant que telle), c'est la raison pour laquelle elle est en mesure d'interrompre le flot d'énergie vitale (l'eau) et de provoquer ainsi le déclin de la communauté : quand les villageois la chassent, ils perdent sans le savoir leur propre substance vitale. À partir du moment où elle est coupée de sa substance, la communauté apparait telle qu'elle est en vérité, comme le bavardage impuissant de la machine symbolique. Le roman de Pagnol atteint des sommets dans la satire quand les villageois sont confrontés à l'ingénieur du Génie rural, qui masque son ignorance par un discours-fleuve pseudo-scientifique sur les causes possibles de l'assèchement de la fontaine du village. La scène évoque irrésistiblement la vacuité comique des verbiages des trois collègues médecins de Freud qui, dans la seconde partie du rêve de l'injection d'Irma, énumèrent les excuses pouvant exonérer Freud de toute culpabilité dans l'échec du traitement d'Irma. De manière significative, c'est le prêtre du pays qui intervient comme médiateur et qui indique le chemin de la réconciliation, en déplaçant le problème du savoir scientifique à la vérité subjective et en amenant les villageois à affronter leur culpabilité commune. Il n'est alors pas étonnant que la réconciliation finale soit scellée par le mariage de Manon et du jeune instituteur, la grossesse de Manon témoignant de l'harmonie refondée entre le Réel de la Substance Vitale et le « grand Autre » symbolique. Comme Junta, l'un des personnages de *La Lumière bleue*, le premier long-métrage de Leni Riefenstahl, Manon est une proscrite splendide, exclue par l'étroite communauté villageoise, et qui a accès au mystère de la vie.

L'intervention du prêtre révèle également le mécanisme élémentaire à l'œuvre dans l'émergence d'une signification idéologique. Là où l'explication par les causes (celle de l'ingénieur) vient à manquer, le sens vient combler le vide : le prêtre change ainsi de registre, et propose aux membres de la communauté de considérer l'assèchement de la fontaine non comme le simple effet d'un processus naturel (une modification de pression dans les sous-sols, la sècheresse, un changement dans le cours de l'eau souterraine), mais comme le signe d'un manquement éthique de la part de la communauté (il trace lui-même un parallèle avec Thèbes dont les malheurs ont pour cause la relation incestueuse qui a uni des membres de la famille royale). Le « miracle » survient alors au milieu de la procession religieuse : tout à coup, l'eau se remet à couler (Manon a désobstrué la source). S'agit-il ici d'une simple supercherie ? Où est la véritable foi religieuse ?

Le prêtre est parfaitement conscient de ce qui est en jeu ; le message qu'il envoie à Manon est le suivant : « Je sais que le miracle ne sera pas réellement un miracle, que l'eau ne coulera à nouveau que parce que tu vas désobstruer la source. Cependant, les véritables miracles ne sont pas à l'extérieur, mais à l'intérieur. Le véritable miracle est que quelqu'un comme toi, qui, si l'on tient compte de tout le mal fait à ta famille, as tout à fait le droit de haïr notre communauté, rassemble ses forces pour revenir sur sa décision et accomplir un geste bienveillant. » Le véritable miracle est dans cette conversion intérieure, par laquelle l'individu rompt le cercle de la vengeance et pardonne. Le véritable miracle se situe dans le fait de défaire rétroactivement [*Ungeschehenmachen*] le crime et la culpabilité.

Nous sommes ici confrontés au principe idéologique « *je sais bien, mais quand même* » à son état le plus pur : bien qu'il n'y ait pas de miracle physique, il y a cependant un miracle à un autre niveau, plus « profond », un miracle « intérieur ». On voit alors clairement ce qu'a de problématique la position médiane adoptée par Pagnol. D'un côté, il semble se référer à l'idée prémoderne selon laquelle il y aurait une correspondance entre les évènements matériels extérieurs et la vérité « intérieure » – correspondance qui trouve son expression dernière dans le mythe du roi Pêcheur (la « terre désolée » étant la manifestation de la faillite éthique du roi) ; d'un autre côté, il prend réflexivement en compte le caractère illusoire de cette correspondance.

Cette position médiane jette une ombre sur ce qui est présenté comme l'univers mythique clos de la fatalité tragique, dans lequel les fils dispersés de l'intrigue se nouent pour finir en une conclusion commune. Une tragédie épique de ce genre paraîtrait aujourd'hui tout à fait incongrue. À une époque où les écrans s'efforcent de nous présenter une actualité en perpétuelle ébullition dans l'espoir d'entretenir notre attention, les seuls dialogues admis se réduisent de plus en plus à des « petites phrases » habiles et piquantes, et les seules intrigues jugées acceptables sont de fumeuses histoires de complot. Chez Pagnol au contraire, le récit progresse d'un pas de sénateur, traversant trois générations selon un cours inexorable, comme dans une tragédie grecque ; il n'y a pas de suspense, les intentions de chacun sont exposées à l'avance et ce qui va se produire est parfaitement clair ; mais c'est précisément ce qui rend les évènements si terribles et funestes lorsqu'ils se produisent effectivement.

Cependant, au lieu de relater une réelle expérience mythique, Pagnol n'en propose-t-il pas une version rétro et nostalgique ? Si l'on regarde de près les trois formes consécutives sous lesquelles l'histoire de Pagnol a été présentée au public (tout d'abord ses deux films, puis la version romanesque, et enfin les films de Claude Berri), il est troublant de constater que les premières versions sont les moins mythiques : ce n'est que dans la version nostalgique, « postmoderne », de Berri qu'apparaissent pleinement les traits de l'univers clos de la fatalité mythique. En même temps qu'elle cherche à conserver les traces de la vie provinciale « authentique » d'une communauté villageoise en France, dans laquelle les gens agissent suivant de vieux modèles religieux quasi païens, la version de Pagnol déploie plutôt la dimension théâtrale et comique de l'action ; les deux films de Berri, bien que tournés dans un style plus « réaliste », mettent l'accent sur le destin et la démesure mélodramatique (le choix du thème musical principal du film est ici significatif : il s'inspire en effet de *La Forza del destino* [*La Force du destin*][9] de Verdi). Paradoxalement, la représentation d'une communauté prémoderne, fermée sur elle-même et soumise à de nombreux rites, implique un caractère théâtral comique et ironique, tandis que la version moderne « réaliste » inclut les notions de Fatalité et de démesure mélodramatique[10].

N'avons-nous pas ici encore affaire au paradoxe d'*Hamlet* ? La forme « mythique » du récit n'est pas le point de départ, mais l'aboutissement d'un processus complexe de déplacements et de condensations. À travers les trois versions successives du chef-d'œuvre de Pagnol, on observe ainsi la transformation progressive d'une comédie de mœurs sociales en un mythe : quand l'ordre « naturel » est inversé, le mouvement va de la comédie à la tragédie. Il faut en conclure qu'il ne suffit pas d'affirmer que les mythes actuels sont des constructions artificielles rétro, factices et inauthentiques : c'est le mythe *en tant que tel* qui est factice.

Le mythe de la postmodernité

Ce qui nous ramène à la possibilité d'une structure mythique à l'époque moderne, lorsque la philosophie elle-même devient réflexive, suivant deux étapes successives. Tout d'abord, avec le tournant critique kantien, la philosophie perd son « innocence », elle intègre un questionnement concernant *ses propres* conditions de possibilité ; puis, avec le tournant « postmoderne », elle devient « expérimentale », elle ne propose plus de réponses inconditionnelles, mais joue avec différents « modèles », combine différentes « approches » qui tiennent compte par avance de leur propre manque : tout ce qu'il est possible de formuler correctement, c'est une question, une énigme, les réponses n'étant que des tentatives avortées pour combler la faille ouverte par cette énigme.

La meilleure illustration de la manière dont cette réflexivité affecte notre expérience quotidienne de la subjectivité est peut-être l'universalisation de l'état de dépendance : on peut aujourd'hui être « dépendant » de tout et n'importe quoi, non seulement de l'alcool ou de la drogue, mais aussi de la nourriture, de la cigarette, du sexe ou encore du travail. Cette universalisation de la dépendance indique l'incertitude radicale qui caractérise aujourd'hui toute position subjective : il n'y a pas de modèles solides préétablis, tout doit être encore et toujours (re)négocié – et ce, jusqu'au suicide. *Le Mythe de Sisyphe* d'Albert Camus a beau être un texte irrémédiablement dépassé, il souligne cependant très justement que le suicide est le seul problème véritablement philosophique ; la question est de savoir *à quel moment* il acquiert ce statut. Il ne l'acquiert en fait qu'avec l'émergence de la société réflexive moderne, quand la vie elle-même ne va plus « de soi », n'est plus une caractéristique « non marquée » (pour employer une notion développée par Roman Jakobson), mais est « marquée » en ce sens qu'elle doit être justifiée dans chaque cas (c'est la raison pour laquelle l'euthanasie devient acceptable). Avant la modernité, le suicide était le signe d'un dysfonctionnement pathologique, du désespoir ou de la misère. Avec le règne de la réflexivité, le suicide devient un acte existentiel, la conséquence d'une décision pure, irréductible à une souffrance objective ou à une pathologie psychique. C'est l'envers de la réduction durkheimienne du suicide à un fait social qui peut être quantifié et prédit : ces deux mouvements, celui de l'objectivation du suicide et celui de sa transformation en un pur acte existentiel, sont strictement corrélés [11].

En quoi ce processus affecte-t-il le mythe ? Ce n'est peut-être pas une simple coïncidence si, au moment précis où Sergeï Eisenstein développait et mettait en pratique le « montage intellectuel » qui consistait à juxtaposer des fragments hétérogènes afin de créer non une continuité du récit mais une signification nouvelle, T. S. Eliot développait un procédé presque similaire dans *La Terre désolée* [*The Waste Land*], en juxtaposant des fragments de différents domaines de la vie quotidienne et des fragments de vieux mythes et d'œuvres d'art. Le projet de *La Terre désolée* était de parvenir à montrer que les fragments de l'expérience quotidienne banale des classes moyennes étaient les « corrélats objectifs » de l'atmosphère et du sentiment métaphysiques de déclin universel, d'effritement du monde, de crépuscule de la civilisation. Ces fragments ordinaires (bavardages pseudo-intellectuels, conversations de comptoir, émotions devant un fleuve) subissent soudain une « transsubstantiation » et deviennent l'expression d'un malaise métaphysique qui évoque celui du *das Man* heideggérien [12]. Eliot se situe ici à l'opposé de Wagner, dont le *Crépuscule des Dieux* met en scène des figures mythiques extraordinaires : la découverte d'Eliot consiste à s'apercevoir que la même histoire peut être racontée de façon bien plus efficace à travers des fragments du quotidien bourgeois le plus ordinaire.

C'est peut-être là que s'opère le passage du romantisme tardif au modernisme. Les romantiques tardifs pensaient encore que l'histoire du déclin mondial devait faire l'objet d'un récit héroïque et fantastique ; le modernisme, quant à lui, affirma le potentiel métaphysique de parcelles banales et triviales de notre expérience de tous les jours. Peut-être le postmodernisme inverse-t-il le modernisme : il fait retour vers les grands thèmes mythiques, mais en les privant de leur résonance cosmique et en les traitant comme des fragments de la vie quotidienne que l'on peut manipuler à volonté. Bref, dans le modernisme, des fragments de la vie quotidienne ordinaire servent à exprimer une vision métaphysique globale, tandis que dans le postmodernisme, ce sont des figures extraordinaires qui sont utilisées comme des fragments de la vie ordinaire.

Cela fait longtemps que j'ai l'idée d'écrire un jour un commentaire d'un texte « classique » qui n'existerait pas : ce jeu autour d'un centre absent relève encore du modernisme, comme les célèbres photogrammes de Cindy Sherman, prétendument extraits de films en noir et blanc qui n'existent en réalité pas. Le postmodernisme proprement dit aurait choisi la procédure inverse, consistant à imaginer tout un récit à partir d'une peinture ou d'une photo, et à en faire une pièce de théâtre ou un film. Quelque chose de similaire a été entrepris récemment à New York. La pièce de Lynn Rosen, *Nighthawks* [*Oiseaux de nuit*], dont la première eut lieu *off-Broadway* en février 2000, tient très précisément les promesses de son titre : il s'agit d'une série de scènes qui donnent vie à quatre peintures d'Edward Hopper (*Summertime*, *Conference at night*, *Sunlight in a cafeteria*, et, bien sûr, *Nighthawks*) en imaginant la conversation en cours dans les situations représentées et ce qui a conduit ces personnes à se trouver dans un même lieu. Dans son incroyable simplicité, et même sa vulgarité, c'est là du postmodernisme à l'état pur. Il ne faut pas confondre cette attitude postmoderne avec la démarche du film espagnol qui, il y a quelques années, tentait de recréer les circonstances de la réalisation des *Ménines* de Vélasquez. La pièce de Lynn Rosen ne prétend pas donner à voir le contexte dans lequel Hopper a peint, mais la réalité fictive figurée dans son tableau, en la développant et en lui « donnant vie ». Le but n'est pas de représenter la genèse d'un chef-d'œuvre, mais d'accepter naïvement que son contenu décrit une réalité sociale, puis de donner à voir un peu plus de cette réalité.

Ce qui nous conduit à ce qui est peut-être le procédé postmoderne par excellence : le procédé consistant à « remplir les blancs » des textes classiques. Si le modernisme utilise le mythe comme cadre interprétatif de référence pour ses récits contemporains, le postmodernisme réécrit le mythe en le complétant. Dans sa nouvelle « Ça doit vous rappeler quelque chose », Robert Coover décrit avec force détails, et en employant des termes pornographiques, ce qui se passe pendant les fatidiques trois secondes et demie de fondu enchaîné qui, dans *Casablanca*, suivent l'étreinte passionnée de Bergman et de Bogart[13]. L'écrivain-lecteur n'est-il pas aujourd'hui confronté à la même tentation devant la plus célèbre nouvelle de Kleist, *La Marquise d'O.*, dont le tout premier paragraphe est proprement scandaleux :

> À M…, ville importante du nord de l'Italie, la Marquise d'O., une veuve d'excellente réputation, mère de plusieurs enfants parfaitement élevés, fit connaitre par la voix de la gazette locale que, sans s'expliquer comment, elle se trouvait enceinte, qu'il serait souhaitable que le père se présentât pour reconnaitre l'enfant qu'elle allait mettre au monde, et que, par égard pour sa famille, elle était résolue à l'épouser[14].

Le caractère choquant de ces lignes réside dans la façon qu'a l'héroïne de se conformer de manière excessive au code moral : elle porte à l'extrême, et jusqu'au ridicule, la soumission aux convenances sexuelles. Elle n'a aucun souvenir de ce rapport sexuel : aucun symptôme névrotique ne vient indiquer un refoulement (puisque, comme Lacan nous l'a appris, le refoulement et le retour du refoulé sont une seule et même chose) ; bien plus que simplement refoulé, ce rapport sexuel est forclos. Dans *Men in black*, les agents secrets qui combattent les extraterrestres sont dotés d'un petit appareil en forme de stylo qui lance des flashs. Ils l'utilisent quand des personnes non autorisées sont confrontées à des extraterrestres : ils leur lancent alors des flashs qui leur font perdre entièrement la mémoire de ce qui vient de leur arriver (ce qui leur évite un choc post-traumatique). Le mécanisme de la *Verwerfung,* du rejet, ne fait-il pas intervenir quelque chose du même ordre ? La *Verwerfung* n'est-elle pas un appareil psychique du même type ? Et tout ne se passe-t-il pas comme si la Marquise d'O. avait été soumise à ce flash destructeur de souvenirs ? Cet effacement total du rapport sexuel est signalé par le fameux tiret placé au milieu de la phrase qui décrit son épreuve : alors que les troupes russes prenaient d'assaut une citadelle commandée par son père, elle tomba entre les mains d'une bande de malfaiteurs ennemis qui tentèrent de la violer ; elle fut alors secourue par le comte F., un jeune officier russe qui, après l'avoir sauvée,

> lui offrit son bras et la conduisit dans une autre aile du palais, que les flammes n'avaient pas encore atteinte, et où, déjà rendue muette par le choc, elle tomba évanouie. Puis – l'officier ordonna aux servantes effrayées de la marquise, qui arrivaient tout juste, d'aller chercher un médecin ; il leur assura qu'elle reprendrait ses esprits rapidement, remit son chapeau et retourna se battre[15].

Le tiret joue ici, bien sûr, exactement le même rôle que le plan de trois secondes et demie qui succède à l'étreinte passionnée d'Ilsa et Rick, pour se fondre ensuite dans un plan de la fenêtre de la chambre de Rick vue de l'extérieur. Ce qui s'est passé (comme l'indique déjà dans cette description le curieux détail du comte « remettant son chapeau »), c'est que le comte a cédé à la tentation subite offerte par l'évanouissement de la marquise. L'annonce dans la gazette provoque la réapparition du comte, lequel propose à la marquise de l'épouser, bien qu'elle ne reconnaisse pas en lui son violeur, mais seulement son sauveur. Plus tard, quand le rôle joué par le comte devient clair, elle persiste, contre la volonté de ses parents, à vouloir se marier avec lui, prête à reconnaître son sauveur dans la figure de son violeur – de même qu'à la fin de sa préface à *La Philosophie du Droit*, Hegel, suivant en cela Luther, nous incite à reconnaître la Rose (de l'espoir et du salut) dans la Croix pesante du présent. Cette histoire manifeste la « vérité » de la société patriarcale, vérité qu'exprime le jugement spéculatif hégélien qui pose l'identité du violeur et du sauveur chargé de protéger la femme du viol, et qui affirme que, si le sujet semble combattre une force extérieure, il lutte en réalité contre lui-même, avec sa propre substance qu'il ne reconnait pas.

Kleist est déjà « postmoderne » en ceci qu'il opère une subversion ultraorthodoxe de la loi, qu'il subvertit la loi par une identification excessive avec elle. La longue nouvelle « Michael Kohlhass », qui s'inspire d'évènements réels survenus au XVIe siècle, en est une illustration exemplaire : après avoir subi une injustice mineure (deux de ses chevaux ont été maltraités par un noble de la région, un baron corrompu nommé von Tronka), Kohlhass, un marchand de chevaux respecté, s'engage dans une quête obstinée de justice ; quand, à cause de juges corrompus, il perd son procès, il décide de veiller lui-même au respect de la loi, organise une bande armée, puis attaque et brule une série de châteaux et de villes dans lesquels il suspecte que Tronka a trouvé refuge. Pendant tout ce temps, il ne cesse d'affirmer qu'il ne désire rien de plus que de voir réparer le tort mineur qui lui a été fait.

Suivant le paradigme du renversement dialectique, l'adhésion stricte et inconditionnelle de Kohlhass aux règles, la violence qu'il déploie pour défendre le droit, se transforme en violence créatrice de droit (pour reprendre cette opposition benjaminienne classique[16]). L'ordre habituel est ici renversé : ce n'est pas la violence fondatrice du droit qui, une fois la règle établie, en assure la défense ; c'est au contraire la violence destinée à préserver le droit qui, poussée à l'extrême, conduit à la fondation violente d'un nouveau droit. Quand Kohlhass acquiert la conviction que la structure légale existante est en elle-même corrompue, et qu'elle est incapable de se conformer à ses propres règles, il donne au registre symbolique une orientation presque paranoïaque : il proclame son intention de créer un nouveau « gouvernement mondial » en se présentant comme l'émissaire de l'archange Michael, et appelle tous les bons chrétiens à soutenir sa cause. (Bien que cette histoire ait été écrite en 1810, plusieurs années après la *Phénoménologie de l'Esprit* de Hegel, Kohlhass, bien plus que les héros de Schiller, est l'illustration exemplaire de ce que Hegel nomme la « loi du cœur et le délire de présomption »).

Une étrange réconciliation s'opère à la fin de l'histoire. Kohlhass est condamné à mort, mais il l'accepte avec calme, parce qu'il a atteint son objectif apparemment dérisoire : ses deux chevaux lui sont rendus, aussi superbes et vigoureux qu'auparavant, et le Baron von Tronka est quant à lui condamné à deux ans de prison. Cette histoire décrit la façon dont la quête excessive de justice d'une personne aveuglément soumise aux règles et n'ayant aucune compréhension de ces autres règles, non écrites, qui précisent l'application de la loi, s'achève dans le crime. On a là une sorte d'équivalent légal de ce qu'on appelle l'effet papillon : une transgression dérisoire met en mouvement toute une chaine d'évènements, jusqu'à créer des dommages disproportionnés dans l'ensemble du pays. Rien d'étonnant donc à ce qu'Ernst Bloch ait qualifié Kohlhass d'« Emmanuel Kant de la jurisprudence »[17].

Les films de la série des *James Bond* constituent le renversement symétrique de ces deux textes de Kleist. D'un côté, la plupart de ces films s'achèvent de la même manière, par une scène étrangement utopique représentant

Le mythe et ses vicissitudes

un acte sexuel qui est à la fois un moment intime et une expérience collective : tandis que Bond, enfin seul avec sa partenaire, lui fait l'amour, l'activité du couple est observée (écoutée ou enregistrée) par le grand Autre, qui est ici incarné par la communauté professionnelle de Bond (M, Miss Money-Penny, Q, etc.). Dans l'un des derniers James Bond, *Le Monde ne suffit pas* (1999), cet acte est joliment traduit par un signal rouge sur l'image satellite. Le remplaçant de Q (John Cleese) éteint alors avec discrétion l'écran de l'ordinateur, empêchant les autres de satisfaire leur curiosité. Bond, qui sert le reste du temps de grand Autre (de témoin supposé idéal) au Grand Criminel, a ici lui-même besoin du grand Autre : ce n'est que par ces témoins que son activité sexuelle « reçoit une existence ». (Une telle utopie de la reconnaissance de l'acte sexuel par le grand Autre de la communauté est évoquée par Adorno lui-même dans ses *Minima moralia* : Adorno interprète la scène archétypale de l'homme riche qui exhibe en public sa jeune maitresse, bien qu'ils ne soient pas amants, comme le fantasme d'une sexualité pleinement émancipée [18].) D'un autre côté, cette fin ouvre une brèche qui appelle une réécriture postmoderne. Les films de James Bond contiennent en effet une énigme : que se passe-t-il entre ce moment de plénitude finale et le début du film *suivant*, dans lequel M vient demander à Bond d'accomplir une nouvelle mission ? La version postmoderne d'un film de James Bond pourrait être une sorte de drame existentiel ennuyeux racontant la désagrégation d'un couple : Bond s'enfoncerait dans l'ennui ; les amants se disputeraient ; la fille voudrait se marier mais Bond s'y refuserait, etc., de sorte qu'il serait finalement soulagé quand l'appel de M lui permettrait d'échapper à une relation devenue de plus en plus étouffante.

On pourrait encore conceptualiser l'opposition entre le modernisme et le postmodernisme à travers la tension entre le mythe et le « récit d'une histoire vraie ». Le geste moderniste paradigmatique consiste à mettre en scène un évènement banal et quotidien de manière à y faire entendre l'écho d'un récit mythique (si l'on met de côté *La Terre désolée*, l'autre exemple classique d'un tel procédé est, bien sûr, l'*Ulysse* de Joyce). Le même constat peut être fait dans le domaine de la littérature populaire, à propos des meilleures histoires de *Sherlock Holmes* : elles ont toutes de claires résonances mythiques [19]. Le geste postmoderniste est exactement inverse : il consiste à mettre en scène le récit mythique lui-même comme un fait ordinaire. Par conséquent, soit on reconnaît, derrière ce qui se présente comme un récit réaliste, les contours d'une structure mythique (parmi les films récents, celui d'Atom Egoyan, *De beaux lendemains*, avec ses références au mythe du joueur de flûte, en est un parfait exemple), soit on interprète le mythe lui-même comme une « histoire vraie ».

Ce procédé postmoderne est cependant très risqué : la pièce de Peter Schaffer, *Equus* (plus tard adaptée au cinéma avec Richard Burton dans le rôle principal), fournit l'exemple par excellence de l'artificialité que je dénonce ici. Le narrateur, un psychiatre cynique d'un certain âge qui s'intéresse aux mythes de la Grèce ancienne, reçoit en consultation un jeune homme qui, dans un passage à l'acte désespéré visant à résoudre l'inextricable conflit libidinal dans lequel il est pris, s'est saisi d'une faucille et a crevé les yeux des quatre chevaux de course dont il était chargé de prendre soin. Un grand moment de lucidité et de vérité se produit quand le psychiatre prend conscience de ce que, tandis qu'il s'adonne à l'admiration intellectuelle aseptisée des vieux mythes grecs, il a en face de lui une personne qui *vit le*s rituels sacrificiels compulsifs formant la substance des grands mythes. Fasciné par les anciens mythes, il restait aveugle à l'expérience d'une personne dont la vie *est* cette expérience mythique sacrée. Pourquoi cette idée, présentée comme authentique, est-elle factice ? Est-ce parce qu'elle implique une sorte d'illusion rétrospective ? Parce que l'expérience du mythe ne peut être pleinement vécue dans le présent ? Le mythe, la trame mythique, ne peut-il apparaître par définition que comme un souvenir, comme la reconstitution rétrospective de quelque chose qui, au moment où il avait « effectivement lieu », n'était que l'effet banal et vulgaire du jeu des passions ?

En fait, les raisons du caractère factice d'*Equus* sont ailleurs. *Equus* est une variation sur un thème ancien : dans nos vies contemporaines « desséchées », aliénées, « désenchantées », nous avons perdu tout sens de la magie de l'expérience mythique de la vie. L'un des traits fondamentaux du modernisme artistique consiste à discerner dans le processus même de modernisation, dans sa violence, le retour des modèles mythiques et barbares d'avant la civilisation. Dans son commentaire de la représentation du *Sacre du printemps* à Londres en 1921, T. S. Eliot fit l'éloge de la musique de Stravinsky, de la manière dont elle métamorphosait « le rythme des steppes en klaxons de voitures, en cliquetis de machines, en grincement de roues, en bruits de fer et d'acier battus, en grondement souterrain du métro, et autres crissements barbares de la vie moderne [20] ». En un mot, l'idée sous-jacente n'est pas qu'il y aurait un conflit ou un fossé entre les rituels et les mythes anciens et les comportements modernes désenchantés, mais au contraire qu'il y a une continuité entre la barbarie primitive et la modernité. Nous avons ici affaire à l'idée selon laquelle la modernisation industrielle, les mouvements de foule anarchiques des grandes villes contemporaines, tous ces éléments qui signalent la désintégration de l'univers aristocratique « civilisé » et des coutumes raffinées des premiers temps de l'univers bourgeois ainsi que la dissolution des liens traditionnels, annoncent la violence mythico-poétique dont ils sont eux-mêmes porteurs. On sait que la célébration du retour de la violence barbare mythico-poétique dans le processus de modernisation a été l'un des thèmes principaux de l'esthétique du modernisme conservateur. L'essor des foules anarchiques dans les grandes villes a été perçu comme la cause de la ruine de l'hégémonie du jeune individualisme libéral, rationaliste et bourgeois, au profit du renouveau d'une esthétisation religieuse et barbare, les nouveaux rituels sacrés de masse apparaissant comme de nouvelles formes de sacrifices barbares.

La réaction marxiste habituelle à ce processus est double. D'un côté, il n'est pas difficile pour un marxiste d'interpréter cette « barbarisation » comme inhérente à la dissolution violente par le capitalisme de tous les liens organiques « civilisés » traditionnels : en raison des effets de désagrégation et de destruction sociales produits par le développement du capitalisme, celui-ci prend nécessairement la forme d'une « régression » idéologique à des formes barbares et ritualisées de la vie sociale. D'un autre côté, des théoriciens comme Adorno ont souligné que cette régression aux mythes barbares est factice : nous n'avons pas authentiquement affaire à la forme de vie organique mythique, mais à un mythe manipulé, une construction artificielle destinée à dissimuler son exact opposé, à savoir la rationalisation et le travail de réflexivité généralisés de la vie moderne. Il reste que le travail de réflexivité et la rationalisation caractéristiques de la modernisation sont porteurs d'une nouvelle forme d'opacité, qui favorise une expérience idéologique quasi mythique. Cette re-mythologisation ne peut être réduite à un usage de la structure mythique externe visant à « contrôler, ordonner, donner une forme et une portée à l'intense panorama de futilité et d'anarchie de l'histoire contemporaine », comme Eliot lui-même l'affirme à propos de l'*Ulysse* de Joyce, qui organise une journée de la vie de Léopold Bloom autour de la référence à *L'Odyssée* d'Homère [21]. Quelque chose de plus radical est en jeu : la violence chaotique de la vie industrielle moderne, qui dissout les structures « civilisées » traditionnelles, est d'emblée vécue comme le retour de la violence barbare mythico-poétique « refoulée » par l'armure des coutumes civilisées. Voilà peut-être ce qu'est, en dernière analyse, le « postmodernisme » : non pas tant ce qui vient après le modernisme, que le mythe qui lui est inhérent.

Pour Heidegger, la percée grecque, le geste fondateur de l'« Occident », c'était sa victoire sur l'univers mythique « asiatique » préphilosophique : ce qui s'oppose le plus à l'Occident, c'est « le mythique en général et l'asiatique en particulier[22] ». Ce dépassement ne consiste pas simplement à laisser derrière soi le mythique, mais encore à lutter constamment avec (en) lui : le recours au mythe est nécessaire à la philosophie, non seulement pour des raisons extérieures, pour aider les foules sans instruction à comprendre son enseignement conceptuel, mais, de façon plus fondamentale, pour lui permettre de « coudre ensemble » les différentes parties de son propre édifice conceptuel, quand elle échoue à saisir son noyau intime – comme l'illustrent aussi bien l'allégorie de la caverne de Platon que le mythe du père primordial de Freud ou la lamelle de Lacan. Le mythe est ainsi le Réel du *logos* : l'intrus, l'étranger dont il est impossible de se débarrasser, mais dont il est également impossible de se passer. C'est là la leçon de la *Dialectique des Lumières* de Adorno et Horkheimer : les Lumières « contaminent » toujours déjà l'immédiateté mythique naïve ; elles sont en fait elles-mêmes mythiques, car leur geste fondateur répète l'opération mythique. Or, qu'est-ce que la postmodernité si ce n'est la défaite des Lumières dans leur triomphe même ? Quand la dialectique des Lumières atteint son apogée, la société postindustrielle, à la fois dynamique et déracinée, engendre alors directement son propre mythe.

« *Économie, économie, Horatio !* »

En quoi consiste alors la rupture de la modernité ? Quelle est la faille ou l'impasse que le mythe s'efforce de dissimuler ? On est presque tenté de retourner aux vieilles traditions moralistes : le capitalisme trouverait son origine dans le péché d'économie, dans la tendance à l'avarice. La notion freudienne, longtemps discréditée, de « caractère anal », ainsi que ses liens avec l'accumulation capitaliste font ici l'objet d'une revalorisation inattendue. Le caractère suspect d'un souci d'économie excessif est explicitement dénoncé dans *Hamlet* (Acte I, scène 2) :

Horatio : Monseigneur, je suis venu assister aux funérailles de votre père.

Hamlet : Je t'en prie, ne te moque pas de moi, mon camarade, Je crois que c'est plutôt pour assister aux noces de ma mère.

Horatio : Il est vrai, Monseigneur, qu'elles les ont suivies de bien près.

Hamlet : Économie, économie, Horatio ! Les viandes cuites pour les funéraille Ont été servies froides au banquet du mariage. Que n'ai-je été rejoindre mon pire ennemi au ciel Plutôt que d'avoir jamais vu ce jour, Horatio !

L'idée essentielle est ici que l'« économie » ne désigne pas simplement une frugalité générale, mais le refus spécifique de payer leur dû aux rituels du deuil : l'économie (ici, le repas servi deux fois) viole la valeur rituelle, celle que, à en croire Lacan, Marx a négligée dans son analyse de la valeur :

> Il y a dans ce terme, « thrift », quelque chose qui nous rappelle que dans notre exploration du monde de l'objet, dans cette articulation qui est celle de la société moderne entre ce que nous appelons les valeurs d'usage et les valeurs d'échange avec toutes les < notions > qui autour de cela s'engendrent, il y a quelque chose peut-être que l'analyse méconnait – j'entends l'analyse marxiste, économique, pour autant qu'elle domine la pensée de notre époque – et dont nous touchons à tout instant la force et l'ampleur que sont les valeurs rituelles[23].

Si l'économie est un vice, quel est donc son statut exact[24] ? Dans une pensée ordonnée selon une structure aristotélicienne, il serait assez simple de situer l'économie à l'extrême opposé de la prodigalité, puis, bien sûr, de construire un terme intermédiaire : la prudence, l'art de la dépense modérée, qui évite les deux extrêmes. Cependant, le paradoxe de l'avare est que son excès est un excès de modération. Le désir est habituellement caractérisé par son aspect transgressif : l'éthique (au sens prémoderne d'« art de vivre ») est en définitive une éthique de la modération, qui consiste à résister au désir violent d'aller au-delà de certaines limites, à résister donc à un désir qui se définit par la transgression, par exemple la passion sexuelle qui me consume totalement, la voracité ou la passion destructrice qui n'hésite pas à tuer pour se satisfaire… L'Avare investit au contraire de désir (et cela, avec excès) la modération elle-même : ne pas dépenser, économiser, retenir au lieu de laisser aller… toutes les fameuses caractéristiques « anales ». Et c'est ce désir, l'anti-désir lui-même, qui est le désir par excellence.

L'usage du concept hégélien de « détermination contraire » [*gegensätzliche Bestimmung*] [25] est ici pleinement justifié. Selon Marx, le terme « production » s'inscrit doublement dans l'enchainement production-distribution-échange-consommation, car il est à la fois l'un des termes de l'enchainement et son principe structurant : dans la production (terme de l'enchainement), la production (principe structurant) « se confronte à elle-même dans sa détermination contraire[26] », comme Marx le formule en reprenant les termes exacts de Hegel. Il en va de même pour le désir : il y a différentes sortes de désir (c'est-à-dire différentes sortes de fixation excessive qui sapent le principe de plaisir) ; parmi elles, le désir « en tant que tel » se confronte à lui-même dans sa « détermination contraire » sous la forme de l'avare et de sa parcimonie, exact opposé du mouvement de transgression du désir. C'est ce que montre Lacan à propos de Molière :

> L'objet du phantasme est cette altérité image et pathos par où un autre prend la place de ce dont le sujet est privé symboliquement, vous le voyez bien que c'est dans cette direction que cet objet imaginaire se trouve en quelque sorte en position de condenser sur lui ce qu'on peut appeler les vertus ou la dimension de l'être, qu'il peut devenir ce véritable leurre de l'être qu'est l'objet du désir humain, ce quelque chose devant quoi Simone Weil s'arrête quand elle pointe le rapport le plus épais, le plus opaque qui puisse nous être présenté de l'homme avec l'objet de son désir, le rapport de l'Avare avec sa cassette où semble culminer pour nous de la façon la plus évidente ce caractère de fétiche qui est celui du désir humain […] le

> caractère opaque [spécifie l'objet a] sous ses formes les plus accentuées comme le pôle du désir pervers[27].

Si l'on veut comprendre le mystère du désir, il ne faut donc pas s'attarder sur l'amant ou le meurtrier, esclaves de leur passion, prêts à tout pour l'assouvir, mais sur la conduite de l'avare vis-à-vis de sa cassette, de la cache où il conserve et rassemble ses possessions. Le mystère est bien sûr que, dans la figure de l'avare, l'excès coïncide avec le manque, le pouvoir avec l'impuissance, l'accaparement cupide avec l'élévation de l'objet en Chose interdite et intouchable que l'on ne peut qu'observer, et dont on ne peut jamais pleinement jouir. L'aria de Bartolo, à l'acte I du *Barbier de Séville* [*Il Barbiere di Siviglia*] de Rossini, n'est-il pas l'aria de l'avare par excellence ? Dans sa folie obsessionnelle, Bartolo est parfaitement indifférent à la perspective de faire l'amour avec la jeune Rosina : il veut l'épouser afin de la posséder et de la conserver exactement comme un avare possède son coffre-fort[28]. En des termes plus philosophiques, on pourrait dire que le paradoxe de l'avare est qu'il conjugue deux traditions éthiques inconciliables, l'éthique aristotélicienne de la modération et l'éthique kantienne de l'exigence inconditionnelle qui contredit le « principe de plaisir » : l'avare élève la maxime de modération au rang d'exigence inconditionnelle kantienne. C'est la soumission stricte à la règle de modération, le fait même d'éviter tout excès, qui génère de soi-même un excès, une jouissance supplémentaire.

Le capitalisme transforme quelque peu cette logique : le capitaliste n'est plus cet avare solitaire qui s'accroche à son trésor caché, et qui y jette secrètement un coup d'œil quand il est seul, protégé par des portes fermées à clef ? ; le sujet capitaliste adopte au contraire le principe paradoxal selon lequel la seule manière de préserver et de faire fructifier son trésor est de le dépenser. La formule de l'amour prononcée par Juliette lors de la scène du balcon (« Plus j'en donne, plus j'en ai ») est ici soumise à une altération perverse : n'est-ce pas la formule qui est au principe de l'entreprise capitaliste ? Plus le capitaliste investit d'argent (et en emprunte afin d'investir), plus il en a, de sorte qu'on obtient à la fin du processus un capitaliste purement virtuel, à la Donald Trump, dont la balance nette des gains et des pertes tourne autour de zéro, voire est négative, et qui cependant passe pour « riche » en raison des futurs profits escomptés. Ainsi, pour revenir à la « détermination contraire » hégélienne, le capitalisme fait de la notion d'économie la détermination contraire (la forme d'apparition) de la satisfaction du désir, c'est-à-dire de la consommation de l'objet : le genre est ici l'avarice, tandis que la consommation excessive, sans limites, est l'avarice elle-même telle qu'elle apparait (c'est-à-dire comme détermination contraire).

Ce paradoxe fondamental nous permet de comprendre des phénomènes aussi élémentaires que la stratégie marketing consistant à faire appel à la parcimonie du consommateur. Le message véhiculé par un certain nombre de publicités se réduit finalement à : « Achetez ceci, dépensez plus, et vous ferez des économies, vous en aurez un peu plus gratuitement ! » Rappelons-nous la fameuse anecdote machiste : une femme rentre à la maison après avoir follement dépensé son argent en faisant du shopping et annonce fièrement à son mari : « Grâce à moi, on a économisé 200 $! Je comptais n'acheter qu'une seule veste, mais j'en ai finalement acheté trois, et j'ai eu une réduction de 200 $! » Ce surplus gratuit s'incarne par excellence dans le tube de dentifrice dont le dernier tiers, d'une autre couleur que le reste du tube, affiche en grosses lettres : « 30 % gratuit ! » J'ai toujours envie de répliquer : « D'accord, dans ce cas, donnez-moi seulement les 30 % gratuits ! » Dans le capitalisme, le « juste prix » est un prix *réduit*. L'expression « société de consommation », aujourd'hui désuète, ne vaut ainsi que si l'on conçoit la consommation comme le mode d'apparition de son exact opposé, l'économie [29].

Il nous faut à présent revenir à Hamlet et à la valeur rituelle. Le rituel est en dernière instance le rituel de sacrifice qui ouvre un espace pour une consommation généreuse : après avoir sacrifié aux dieux les entrailles de l'animal égorgé (le cœur, les intestins), nous sommes libres de faire un joyeux festin de la viande qui reste. Au lieu de permettre une consommation libre, sans sacrifice, l'« économie totale » moderne, qui entend se passer de ce sacrifice rituel « superflu », engendre le paradoxe de l'économie : il n'y a *pas* de consommation généreuse, la consommation n'est permise que dans la mesure où elle prend la forme de son contraire. Le nazisme n'était-il pas précisément une tentative désespérée pour redonner toute sa place à la valeur rituelle au moyen de l'holocauste, ce gigantesque sacrifice dédié aux « dieux obscurs », comme le dit Lacan au *Séminaire XI*[30] ? Le choix de l'objet du sacrifice s'est porté de manière assez adéquate sur le Juif, incarnation par excellence des paradoxes capitalistes de l'économie. Le fascisme doit lui aussi être restitué au sein de la série des tentatives visant à contrecarrer la logique capitaliste : outre la tentative fasciste corporatiste qui entendait « rétablir l'équilibre » en supprimant l'excès incarné par le « Juif », il faudrait évoquer les différentes manières dont on a tenté de retrouver le geste souverain prémoderne de pure dépense ; on peut ainsi rappeler la figure du toxicomane, seul véritable « sujet de consommation », le seul qui, jusqu'à sa mort, se consume totalement dans une jouissance sans limites[31].

Agapè

Comment échapper à l'impasse de la consommation éconôme, si ces deux issues se révèlent fallacieuses ? La notion chrétienne d'*agapè* indique peut-être une sortie possible : « Car Dieu a tant aimé le monde qu'il a donné son Fils unique, afin que quiconque croit en lui ne périsse point, mais qu'il ait la vie éternelle. » (Jean 3:16) Comment comprendre ce dogme fondamental de la foi chrétienne[32] ? Les problèmes surgissent à partir du moment où nous interprétons ce « don de son Fils unique », c'est-à-dire la mort du Christ, comme un geste sacrificiel s'inscrivant dans l'échange entre Dieu et l'homme. Si nous affirmons qu'en sacrifiant ce qu'il y a de plus précieux pour Lui, Son propre fils, Dieu permet la rédemption de l'humanité et rachète ses péchés, il ne reste en dernière instance que deux manières de rendre compte de cet acte. Soit Dieu exige lui-même ce châtiment et par conséquent le Christ se sacrifie lui-même en tant que représentant de l'humanité afin de satisfaire le désir de punition de Dieu, son père. Soit Dieu n'est pas tout-puissant, c'est-à-dire qu'Il est, comme tout héros tragique grec, soumis à une destinée plus haute : Son acte de création, de même que l'acte fatidique d'un héros grec, entraine de terribles conséquences qu'Il n'a pas voulues ; la seule manière pour Lui de rétablir l'équilibre de la Justice est de sacrifier ce qu'il y a de plus précieux pour Lui, Son propre fils. En ce sens, Dieu lui-même est l'Abraham par excellence. Le problème fondamental de la christologie est de parvenir à éviter ces deux interprétations du sacrifice du Christ qui paraissent toutes deux évidentes :

> Toute idée selon laquelle une réparation est « nécessaire » pour Dieu, que ce soit de notre part ou de celle de notre représentant doit être bannie, comme doit être bannie toute idée selon laquelle il y a une sorte d'ordre moral au-dessus de Dieu, ordre auquel Il doit se conformer en exigeant réparation[33].

Le problème est, bien sûr, de trouver le moyen d'éviter ces deux interprétations, quand la lettre même de la Bible semble confirmer leur prémisse commune : l'acte du Christ y est en effet désigné à plusieurs reprises comme une « rançon », par le Christ lui-même, par différents textes bibliques, ainsi que par les plus éminents commentateurs de la Bible. Jésus dit ainsi qu'il est venu pour « donner sa vie en rançon pour une multitude » (Mc 10, 45) ; l'épitre à Timothée (I Ti 2, 5.6) parle du Christ comme du « médiateur entre Dieu et les hommes […] qui s'est donné lui-même en rançon pour tous » ; et Saint Paul, quand il affirme que les chrétiens sont des esclaves qui ont été « rachetés à un grand prix » (I Co 6, 20), sous-entend que la mort du Christ doit être conçue comme le rachat de notre liberté.

Le Christ est ici celui dont les souffrances et la mort sont le prix de notre libération, il est celui qui nous soulage du fardeau du péché ; mais si nous avons été libérés de notre enfermement dans le péché et la peur de la mort grâce à la mort et à la résurrection du Christ, qui donc a fixé ce prix ? À qui la rançon a-t-elle été payée ? Certains des premiers écrivains chrétiens perçurent clairement ce problème, et y apportèrent une solution logique, quoiqu'hérétique : puisque le sacrifice du Christ nous a délivrés du pouvoir du Diable (Satan), la mort du Christ est le prix que Dieu a dû payer au Diable, notre « propriétaire » quand nous vivions dans le péché, afin que celui-ci nous rende notre liberté. Nous nous trouvons à nouveau là dans une impasse : si le Christ est offert en sacrifice à Dieu lui-même, pourquoi Dieu exige-t-il ce sacrifice ? Était-il toujours le Dieu cruel et jaloux qui réclamait un prix élevé pour sa réconciliation avec une humanité qui l'avait trahi ? Et si le sacrifice du Christ était donné en offrande à quelqu'un d'autre (le Diable), nous nous trouvons alors devant le spectacle étrange d'un échange où Dieu et le Diable sont associés.

Bien sûr, il est aisé de « comprendre » la mort sacrificielle du Christ, au sens où cet acte est doué d'une « force psychologique » extrêmement puissante. Lorsque nous sommes hantés par l'idée que les choses vont fondamentalement mal, que nous en sommes responsables en dernière instance, qu'une imperfection est profondément inscrite dans l'existence même de l'humanité, et que nous sommes chargés d'une faute immense que nous ne pouvons véritablement réparer, alors l'idée que Dieu, être absolument innocent, s'est sacrifié pour nos péchés en raison de l'amour infini qu'il nous porte et pour nous soulager de notre culpabilité, sert à nous prouver que nous ne sommes pas seuls, que nous sommes importants aux yeux de Dieu, qu'Il se soucie de nous, et que nous sommes protégés par l'amour infini du Créateur, en même temps que nous contractons une dette infinie envers Lui. Le sacrifice du Christ sert ainsi à nous rappeler éternellement qu'il faut mener une vie éthique et à nous y inciter : quoi que nous fassions, nous devons toujours nous souvenir que Dieu Lui-même a donné Sa vie pour nous... Cependant, on ne saurait se contenter de cette explication : il faut en rendre compte en des termes proprement théologiques, et non simplement au moyen de mécanismes psychologiques. L'énigme demeure, et les théologiens les plus subtils (comme Anselme de Canterbury) n'ont pas toujours su échapper à l'écueil du légalisme. Selon Anselme, quand il y a péché et culpabilité, il doit y avoir réparation, quelque chose doit être fait pour laver l'offense créée par le péché humain. L'humanité n'est cependant pas assez puissante pour fournir cette réparation nécessaire ; seul Dieu le peut. La seule solution est ainsi l'incarnation, l'apparition d'un Dieu-homme, d'une personne qui est tout à la fois pleinement divine et pleinement humaine : en tant que Dieu, il a le pouvoir de payer la réparation requise, et en tant qu'homme, il a le devoir de le faire [34].

Cette solution pose cependant un nouveau problème : la représentation légaliste selon laquelle la nécessité de payer pour le péché est inexorable (l'offense doit trouver réparation) n'est pas justifiée, mais simplement acceptée. On doit pourtant poser la question naïve : pourquoi Dieu ne nous pardonne-t-Il pas directement ? Pourquoi doit-Il se soumettre à la nécessité de payer pour le péché ? Le dogme fondamental du christianisme n'est-il pas exactement inverse : ne consiste-t-il pas en la suspension de la logique légaliste du châtiment, en l'idée que grâce au miracle de la conversion un Nouveau Commencement est possible et que les dettes du passé (les péchés) peuvent être effacées ? Suivant un raisonnement apparemment similaire, mais en mettant l'accent sur un point radicalement différent, Karl Barth tente de trouver une réponse à cette question dans son essai « Le Juge jugé à notre place » : Dieu, en tant que juge, jugea d'abord l'humanité, puis il devint lui-même un être humain et paya lui-même le prix ; il assuma lui-même la punition, « afin que, de cette façon, il entraînât notre réconciliation avec lui, et notre conversion. »[35] Ainsi, pour le dire rapidement, Dieu est devenu homme et s'est sacrifié afin d'offrir l'exemple qui suscitera par excellence notre sympathie et nous convertira à Lui. On doit la première formulation explicite de cette idée à Abélard :

> Le Fils de Dieu a adopté notre nature, et sous cette forme a pris sur lui de nous apprendre tant par la parole que par l'exemple, et cela, jusqu'à la mort, nous liant ainsi à lui par l'amour[36].

Le fait que le Christ ait dû souffrir et mourir n'est pas justifié ici par la notion légaliste de châtiment, mais par l'effet d'édification religieuse et morale que sa mort a sur nous, hommes pécheurs : si Dieu nous pardonnait immédiatement, cela ne nous transformerait pas, cela ne ferait pas de nous des hommes nouveaux, meilleurs. La compassion et le sentiment de gratitude et de dette suscités par la scène du sacrifice du Christ ont seuls le pouvoir de nous transformer... Il n'est pas difficile de voir ce qui pèche dans ce raisonnement : quel Dieu étrange sacrifierait son propre fils, ce qui lui est le plus cher, juste pour impressionner les hommes ? Tout cela paraît plus étrange encore si l'on pense que Dieu a sacrifié son fils afin de nous lier à lui par l'amour : ce qui était en jeu, ce n'était alors pas seulement l'amour de Dieu pour nous, mais aussi son désir (narcissique) d'être aimé par nous, les hommes. Dans cette interprétation, Dieu ne ressemble-t-il pas étrangement à la gouvernante folle qui, dans la nouvelle de Patricia Highsmith, *L'Héroïne*, met le feu à la maison familiale pour pouvoir prouver son dévouement en sauvant courageusement les enfants des flammes déchaînées ? Dieu aurait ainsi provoqué la Chute (Il aurait induit une situation où nous aurions besoin de Lui) puis Il nous aurait rachetés, c'est-à-dire qu'Il nous aurait sortis du pétrin dont Il était Lui-même responsable.

Le mythe et ses vicissitudes

Doit-on en conclure que le christianisme est une religion fondamentalement problématique ? Ou peut-on interpréter autrement la crucifixion ? Pour sortir de cet embarras, il importe tout d'abord de se rappeler les sentences du Christ qui viennent perturber, ou plutôt simplement suspendre, la logique circulaire de vengeance ou de punition destinée à rétablir l'équilibre de la Justice : au lieu d'« œil pour œil ! », on trouve « Si quelqu'un te frappe sur la joue droite, tends-lui l'autre joue ! » Il ne s'agit pas ici d'un masochisme idiot, de l'acceptation humble de l'humiliation, mais d'une tentative pour interrompre la logique circulaire qui vise à rétablir l'équilibre de la justice. Selon ce raisonnement, la nature paradoxale du sacrifice du Christ (celui contre qui nous avons péché, dont nous avons trahi la confiance est celui-là même qui expie pour nos péchés et en paie le prix) suspend la logique du péché et de la punition, du châtiment légal ou éthique, du « règlement de comptes », en lui faisant se mordre la queue. La seule façon de parvenir à cette suspension, la seule façon de briser la chaine du crime et du châtiment, consiste à être entièrement prêt à disparaitre soi-même. L'*amour*, à son niveau le plus simple, n'est pas autre chose que ce geste paradoxal qui brise la chaine du châtiment. La seconde étape consiste alors à porter son attention sur la force terrible animant celui qui accepte par avance et recherche même son anéantissement : le Christ ne fut pas sacrifié par et pour quelqu'un d'autre, il s'est sacrifié Lui-même.

La troisième étape consiste à considérer l'idée selon laquelle le Christ est un médiateur entre Dieu et l'humanité : afin que l'humanité soit rendue à Dieu, le médiateur doit se sacrifier lui-même. En d'autres termes, tant que le Christ est sur terre, l'Esprit Saint, la figure de la réconciliation entre Dieu et l'humanité, ne peut exister. Le Christ comme médiateur entre Dieu et l'humanité est, dans les termes du déconstructionnisme contemporain, la condition de possibilité *et* d'impossibilité de leur relation : s'il est un médiateur, il est aussi l'obstacle qui empêche la pleine médiation entre les deux pôles opposés. Pour le formuler dans les termes hégéliens du syllogisme chrétien : il y a deux « prémisses » (Christ est le fils de Dieu, pleinement divin, et le fils de l'homme, pleinement humain), et afin d'unifier les pôles opposés, afin de parvenir à la « conclusion » (l'humanité est pleinement unie à Dieu dans l'Esprit Saint), le médiateur doit lui-même disparaitre du tableau.

La mort du Christ n'est pas un moment du cycle éternel de l'incarnation et de la mort de Dieu, par lequel celui-ci apparait puis se retire en lui-même, dans son Au-delà. Comme l'a dit Hegel, ce qui meurt sur la croix ce *n'est pas* l'incarnation humaine du Dieu transcendant, mais le Dieu de l'Au-delà lui-même. Grâce au sacrifice du Christ, Dieu lui-même n'est plus dans l'au-delà, mais s'introduit dans l'Esprit Saint (de la communauté religieuse). En d'autres termes, si le Christ devait être le médiateur entre deux entités séparées (Dieu et l'humanité), sa mort signifierait qu'il n'y a plus de médiation, que les deux entités sont à nouveau séparées. Il est donc bien évident que Dieu doit être médiateur en un sens plus fort : non que, dans l'Esprit Saint, il n'y ait plus besoin du Christ, mais les deux pôles y sont unis directement ; pour que cette médiation soit possible, la nature de chacun des deux pôles doit être radicalement transformée, ils doivent dans un seul et même mouvement subir une transsubstantiation. Le Christ est d'une part le médiateur, le médium évanouissant dont la mort permet à Dieu le Père de « passer dans » l'Esprit Saint et il est d'autre part le médiateur ou le médium évanouissant dont la mort permet à la communauté humaine elle-même de « passer à » une nouvelle étape spirituelle.

Ces deux opérations ne sont pas distinctes, elles sont les deux aspects d'un seul et même mouvement : le mouvement qui permet à Dieu de cesser d'être un Au-delà transcendant et de passer dans l'Esprit Saint (l'esprit de la communauté des croyants) est identique à celui par lequel la communauté « déchue » est élevée jusqu'à l'Esprit Saint. En d'autres termes, ce n'est pas que, dans l'Esprit

Le mythe et ses vicissitudes

Saint, hommes et Dieu communiquent directement, sans la médiation du Christ ; c'est plutôt qu'ils coïncident directement : Dieu n'est *rien d'autre que* l'Esprit Saint et la communauté des croyants. Si le Christ doit mourir, ce n'est pas pour rendre possible une communication directe entre Dieu et l'humanité, mais parce qu'il n'y a plus de Dieu transcendant avec qui communiquer.

Comme Boris Groys en a fait récemment la remarque[37], le Christ est le premier et le seul « ready-made de Dieu » dans l'histoire des religions : il est pleinement humain, et ne peut ainsi être distingué d'un homme ordinaire. Il n'y a rien dans son apparence physique qui le particularise. Ainsi, de la même manière que l'*urinoir* ou la roue de bicyclette de Duchamp ne sont pas des œuvres d'art du fait de leurs qualités propres, mais par la place qu'on leur fait occuper, le Christ n'est pas Dieu du fait de ses qualités « divines » propres, mais parce que, précisément en tant qu'il est pleinement humain, il est le fils de Dieu. C'est pour cette raison que l'attitude proprement chrétienne envers la mort du Christ n'est pas un attachement mélancolique à cette figure défunte, mais bien plutôt une joie infinie. L'horizon dernier de la sagesse païenne est la mélancolie : en fin de compte, tout retourne à la poussière, et l'on doit donc apprendre le détachement, le renoncement au désir. Mais s'il y eut jamais une religion qui *ne* fut *pas* mélancolique, c'est le christianisme, en dépit de ce qui apparait trompeusement comme un attachement mélancolique au Christ qui incarnerait l'objet perdu.

Le sacrifice du Christ est ainsi radicalement *dénué de signification* : il n'est pas un acte d'échange mais un geste superflu, excessif, gratuit, qui n'a pour but que de démontrer son amour pour nous, pour l'humanité déchue. Nous faisons de même quand, dans la vie de tous les jours, nous voulons montrer à quelqu'un que nous l'aimons beaucoup, et que nous ne parvenons à le faire que par un geste de dépense superflue. Le Christ ne « paie » pas pour nos péchés : comme l'a montré Saint Paul, c'est la logique même du paiement, de l'échange qui *est* en un sens le péché, et le pari du Christ est que cette chaine d'échanges peut être interrompue. Le Christ rachète l'humanité non en payant le prix de nos péchés, mais en nous démontrant que nous pouvons briser le cercle vicieux du péché et du paiement. Au lieu de payer pour nos péchés, le Christ les fait littéralement *disparaitre*, il les « défait » rétroactivement par l'amour.

On peut peut-être à présent mesurer la différence radicale qui, malgré les ressemblances superficielles, distingue le christianisme du bouddhisme[38]. Bien que le christianisme et le bouddhisme affirment tous deux la capacité de chaque individu à établir un contact direct avec l'Absolu (le Vide, l'Esprit Saint), en passant par-dessus la structure hiérarchique du cosmos et de la société, le bouddhisme reste redevable de la notion païenne de Grande Chaine de l'Être : ainsi, même la personne la plus héroïque parmi nous est dans la position de Gulliver ligoté par les Lilliputiens au moyen de centaines de cordes. En effet, nous ne pouvons échapper aux conséquences de nos actes passés, ils rôdent derrière nous comme des ombres et nous rattrapent tôt ou tard, et il nous faut alors en payer le prix. C'est là le cœur de la vision tragique, de la vision proprement païenne de la vie : notre existence est elle-même en dernière instance la preuve de notre péché, quelque chose dont nous devons nous sentir coupables, qui perturbe l'équilibre cosmique, et dont nous payons le prix lors de notre destruction finale, quand « la poussière retourne à la poussière ». Ce qui est essentiel ici, c'est que cette idée païenne implique un court-circuit, un saut par-dessus la dimension « ontologique » et « éthique » qu'exprime parfaitement le mot grec signifiant causalité, *aitia* : « causer quelque chose » signifie également « en être coupable ou responsable ». Rompant avec cet arrière-plan païen, la « Bonne Nouvelle » (l'Évangile) affirme qu'il est possible de suspendre le fardeau du passé, de trancher les cordes qui nous lient à nos actes passés, d'effacer l'ardoise et de recommencer à zéro. Il n'y a là aucune magie surnaturelle à l'œuvre : cette libération signifie simplement

Le mythe et ses vicissitudes

la séparation des dimensions « ontologique » et « éthique » : la Grande Chaine de l'Être peut être brisée au niveau *éthique* et les péchés être non seulement pardonnés, mais encore effacés rétrospectivement sans laisser de traces ; un Nouveau Commencement est possible.

Le paradoxe dialectique propre au paganisme est qu'il légitime la hiérarchie sociale (« chacun est à la place qui lui revient ») par une conception de l'univers selon laquelle toutes les différences se révèlent en dernière instance futiles, chaque être déterminé finissant par se désintégrer dans l'Abime primordial dont il est issu. À l'opposé, le christianisme affirme l'égalité et l'accès direct à l'universalité précisément en faisant valoir la Différence, voire la Rupture la plus radicale. C'est là le fossé qui sépare le christianisme du bouddhisme : selon le bouddhisme, nous pouvons nous libérer de nos actes passés, mais seulement par la renonciation radicale à (ce que nous percevons comme) la réalité, en nous libérant des « désirs » impétueux et tenaces qui définissent la vie, en les étouffant et en nous immergeant dans le Vide primordial du Nirvana, dans le Un-Tout informe. Il n'y a pas de libération dans la vie puisque, dans cette vie (et il n'y en a pas d'autre), nous sommes toujours enchaînés au désir insatiable qui la définit : ce que nous sommes aujourd'hui (un roi, un mendiant, un lion) est déterminé par ce que nous avons fait dans nos vies passées, et après notre mort, les conséquences de notre vie actuelle détermineront ce que sera notre prochaine réincarnation. Contrairement au bouddhisme, la chrétienté parie sur la possibilité d'une rupture radicale, sur la possibilité de briser la Grande Chaine de l'Être dans *cette* vie, pendant que nous sommes encore vivants. La nouvelle communauté fondée sur cette rupture est réellement le corps vivant du Christ.

Vous avez dit totalitarisme ?

L'énigme de/dans l'Autre

Comment le judaïsme se situe-t-il par rapport à cette opposition entre le paganisme et le christianisme ? Il y a un argument de poids en faveur de l'existence d'un lien intime entre le judaïsme et la psychanalyse. Dans les deux cas, l'accent est mis sur la rencontre traumatique avec l'abîme de l'Autre désirant : dans le judaïsme, c'est la rencontre entre les Juifs et leur Dieu, dont l'Appel impénétrable jette hors de ses rails la vie de tous les jours ; dans la psychanalyse, c'est la rencontre par l'enfant de l'énigme de la jouissance de l'Autre. Cette caractéristique distingue le « paradigme » judéo-psychanalytique non seulement de toutes les versions du paganisme et du gnosticisme (qui met l'accent sur la purification spirituelle intérieure, sur la vertu comme réalisation des capacités intérieures de chacun), mais tout autant du christianisme : ce dernier ne « triomphe »-t-il pas de l'Altérité du Dieu juif par le principe de l'Amour, par la réconciliation, l'unification de Dieu et de l'Homme dans le devenir-homme de Dieu ?

Quant à l'opposition radicale entre le paganisme et la rupture juive, elle est manifestement bien fondée : le paganisme et le gnosticisme (la réinscription de la posture judéo-chrétienne dans le paganisme) attribuent tous deux une place centrale au « voyage intérieur » effectué à travers une purification spirituelle, au retour au véritable Moi Intérieur et à la « redécouverte » de soi, qui contrastent clairement avec l'idée judéo-chrétienne d'une rencontre traumatique *extérieure* (l'Appel divin au peuple juif, l'appel de Dieu à Abraham, la Grâce inscrutable, qui sont tous parfaitement incompatibles avec nos qualités « propres », et même avec notre éthique innée, « naturelle »). Kierkegaard avait raison : Socrate s'oppose au Christ, le voyage intérieur de la remémoration s'oppose à la renaissance par le choc de la rencontre extérieure. Là est le fossé qui sépare à jamais Freud de Jung : tandis que l'intuition originelle de Freud se réfère à la rencontre traumatique extérieure de la Chose qui incarne la jouissance, Jung réinscrit le thème de l'inconscient dans la problématique gnostique classique du voyage spirituel de découverte de soi.

Avec le christianisme, cependant, tout se complique. Dans sa « théorie générale de la séduction », Jean Laplanche a formulé d'une manière encore inégalée le fait que la rencontre avec l'Altérité insondable est l'évènement fondamental de l'expérience psychanalytique[39]. C'est pourtant lui qui insiste en même temps sur la nécessité absolue du passage de « l'énigme de » à « l'énigme dans », reprenant ainsi la célèbre affirmation de Hegel au sujet du Sphinx : « Les énigmes des Égyptiens étaient aussi des énigmes pour les Égyptiens eux-mêmes » :

> Quand on parle, et je reprends les termes de Freud, de l'énigme *de* la féminité (qu'est-ce que la femme ?), je propose avec Freud de passer à la fonction de l'énigme *dans* la féminité (que veut une femme ?). De même (ici Freud n'opère pas le passage), ce qu'il nomme l'énigme du tabou nous renvoie à la fonction de l'énigme dans le tabou. Et encore plus l'énigme du deuil, à la fonction de l'énigme dans le deuil : que veut le mort ? Que me veut-il ? Qu'a-t-il voulu me dire ?
>
> L'énigme reconduit donc à l'altérité de l'autre? ; et l'altérité de l'autre c'est sa réaction à son inconscient, c'est-à-dire son altérité à lui-même[40].

N'est-il pas essentiel d'opérer également ce déplacement pour la notion de *Dieu obscur*, du Dieu insaisissable, impénétrable ? Ce Dieu doit ainsi être une énigme pour lui-même, il doit avoir un côté sombre, une altérité en lui-même, quelque chose qui, en lui, est plus que lui-même. C'est peut-être ce qui permet de rendre compte de la transition du judaïsme au christianisme : le judaïsme en reste au niveau de l'énigme *de* Dieu, tandis que le Christianisme passe à l'énigme qui est *en* Dieu lui-même. Loin de s'opposer à la notion de *logos* comme Révélation dans/par l'Écriture, la Révélation et l'énigme en Dieu sont strictement corrélées, elles sont les deux dimensions d'un seul et même geste. C'est précisément parce que Dieu est également une énigme *en lui-même et pour lui-même*, parce qu'il a en Lui-même une Altérité insondable, que le Christ devait apparaitre pour révéler Dieu non seulement à l'humanité, mais *à Dieu lui-même*. C'est seulement par le Christ que Dieu s'actualise pleinement en tant que Dieu.

Suivant le même raisonnement, il faut également réfuter la thèse à la mode selon laquelle notre intolérance envers l'Autre extérieur (ethnique, sexuel, religieux) est l'expression d'une intolérance prétendument « plus profonde » envers l'Altérité refoulée ou déniée en nous-même : nous détestons les étrangers ou nous nous attaquons à eux parce que nous ne pouvons nous accorder avec l'étranger qui est en nous... Mais à l'opposé de ce lieu commun (qui « intériorise » en un sens jungien la relation traumatique à l'Autre en la traduisant par l'incapacité du sujet à accomplir son « voyage intérieur » et à s'accorder vraiment avec ce qu'il est), il faut dire que la véritable altérité radicale n'est pas l'altérité en nous, « l'étranger dans notre cœur », mais l'Altérité de l'Autre lui-même pour lui-même. Ce n'est que par ce déplacement que l'Amour véritablement chrétien peut apparaitre : comme Lacan l'a constamment souligné, l'amour est toujours un amour pour l'Autre en tant qu'il lui manque quelque chose. Nous aimons l'Autre *parce qu*'il est limité. La conclusion de tout cela est que, pour que Dieu puisse être un objet d'amour, il faut qu'il soit *imparfait*, contradictoire avec lui-même, il faut qu'il y ait « en lui plus que lui-même ».

Que dire alors de la critique formulée par Laplanche contre Lacan ? Laplanche a parfaitement raison de souligner que l'intrusion traumatique du message énigmatique de l'Autre nous permet de surmonter l'impasse épistémologique de l'opposition entre déterminisme et herméneutique[41]. D'une part, des orientations théoriques aussi opposées que l'herméneutique et le constructionnisme discursif anti-essentialiste des *cultural studies* partagent une même conception de l'inconscient : pour l'une comme pour l'autre, celui-ci est constitué de manière rétroactive par le geste même de son interprétation ; il n'y a donc pas d'« inconscient » substantiel, il n'y a que des réécritures rétrospectives des « récits que nous sommes ». D'autre part, on trouve dans les deux cas l'idée déterministe d'un Réel présymbolique (le fait brut de la scène de séduction ou la réalité biologique des instincts) responsable causalement du développement du sujet. La psychanalyse nous indique une troisième voie : la causalité de la rencontre traumatique du sujet exposé à l'énigme sexualisée émise par l'Autre, à un message qu'il tente en vain d'intérioriser, dont il ne parvient pas à démêler la signification, de sorte qu'il reste toujours un noyau dur, une chose intérieure qui résiste à toute traduction. En un mot, s'il reste quelque chose, un noyau dur qui résiste à la symbolisation, ce noyau n'est pas le Réel immédiat de l'instinct ou d'une quelconque causalité, mais le Réel d'une rencontre traumatique indigeste, d'une énigme qui résiste à la symbolisation. Et non seulement ce Réel n'est pas contraire à la liberté, mais il en est la condition même. Lorsque le sujet est affecté, « séduit » par le message énigmatique de l'Autre, le bouleversement qui s'ensuit fait sortir de ses rails l'automate au sein du sujet et ouvre un espace que le sujet est libre de remplir en tentant de le symboliser (tentative qui ne peut en définitive qu'échouer). La liberté n'est en dernière instance *rien d'autre* que l'espace ouvert par la rencontre traumatique, un espace qui doit être rempli par les symbolisations de cette rencontre, par ses traductions contingentes, inadéquates. Cette rencontre du message énigmatique, d'un signifiant sans signifié, est le « médiateur évanouissant » entre le déterminisme et l'herméneutique : c'est le noyau de signification extime*. En brisant la chaîne causale du déterminisme, elle ouvre un espace de signification(s) :

> Avec la notion d'énigme apparait une rupture dans le déterminisme : dans la mesure où l'émetteur du message énigmatique ignore la plus grande partie de ce qu'il veut dire, et dans la mesure où l'enfant ne possède que des moyens inadéquats et imparfaits de mise en forme ou de théorisation de ce qui lui est communiqué, se trouve disqualifiée toute causalité linéaire entre l'inconscient et le

discours parental d'une part, et ce qu'en fait l'enfant d'autre part. Toutes les formules lacaniennes, sur l'inconscient comme « discours de l'autre », ou sur l'enfant « symptôme des parents », négligent la rupture, le remaniement profond qui se produit entre l'un et l'autre comparable à un métabolisme qui décompose l'aliment en ses éléments et recompose à partir d'eux, un tout autre assemblage[42].

Cette critique vise le Lacan « structuraliste » qui aimait souligner que :

c'est la loi propre à [la] chaine [signifiante] qui régit les effets psychanalytiques déterminants pour le sujet : tels que la forclusion [*Verwerfung*], le refoulement [*Verdrängung*], la dénégation [*Verneinung*] elle-même, – précisant de l'accent qui y convient que ces effets suivent si fidèlement [*Entstellung*] du signifiant que les facteurs imaginaires, malgré leur inertie, n'y font figure que d'ombres et de reflets[43].

Au sein de cette logique implacable de l'automatisme symbolique dans lequel le grand Autre « mène le jeu » et où le sujet est à peine « parlé », il n'y a clairement pas de place pour une rupture dans le déterminisme. Cependant, dès lors que Lacan met l'accent sur le grand Autre « barré » (inconsistant, manquant) et sur la question qui émerge du grand Autre (« *Che vuoi ?* » [Que veux-tu ?]), c'est précisément cette énigme qui apparait, un Autre dont l'Altérité est en lui-même. Il suffit de se rappeler la traduction du désir de la mère dans le Nom-du-Père[44]. Lacan nomme le mystérieux message désir de la mère : il est le désir insondable que l'enfant décèle dans la caresse maternelle. Nombre d'« introductions à Lacan » induisent le lecteur en erreur en représentant la fonction paternelle symbolique, qui intervient après, comme l'intrus venant perturber la plénitude symbiotique imaginaire du couple mère-enfant en le faisant entrer dans l'ordre des interdits (symboliques), c'est-à-dire dans l'ordre symbolique en tant que tel. Contre cette erreur, il faut rappeler que le « père » n'est pas pour Lacan le nom d'une intrusion traumatique, mais la *solution* à l'impasse créée par une telle intrusion, la réponse à l'énigme. L'énigme, c'est bien sûr celle du désir de la mère/autre [*(m)other's desire*] (que veut-elle vraiment, en deçà et au-delà de *moi*, puisque je ne lui suffis manifestement pas ?), et le « père » est la *réponse* à cette énigme, la *symbolisation* de cette impasse. En ce sens précis, le « père » est pour Lacan une traduction ou un symptôme : il est une solution de compromis qui apaise l'angoisse intolérable de la confrontation directe au vide du désir de l'Autre[45].

Chapitre II
Hitler, un ironiste ?

Dans lequel le lecteur apprendra non seulement ce qu'Adolf Hitler avait en tête quand il planifiait et exécutait ses crimes odieux, mais aussi pourquoi nous manifestons aujourd'hui notre respect pour les victimes de l'Holocauste par des rires.

L'Holocauste est-il le Mal diabolique?

Quand on pose la question naïve : « pourquoi Hitler s'est-il attaqué aux Juifs ? », il est possible de classer les réponses selon quatre niveaux qui correspondent parfaitement aux quatre niveaux de lecture allégorique élaborés par l'herméneutique médiévale [46] :

• le premier niveau est celui de l'idée de haine pure et simple, de haine primitive : Hitler haïssait les Juifs viscéralement, et les fondements « théoriques » de sa haine n'étaient que des rationalisations à posteriori de cette attitude « irrationnelle » qui échappait à son contrôle conscient ;

• à un second niveau, on a l'idée selon laquelle Hitler était un « charlatan », un manipulateur parfaitement conscient, qui faisait mine de haïr les Juifs et défendait certaines convictions politiques afin d'atteindre son seul et véritable but : le pouvoir ;

• à un troisième niveau, Hitler et son cercle de proches

collaborateurs étaient « sincèrement » convaincus de la nocivité des Juifs et de la nécessité de les anéantir pour le bien de la race aryenne et de l'humanité. Même le fait que certains des bourreaux aient eu honte de leurs actes, et qu'ils aient éprouvé le besoin de les dissimuler au public, peut s'accorder avec cette « sincérité » : ils pensaient que la majorité des Allemands n'étaient pas encore tout à fait conscients de la nécessité de mesures drastiques (l'extermination des Juifs) pour assurer leur avenir – c'est la ligne adoptée par Himmler dans son discours tristement célèbre aux troupes SS en 1943. Le mythe de la trahison, ce mensonge fondateur de Hitler, s'intègre aussi dans ce cadre : selon ce mythe, l'armée allemande était loin d'être vaincue à l'automne 1918 et ce sont les « Criminels de novembre », des politiciens corrompus (pour la plupart des Juifs), qui auraient signé la capitulation de novembre 1918. La vérité est, bien sûr, que l'armée allemande était en train de s'effondrer et que l'Allemagne était sur le point d'être envahie ; les généraux, qui prétendirent plus tard avoir été poignardés dans le dos au moment d'emporter la victoire, souhaitaient en réalité vivement que les responsables politiques leur épargnent l'humiliation publique d'une défaite. Ils les contraignirent à passer un accord qui leur permettait de sauver les apparences, puis les poignardèrent dans le dos en déclarant qu'ils avaient été trahis. C'est ce mensonge qui « créa » Hitler : incapable d'accepter la catastrophe nationale, Hitler s'effondra alors physiquement et mentalement ; il ne trouva de solution que dans un commandement halluciné – une voix visionnaire lui dit que la défaite était le résultat d'un coup de poignard dans le dos, et que sa mission était de remédier aux conséquences de cette trahison ;

• pour finir, il y a l'idée que Hitler aurait été un « artiste du mal », un artiste démoniaque qui se serait attaché à l'anéantissement des Juifs non pas *en dépit* de son caractère diabolique (ce qui nous ramènerait au second niveau), mais *du fait* de celui-ci. Ce qui empêche fondamentalement de croire à la « sincérité » des nazis, c'est le traitement qu'ils firent subir aux Juifs avant leur anéantissement physique : par un processus tortueux d'humiliation physique et mentale, ils les dépouillèrent d'abord de leur dignité humaine, ils en firent des sous-hommes avant de les tuer. De la sorte, ils reconnaissaient implicitement l'humanité des Juifs : ils avaient beau affirmer que ceux-ci étaient des rats et des vermines, ils durent d'abord les réduire brutalement à ce statut. Ce cynisme trouva une de ses expressions les plus extrêmes dans un documentaire nazi sur les Juifs qui avançait comme preuve de leur sous-humanité des séquences tournées dans le ghetto de Varsovie – autrement dit, dans l'horreur que les nazis avaient eux-mêmes créée. Une preuve supplémentaire en est fournie par la multitude de pratiques qui ajoutaient l'insulte ironique au tort subi : les orchestres qui jouaient pendant que des Juifs s'acheminaient vers les chambres à gaz ou au travail, la célèbre inscription « *Arbeit macht frei*! » [« Le travail rend libre »] qui était placée au-dessus de l'entrée d'Auschwitz, etc. Ce sont là des signes clairs de ce que la « solution finale » était mise en œuvre comme une plaisanterie gigantesque visant à soumettre ses victimes à une humiliation ironique, cruelle et gratuite. La conscience qu'avaient les bourreaux du caractère terrifiant et honteux de ce qu'ils faisaient, et la nécessité de le tenir à l'abri des regards du public, participe aussi de ce niveau : cette conscience d'accomplir un acte de transgression des normes minimales de la décence n'était pas seulement la source d'une solidarité secrète entre les auteurs du crime : elle était à l'origine d'un surcroit de jouissance obscène – n'est-il pas particulièrement satisfaisant d'accomplir des actes aussi horribles en prétendant se sacrifier pour la patrie ?

Ce qu'il y a d'étrange dans ces quatre réponses, c'est que, même si elles sont mutuellement exclusives, chacune d'entre elles est en un sens parfaitement convaincante. Pour sortir de cette impasse, il faut commencer par examiner cette seconde option : et si Hitler était un manipulateur et un bluffeur *pris à son propre jeu*, qui a fini par croire au mythe qu'il avait lui-même inventé ? Même une lecture superficielle de *Mein Kampf* nous laisse perplexe devant cette simple question : est-ce que Hitler croyait à ce qu'il disait ? La seule réponse cohérente est : *oui et non*. D'un côté, il est clair que Hitler « manipule » consciemment : parfois – par exemple quand il insiste sur le fait que, pour dominer les foules et soulever leurs passions, il faut leur proposer une image simplifiée du grand Ennemi responsable de tous les maux – il dévoile même son jeu. D'un autre côté, il n'est pas moins clair qu'il est lui-même passionnément pris au piège de son propre leurre.

Une fois ce paradoxe reconnu, il est possible de le combiner avec la quatrième option, celle d'un Hitler qui serait son propre « révisionniste », autrement dit d'un Hitler ironiste (presque au sens de Rorty) pour qui la « solution finale » est une plaisanterie esthétique et cruelle accomplie pour elle-même, et non en vue du pouvoir ou de tout autre but, et qui en cela constitue une illustration de la notion kantienne de « mal diabolique ». La frontière qui divise ces deux options est moins claire qu'il n'y paraît : la solution de cette dernière alternative est que, même si Hitler se prenait pour le plus fin des ironistes, il n'était pas conscient d'être lui-même pris à son propre jeu. Néanmoins, chercher à deviner « ce qui se passait dans la tête de Hitler » est un jeu dangereux, qui s'apparente de façon inquiétante à ce que Lacan appelait la « tentation du sacrifice » – s'agissant de l'Holocauste, il est on ne peut plus important de résister à cette tentation.

Le geste sacrificiel ne vise pas seulement à garantir un échange profitable avec l'Autre auquel est adressé le sacrifice : sa visée plus fondamentale est de réaffirmer qu'il existe bien un Autre qui peut répondre (ou non) à nos supplications. Même s'il ne répond pas à ma prière, je suis du moins assuré qu'il existe bien un Autre qui, peut-être, une prochaine fois, répondra différemment : le monde et toutes les catastrophes dont je peux être la victime ne forment pas un mécanisme aveugle, dépourvu de signification, mais constituent un interlocuteur avec qui un dialogue est possible, en sorte que même une catastrophe peut être interprétée comme une réponse sensée, et non comme le fruit du hasard. Cet arrière-plan permet de comprendre le besoin désespéré qu'ont les historiens de l'Holocauste de trouver sa cause précise ou sa signification : quand ils cherchent à savoir si la sexualité de Hitler était affectée d'une pathologie « perverse », ils craignent en réalité de ne rien trouver – ce qui leur fait peur, c'est que Hitler ait été, dans sa vie privée, intime, une personne comme les autres, ce qui rendrait ses crimes monstrueux plus terrifiants et plus inquiétants encore. De la même façon, quand certains chercheurs tentent désespérément de trouver la *signification* secrète de l'Holocauste, tout vaut mieux (y compris l'affirmation hérétique selon laquelle Dieu serait diabolique) plutôt que de reconnaître qu'une catastrophe éthique d'une telle proportion ait pu se produire sans raison, comme un effet aveugle.

L'interdit de Claude Lanzmann, qui récuse toute investigation portant sur les causes de l'Holocauste, est souvent mal compris – il n'y a pas, par exemple, de contradiction entre cet interdit, ce refus de la question « pourquoi ? », et l'affirmation selon laquelle l'Holocauste n'est pas une énigme indéchiffrable. L'interdit de Lanzmann n'est pas théologique ; il n'est pas comparable à l'interdit religieux qui prohibe toute recherche visant à sonder le mystère des origines de la vie. Ce dernier est pris dans un paradoxe, il revient à interdire l'impossible : « Tu ne dois pas parce que tu ne peux pas ! » Par exemple, quand les catholiques affirment que les recherches biogénétiques devraient être arrêtées, parce que l'humanité ne peut être réduite à l'interaction des gènes et de l'environnement, leur crainte sous-jacente et inavouée est que, si ces recherches étaient menées à leur terme, l'impossible serait néanmoins atteint, et la dimension spirituelle spécifique serait réduite à un mécanisme biologique. Lanzmann, au contraire, n'interdit pas l'étude de l'Holocauste parce que l'Holocauste serait un mystère qu'il serait préférable d'abandonner à son obscurité : l'idée est plutôt qu'il *n'y a pas* de mystère de l'Holocauste à révéler, qu'il *n'y a pas* d'énigme à résoudre. La seule chose à ajouter, après que toutes les circonstances historiques de l'Holocauste ont été découvertes, c'est l'abime de l'acte lui-même, de la *décision* libre dans toute sa monstruosité.

La reconnaissance de cet abime n'implique nulle complaisance envers la caractéristique majeure de l'actuelle industrie universitaire de l'Holocauste : son élévation au statut de Mal diabolique — métaphysique, irrationnel, apolitique et incompréhensible — ne pouvant être abordé que par un silence respectueux. L'Holocauste y est présenté comme le point traumatique ultime où la connaissance historique objective défaille, où, confrontée à un unique témoin, elle se trouve contrainte de confesser son inutilité, et où, simultanément, les témoins eux-mêmes doivent admettre que les mots leur manquent, qu'ils ne peuvent en définitive partager que leur silence. L'Holocauste est ainsi considéré comme un mystère, comme le cœur des ténèbres de notre civilisation, l'énigme incommunicable qui réfute par avance toute explication, qui, située au-delà de toute historicisation, défie notre pouvoir de connaitre et de décrire — elle ne peut être expliquée, visualisée, représentée, transmise, puisqu'elle est la marque du Vide, le trou noir, le terme, l'implosion de l'univers (narratif). En conséquence, toute tentative de contextualisation ou de politisation de l'Holocauste se confond avec la négation antisémite de son unicité. Voici l'une des versions les plus courantes de cette théorie de l'exceptionnalité de l'Holocauste :

> Un grand maître hassidique, le rabbin de Kotsk, avait l'habitude de dire : « Il y a des vérités qui peuvent être communiquées par des mots ; il y a des vérités plus profondes qui ne peuvent être transmises que par le silence ; et, à un autre niveau encore, il y a ces vérités qui ne peuvent être exprimées, pas même par le silence. » Elles doivent cependant être communiquées. Voici le dilemme auxquels sont confrontés tous ceux qui se plongent dans l'univers concentrationnaire : comment rendre compte de l'évènement quand – par son échelle et son degré d'horreur – il défie le langage [47] ?

Ces termes ne sont-ils pas ceux qui définissent chez Lacan la rencontre avec le Réel ? Mais cette dépolitisation de l'Holocauste, son élévation au rang de Mal sublime, d'Exception insaisissable, hors de portée du discours politique « normal », peut aussi être un acte politique, une manipulation parfaitement cynique, une intervention dont le but est de légitimer certaines relations de pouvoir. Elle s'inscrit dans la stratégie postmoderne de dépolitisation et/ou de victimisation. Elle disqualifie comme négligeables, comparativement au Mal absolu de l'Holocauste, les formes de violence dont les États occidentaux sont (co)responsables dans le Tiers-Monde. Elle sert à jeter un doute sur toute entreprise politique radicale, elle renforce le *Denkverbot*, l'interdit de penser qui frappe l'imaginaire politique radical : « Vous vous rendez compte que ce que vous proposez conduit à l'Holocauste ? » En bref, malgré la sincérité de certains de ses défenseurs, *le contenu idéologique et politique « objectif » de la dépolitisation de l'Holocauste, de son élévation au rang de Mal absolu et abyssal, est un pacte passé entre les sionistes extrémistes et les antisémites de droite, au détriment de la possibilité d'une politique radicale aujourd'hui.* Par ce pacte, l'expansionnisme israélien se trouve paradoxalement lié à l'évitement par les antisémites occidentaux de toute analyse concrète de la dynamique politique de l'antisémitisme, de la façon dont cette dynamique progresse aujourd'hui par d'autres moyens (ou plutôt, par d'autres buts, en déplaçant sa ligne de mire).

Riez à en mourir!

Le renversement inattendu de l'Holocauste en une comédie constitue la vérité de son élévation au rang de Mal indicible: la récente multiplication des comédies sur l'Holocauste est strictement corrélative de cette élévation – après tout, ce que nous ne pouvons comprendre constitue justement la matière de la comédie, le rire étant l'un des moyens à notre disposition pour faire face à l'incompréhensible. Si nulle mise en scène réaliste ne peut rendre compte de l'horreur de l'Holocauste, la seule façon de se sortir de cette impasse est de recourir à la comédie, laquelle, au moins, assume par avance l'impossibilité de restituer l'horreur et projette dans son contenu narratif le fossé qui sépare la chose représentée de sa représentation manquée – sous la forme du fossé séparant l'horreur sans limite de ce qui arrive (l'extermination des Juifs) du spectacle mensonger (comique) organisé par les Juifs pour survivre[48]. Le succès de *La Vie est belle* de Benigni marque le point de départ d'une série: lors de la saison 1999-2000, il fut suivi de *Jakob le menteur* avec Robin Williams (une nouvelle version d'un vieux classique est-allemand mettant en scène le propriétaire d'une boutique du ghetto juif, qui annonce régulièrement à ses compagnons d'infortune des nouvelles encourageantes sur l'imminence de la défaite allemande – nouvelles qu'il prétend avoir obtenues grâce au poste de radio qu'il dissimule), et de la sortie du film roumain *Train de vie* (l'histoire des habitants d'une petite communauté juive qui, alors que les nazis occupent le pays et prévoient leur déportation, organisent un faux convoi et, au lieu de partir pour les camps, prennent le chemin de la liberté). Il est remarquable que ces films tournent tous les trois autour d'un mensonge qui permet aux Juifs menacés de surmonter l'épreuve.

On ne peut comprendre ce courant qu'en prenant en considération l'échec manifeste du courant opposé, celui de la tragédie de l'Holocauste. Une scène notamment condense tout ce qu'il y a de factice dans *La Liste de Schindler*; il s'agit de celle qui a valu à Ralph Fiennes un oscar et que beaucoup de critiques présentaient comme la plus forte du film : c'est, bien entendu, la scène où le commandant du camp de concentration est confronté à une jeune femme juive à la beauté éclatante, sa prisonnière. Nous écoutons le long monologue presque théâtral du commandant pendant que la jeune femme regarde en silence droit devant elle, pétrifiée par une peur mortelle : bien qu'il se sente sexuellement attiré par elle, elle est pour lui, du fait de ses origines juives, un objet d'amour impossible. À l'issue de cette lutte entre attraction érotique et haine raciste, le racisme l'emporte, et le commandant rejette la fille.

La tension de cette scène réside dans l'incommensurabilité radicale entre deux perspectives subjectives : ce qui pour lui n'est qu'un flirt sans importance, une aventure sexuelle, est pour elle une question de vie ou de mort. La jeune femme nous apparait comme un être humain terrifié, alors que l'homme, de son côté, ne s'adresse même pas directement à elle ; il la traite comme un objet, comme le prétexte de son monologue grandiloquent. Pourquoi cette scène sonne-t-elle particulièrement faux ? Cela tient à ce qu'elle décrit une position d'énonciation (psychologiquement) impossible : elle décrit l'attitude ambivalente du commandant à l'égard de la jeune femme terrifiée comme s'il s'agissait de son expérience psychologique directe. La seule façon acceptable de rendre cette ambivalence eut été de la mettre en scène à la manière de Brecht, l'acteur jouant le méchant nazi s'adressant directement au public : « Moi, le commandant du camp de concentration, je trouve cette fille très attirante ; je peux faire avec mes prisonniers ce que je veux, je pourrais donc la violer en toute impunité. Mais je suis par ailleurs imprégné de l'idéologie raciste qui affirme que les Juifs sont immondes et indignes de mon attention. Je ne sais donc pas quelle décision prendre... »

La fausseté de *La Liste de Schindler* est donc la même que celle des personnes qui cherchent des explications aux horreurs du nazisme dans le « profil psychologique » de Hitler et des autres dignitaires nazis. Sur ce point du moins, la thèse discutable de Hannah Arendt sur la « banalité du mal » était fondée : si nous considérons Adolf Eichmann du point de vue de sa psychologie, comme une personne, il n'y a rien de monstrueux en lui à découvrir – c'était juste un bureaucrate comme tant d'autres, son « profil psychologique » ne nous donne aucune explication sur les horreurs qu'il mit en œuvre.

Il n'y a donc rien d'étonnant à ce que personne, pas même les plus ardents défenseurs de la théorie du Mal absolu, n'ait été offusqué par *La Vie est belle*, l'histoire d'un père juif italien déporté à Auschwitz qui, pour éviter tout traumatisme à son fils, adopte une stratégie désespérée consistant à lui présenter ce qui arrive comme un jeu dont il est nécessaire de respecter scrupuleusement les règles (manger le moins possible, etc.) – celui qui obtiendra le plus grand nombre de points pourra assister à l'arrivée d'un char américain.

Au contraire du film de Spielberg, celui de Benigni renonce par avance à toute « profondeur psychologique », et choisit le ridicule. Néanmoins, la nature problématique de cette solution apparait dès qu'elle est confrontée à d'autres exemples, plus anciens, de comédies de l'Holocauste : *Le Dictateur* de Chaplin (1940), *To be or not to be* de Lubitsch (1942), et *Pasqualino* [*Pasqualino Settebelezze*], l'incursion de Lina Wertmüller dans le genre de la comédie de l'Holocauste (1975)[49]. Ce qu'il faut bien voir, ici, c'est ce dont le spectateur rit : ces films respectent assurément des limites. Par exemple, il n'est pas inconcevable, en principe, de rire des mouvements machinaux et dépourvus de sens desdits « musulmans » (ces morts vivants, ces prisonniers qui, ayant perdu jusqu'au désir de vivre, erraient sans but dans les camps et réagissaient passivement à ce qui se passait autour d'eux) ; mais il est aussi absolument clair que cela serait parfaitement inacceptable d'un point de vue éthique. La question qui se pose ici est particulièrement simple : aucun de ces films n'est une pure comédie ; le rire et la satire sont toujours suspendus au moment où nous avons affaire au message ou au niveau « sérieux » du film ; la question est donc de savoir quel est ce moment.

Dans *Le Dictateur* de Chaplin, il s'agit de toute évidence du discours du pauvre barbier juif, lorsque celui-ci prend la place de Hynkel/Hitler ; dans *La Vie est belle*, il s'agit notamment de la toute dernière scène du film, après l'arrivée du char, quand l'enfant, au lendemain de la guerre, embrasse sa mère dans un pré verdoyant, alors que sa voix *off* remercie son père de s'être sacrifié... Dans tous ces exemples, nous avons affaire à un émouvant moment de rédemption. C'est précisément ce moment de rédemption qui fait défaut dans *Pasqualino* : si Wertmüller avait tourné *La Vie est belle*, lors de la dernière séquence du film, un soldat dans le char américain aurait sans doute pris l'enfant pour un tireur nazi embusqué et l'aurait abattu. *Pasqualino* décrit la façon dont le héros éponyme, un Italien dynamique et caricatural, obsédé par la sauvegarde de l'honneur de sa pitoyable famille (Giancarlo Giannini, qui protège l'honneur de ses sept sœurs, – que l'on ne qualifierait pas précisément de belles, contrairement à ce que suggère le titre original du film) en arrive à la conclusion qu'il lui faut, pour assurer sa survie, séduire la commandante du camp, une grosse femme impitoyable.

Les spectateurs assistent donc aux efforts déployés par Pasqualino pour offrir son corps à celle-ci – la condition *sine qua non* du succès de l'entreprise étant de parvenir à une érection. Une fois l'entreprise de séduction réussie, il est promu au rang de kapo et doit, pour sauver les hommes sous son commandement, tuer six d'entre eux, dont son meilleur ami, Francesco.

Comme dans les exemples précédents, la comédie est ici prise dans une tension dialectique – mais une tension sans rédemption pathétique. Ainsi que nous l'avons vu, dans les autres comédies de l'Holocauste, la comédie se trouve à un certain moment « dépassée »; un message « sérieux » et pathétique est adressé aux spectateurs : le discours final du pauvre barbier juif qui prend la place de Hynkel/Hitler dans *Le Dictateur*; le discours de l'acteur polonais qui joue Shylock dans *To be or not to be*; la scène finale de *La Vie est belle*, au moment où le fils retrouve sa mère et se remémore le sacrifice suprême de son père. Dans *Pasqualino*, cependant, la comédie est soumise à la tension de la logique terrifiante et cruelle de la survie dans un camp de concentration : le rire est poussé à l'extrême, au-delà du « bon goût »; il côtoie des scènes où des corps sont brulés, où des personnes se suicident en se jetant dans une mare d'excréments humains, où le héros, face à un choix impossible, décide de tuer son meilleur ami. Nous n'avons plus affaire ici à un personnage pathétique, celui du brave homme qui s'efforce héroïquement de sauvegarder sa dignité dans des circonstances terribles, mais à une victime devenue bourreau, et ayant définitivement perdu son innocence morale – le message final rédempteur est ici purement et simplement absent.

Quand, dans une comédie de l'Holocauste, le rire cesse, quand la restitution par la comédie des ressources déployées obstinément par la vie pour se prolonger atteint ses limites, nous sommes confrontés à l'alternative suivante : ou bien la dignité tragique et pathétique (ou, plutôt, mélodramatique)

– le héros se transforme soudain en personnage héroïque – ou bien la nausée – le héros persévère jusqu'à la fin dans son effort pour survivre, et l'exagération même de la comédie suscite le dégout. Pour utiliser le vocabulaire lacanien, cette alternative est bien sûr celle du Signifiant Maître et de l'objet *a* en tant que « reste indivisible » du processus symbolique. Il existe, malheureusement, une troisième option : qu'en est-il de la position du musulman, du mort vivant ? Est-il possible de réaliser une comédie dans laquelle, au moment où le rire atteint ses limites, il y aurait le musulman ?

Le musulman

Le « musulman » est le personnage-clé de l'univers concentrationnaire nazi[50] ; bien que l'on puisse en trouver un vague équivalent dans les goulags staliniens[51], le musulman semble soumis à une logique intérieure différente. Le fonctionnement des camps nazis implique une sorte d'« esthétique du mal » ; l'humiliation et la torture des prisonniers trouvaient en elles-mêmes leur propre fin, elles ne servaient aucun but rationnel, et elles étaient même directement contraires à l'objectif d'une maximisation de l'exploitation des prisonniers. En revanche, le goulag stalinien se situait encore dans l'horizon d'une exploitation impitoyable des prisonniers, qui étaient considérés comme une force de travail de peu de valeur – un des exemples les plus terrifiants en est l'incident bien connu intervenu à bord du bateau à vapeur *Kim*. Le *Kim* transportait trois mille condamnés aux camps de la Kolyma. Au cours de la traversée, les condamnés se révoltèrent ; les autorités du navire eurent recours pour écraser la mutinerie à un procédé des plus simples : alors qu'il faisait moins quarante, ils inondèrent les cales. Quand, le cinq décembre 1947, le *Kim* entra dans le port de Nagayevo, sa « cargaison » était constituée d'un gigantesque bloc de glace contenant trois mille corps gelés.

Dans cet univers, les miracles éthiques, les protestations de masse et les manifestations publiques de solidarité, étaient encore possibles, comme en témoigne l'évènement légendaire qui eut lieu à la mine 29 de Vorkouta en 1953. Quelques mois après la mort de Staline, partout en Sibérie des grèves éclatèrent dans les camps de travail ; les revendications des grévistes étaient modestes et « raisonnables » : la libération des prisonniers les plus vieux et les plus jeunes, l'interdiction des tirs à l'aveuglette par les gardes postés dans les miradors, etc. Les uns après les autres, les camps cédèrent aux menaces et aux promesses mensongères de Moscou ; seule la mine 29 de Vorkouta, encerclée par deux divisions des troupes du NKVD équipées de chars, continua à résister. Quand, pour finir, les soldats voulurent pénétrer dans le camp, ils virent que les prisonniers se tenaient bras dessus bras dessous, formant une solide phalange derrière l'entrée principale, et qu'ils attendaient là en chantant. Après un moment d'hésitation, les mitrailleuses lourdes ouvrirent le feu – les mineurs restèrent groupés, debout, et continuèrent à chanter avec défi, les vivants soutenant les morts. Après une minute ou deux, la réalité reprit le dessus, et les corps commencèrent à tomber à terre[52]. Mais ce bref instant pendant lequel le défi des mineurs parut suspendre les lois mêmes de la nature, opérant une transsubstantiation de leurs corps épuisés en un Corps collectif, immortel et chantant, fut un instant proprement sublime, un moment prolongé durant lequel, en un sens, le temps s'immobilisa. Il est difficile d'imaginer quelque chose de semblable dans un camp d'extermination nazi.

Il est possible de distinguer dans la population des camps d'extermination nazis trois catégories de personnes. La majorité s'effondrait et régressait jusqu'à un « égoïsme » quasi-animal, et tous ses efforts étaient orientés par la volonté de survivre, au point de faire des choses qui, dans le monde « normal », eussent semblé immorales (comme voler la nourriture ou les chaussures de son voisin). Néanmoins, les survivants des camps de concentration se souviennent tous de l'Un, de *celui qui jamais ne céda*, de celui qui tint bon dans les circonstances insupportables qui réduisaient tous les autres à la lutte égoïste pour la survie, l'Un duquel émanait une générosité et une dignité miraculeuses et « irrationnelles » – nous avons ici affaire, selon les termes de Lacan, à la fonction de l'Y a d'l'Un : même dans les camps, il y avait l'Un, le support de la solidarité minimale qui définit le lien social, pour autant que celui-ci ne se réduit pas à une simple collaboration dans le cadre d'une stratégie de survie.

Deux points doivent ici être soulignés : d'abord, ces individus étaient toujours perçus comme *uniques* (ils ne faisaient jamais nombre, comme si, suivant une obscure nécessité, cette inexplicable et miraculeuse solidarité devait être incarnée par un unique individu, l'Un) ; ensuite, ce qui importait n'était pas tant ce que cet Un *faisait* effectivement pour les autres, mais plutôt sa simple *présence* parmi eux (la conscience de *l'existence de l'Un*, de ce gardien de la dignité humaine, permettait aux autres de tenir, même s'ils étaient la plupart du temps réduits à n'agir que comme des machines à survivre). D'une façon assez semblable aux rires préenregistrés de certains programmes télévisés, nous avons ici affaire à quelque chose comme une *dignité préenregistrée* ; l'Autre (l'Un) préserve ma dignité pour moi, à ma place, ou, plus précisément, je préserve ma dignité *au travers* de l'Autre, par lui : je peux être réduit à la simple lutte pour la survie, mais la conscience même de l'existence de l'Un qui préserve sa dignité me permet de conserver un lien minimum avec l'humanité. Souvent, quand cet Un s'effondrait ou que l'on découvrait qu'il s'agissait d'un usurpateur, les autres prisonniers perdaient leur volonté de survivre et devenaient des « musulmans », des morts vivants indifférents – paradoxalement, leur désir de se battre pour survivre trouvait appui dans son exception, l'existence de l'Un qui lui n'était pas réduit à ce niveau, en sorte que, quand cette exception disparaissait, la lutte pour la survie elle-même perdait la force qui lui permettait de persévérer. Ce qui signifie que cet Un ne se définissait pas exclusivement par ses qualités « réelles » (à ce niveau, il est bien possible qu'il y ait eu plusieurs individus comme lui ou même qu'il n'ait pas véritablement tenu le coup, et qu'il n'ait été qu'un usurpateur jouant le rôle de l'Un) : son rôle exceptionnel relevait plutôt du *transfert* : il occupait une place construite (ou présupposée) par les autres.

Les musulmans représentent le « niveau zéro » de l'humanité : les coordonnées heideggeriennes du projet [*Entwurf*] par lequel le *Dasein* répond et assume de façon engagée son être-jeté-dans-le-monde [*Geworfenheit*] sont ici suspendues. Les musulmans sont comme des « morts vivants » qui ont même cessé de répondre aux stimuli animaux fondamentaux, qui ne se défendent plus quand ils sont attaqués, qui perdent graduellement jusqu'à l'envie de boire et de manger, qui continuent à manger et à boire par l'effet d'une habitude aveugle plutôt que du fait d'un besoin animal élémentaire. C'est pourquoi ils constituent un point de Réel sans Vérité symbolique, c'est pourquoi, autrement dit, il n'est pas possible de « symboliser » l'épreuve qu'ils traversent, de l'organiser en un récit biographique pourvu de sens. Cependant, il est facile de percevoir le danger d'une telle description : elle reproduit sans y prendre garde la « déshumanisation » imposée par les nazis et la corrobore ainsi. C'est la raison pour laquelle il est nécessaire d'insister plus que jamais sur leur humanité, sans oublier qu'ils ont effectivement été d'une certaine façon déshumanisés, dépossédés des caractéristiques essentielles de l'humanité : la ligne qui sépare la dignité et l'engagement humains « normaux » de l'indifférence « inhumaine » des musulmans est *inhérente* à « *l'humanité* », ce qui signifie qu'il existe quelque chose comme un noyau ou une faille traumatique inhumaine au sein même de « l'humanité » – ou, pour employer le vocabulaire de Lacan, les musulmans sont « humains » de façon *extime**. Ils représentent l'humanité « en soi » précisément dans la mesure où ils sont « inhumains », où ils sont dépouillés de presque toutes les caractéristiques spécifiques positives de l'humanité : ils sont cet élément inhumain particulier qui donne immédiatement corps au genre humain, par lequel ce genre acquiert directement son existence – le musulman est l'homme *tout court*, sans autres qualifications.

Il est tentant de dire que le musulman, précisément dans la mesure où il est en un sens « moins qu'un animal », où il est dépossédé y compris de sa vitalité animale, est l'étape intermédiaire nécessaire entre l'animal et l'homme, le « degré zéro » de l'humanité au sens où Hegel parle de la « nuit du monde », de ce retrait de l'immersion et de l'engagement dans notre environnement, de cette négativité pure qui ne se rapporte qu'à elle-même, qui, pour ainsi dire, « fait table rase » et ouvre ainsi l'espace d'un engagement symbolique spécifiquement humain[53]. Pour le dire autrement, le musulman ne se situe pas seulement en dehors du langage (comme l'animal), il est l'absence du langage *en tant que telle*, le silence comme fait positif, l'impossibilité radicale, le Vide nécessaire sur fond duquel une parole peut émerger. En ce sens déterminé, il est possible de dire que, pour « devenir humain », pour franchir le fossé qui sépare l'immersion de l'animal dans son environnement de l'activité humaine, *nous devons tous, à un moment donné, avoir été des musulmans*, être passés par le degré zéro que désigne ce terme. Lacan mentionne à plusieurs reprises la nouvelle d'Edgar Allan Poe, dans laquelle monsieur Valdemar, lequel, après avoir été mis à mort puis ramené à la vie, murmure d'une voix terrifiante : « Je suis mort ! » C'est cette expérience limite qu'ont faite les rares musulmans qui ont survécu à leurs épreuves, et qui, retournés à la vie sociale « normale », ont pu alors prononcer les mots insupportables : « J'étais un musulman. »

Cela qui signifie que, comme Agamben a raison de le souligner, les règles « normales » de l'éthique se trouvent ici suspendues : nous ne pouvons pas nous contenter de déplorer leur malheur, de regretter qu'ils aient été dépouillés de leur dignité humaine fondamentale, puisque le fait d'*être « décent », de garder sa « dignité » en face d'un musulman est en soi un acte d'une indécence totale*. Il n'est tout simplement pas possible d'ignorer un musulman : toute position éthique qui n'affronte pas le terrible paradoxe du musulman est par définition contraire à l'éthique, et en constitue le travestissement obscène – et une fois confrontées au musulman, des notions comme celle de « dignité » se trouvent en quelque sorte dépourvues de substance. Autrement dit, le « musulman » n'est pas seulement le « plus bas » degré dans la hiérarchie des types éthiques (« non seulement ils ont perdu leur dignité, mais ils ont aussi perdu leur vitalité animale et leur « égoïsme » »), il est aussi le degré zéro qui prive de signification toute cette hiérarchie. Ne pas prendre en compte ce paradoxe relève du même cynisme que celui des nazis qui réduisirent les Juifs au niveau sous-humain pour ensuite utiliser cette image comme preuve de leur sous-humanité – ils poussèrent ainsi à l'extrême le processus typique de l'humiliation dans lequel, par exemple, j'ôte la ceinture d'une personne, afin de la forcer à retenir son pantalon avec ses mains, pour ensuite me moquer de son manque de dignité…

On trouve dans la philosophie contemporaine deux positions opposées à l'égard de la mort : celle de Heidegger et celle de Badiou. Pour Heidegger, la mort authentique (distincte du « quelqu'un meurt » anonyme) est l'assomption de la possibilité de l'impossibilité ultime de l'étant du *Dasein* en tant que « mien » ; pour Badiou, la mort (la finitude, la mortalité) est ce que nous avons en partage avec les animaux, alors que la dimension proprement humaine est celle de l'« immortalité », de la réponse à l'Appel de l'Évènement « éternel ». Mais en dépit de leur opposition, Heidegger et Badiou partagent une même matrice : l'opposition entre l'existence authentique engagée et le désir égoïste anonyme, la participation à une vie dans laquelle les choses ne font que « fonctionner ». La position unique du musulman est en contradiction avec les deux pôles de cette opposition : bien que les musulmans ne soient assurément pas engagés dans un projet existentiel authentique, les désigner comme menant la vie inauthentique du *das Man* relève bien sûr du cynisme le plus complet – ils sont ailleurs, ils sont le troisième terme, le niveau zéro qui sape l'opposition entre l'existence authentique et *das Man*. Ce « reste indivisible » inhumain de l'humanité, cette existence en deçà de la liberté et de la dignité, en deçà même de l'opposition du Bien et du Mal, est ce qui caractérise la position post-tragique contemporaine, plus terrible encore que n'importe quelle tragédie classique. Pour formuler néanmoins cette idée dans les termes de la tragédie grecque, disons que ce qui rend compte du statut d'exception des musulmans, c'est qu'ils ont, eux, pénétré le domaine prohibé de l'*atè*, de l'horreur indicible : ils se sont trouvés face à face avec la Chose elle-même.

Un autre fait, souligné par tous les témoins, en apporte la preuve : le regard figé du musulman, ce regard désubjectivé et pétrifié, qui allie une indifférence et une impassibilité complètes (l'étincelle consumée de la vie, de l'existence engagée) à une fixité aussi intense qu'inquiétante, comme si ce regard, d'avoir trop vu, d'avoir vu ce que nul ne devrait voir, s'était définitivement glacé. Il n'y a rien d'étonnant à ce que la tête de la Gorgone soit souvent évoquée quand il est question de ce regard : hormis sa chevelure de serpents, ses traits essentiels sont sa bouche béante (comme saisie par la terreur) et son regard pétrifié, ses yeux grand ouverts qui fixent la source innommée de son effroi, dont la position coïncide avec celle que nous, spectateurs, occupons. À un niveau plus fondamental, nous avons affaire ici à la positivisation d'une impossibilité qui donne lieu à l'objet fétiche. Par exemple, comment le regard-objet devient-il un fétiche? Par le renversement hégélien qui, de l'impossibilité de voir l'objet, fait un objet qui donne corps à cette impossibilité même: puisque le sujet ne peut pas directement voir la Chose fascinante et mortelle, il accomplit une sorte de retour réflexif sur soi par lequel l'objet qui le fascine devient le *regard lui-même*. (En ce sens – bien que la symétrie ne soit pas parfaite – le regard et la voix sont des objets réflexifs, c'est-à-dire des objets qui donnent corps à une impossibilité, ce qui peut être formulé au moyen du mathème lacanien, « $\frac{a}{\varphi}$ ».)

La chute du détective Argobast au moment où il est assassiné, dans *Psychose* de Hitchcock, en est sans doute l'exemple cinématographique le mieux connu: le regard pétrifié de sa tête immobile, dont l'arrière-plan est en mouvement (contrairement à ce qui se passe dans la « réalité », où l'arrière-plan reste figé alors que la tête, elle, est en mouvement), fixant d'un air béat, au-delà de l'horreur, la Chose qui est en train de le tuer. Ce regard a des précédents: c'est, dans *Vertigo*, la tête pétrifiée de Scottie pendant la séquence du rêve, mais aussi, dans ce chef-d'œuvre précoce et sous-estimé qu'est *Murder*, le regard pétrifié du meurtrier quand il vole sur le trapèze[54]. Où est, ici, le regard-objet? Ce n'est pas le regard que nous voyons, mais ce qu'il regarde – autrement dit le regard de la caméra elle-même, et donc, en définitive, notre propre regard de spectateurs. Ce niveau zéro, où il n'est plus possible de distinguer clairement le regard et l'objet perçu, ce niveau où le Regard horrifié devient finalement lui-même l'objet terrifiant, est ce qui caractérise le musulman.

Hitler, un ironiste ?

En deçà de la tragédie et de la comédie

La figure sans équivalent du musulman nous permet de comprendre pourquoi ni la comédie ni la tragédie ne peuvent en définitive rendre compte de l'univers concentrationnaire. La comédie et la tragédie reposent sur le fossé qui sépare la Chose impossible et un objet appartenant à notre réalité, mais élevé au rang de la Chose, fonctionnant comme son substitut – en d'autres termes, la comédie et la tragédie reposent l'une et l'autre sur la structure de la sublimation. La dignité tragique rend palpable la façon dont un individu ordinaire et faillible peut mobiliser une énergie incroyable et payer chèrement sa fidélité à la Chose ; la comédie, elle, procède à l'inverse, et rend visible la banalité de l'objet qui occupe la place de la Chose – le héros public s'avère être un opportuniste maladroit ou un précieux ridicule... Néanmoins, il ne suffit pas d'affirmer que la comédie joue du fossé qui sépare la Chose de l'objet ridicule occupant sa place ; la caractéristique fondamentale de la comédie et de la tragédie est bien plutôt que chacune implique une forme d'immortalité, bien que l'une soit opposée à l'autre. Dans une situation tragique, le héros paie de sa vie terrestre sa fidélité à la Chose, de telle sorte que sa défaite constitue son triomphe et lui confère une dignité sublime ; la comédie, quant à elle, célèbre le triomphe de la vie indestructible – non le triomphe de la vie sublime, mais celui de la vie terrestre, opportuniste, commune et vulgaire. La scène comique par excellence serait, de ce point de vue, celle de la fausse mort, d'une mort qui s'avérerait être une supercherie : tous les proches et les parents du défunt sont réunis pour les funérailles, chacun pleure et loue le défunt, quand, soudain, le mort supposé se réveille (il n'était pas vraiment mort) et demande ce qui se passe, quelle est la raison de toute cette agitation... Il y a dans *L'Homme tranquille* de John Ford une scène dans laquelle un prêtre donne l'extrême-onction à un vieil homme sur son lit de mort. Tout à coup, le calme et la solennité de la situation sont perturbés par le vacarme d'une violente altercation : devant la maison, la bagarre opposant les deux héros du film, bagarre que tout le village attendait, a finalement lieu ; le vieillard grabataire ouvre les yeux, tend l'oreille et, oubliant qu'il est en train de mourir, se lève et court au dehors, vêtu de sa chemise de nuit blanche, pour rejoindre la foule des spectateurs enthousiastes… (La situation comique qui illustrerait le mieux le triomphe de la vie mettrait en scène une personne assistant à ses propres funérailles, comme Tom Sawyer et Huck Finn observant du fond de l'église la messe célébrée en leur mémoire.) C'est ainsi qu'il faut comprendre l'équivalence posée par Lacan entre la dimension comique et le signifiant phallique :

> […] simplement il faut que nous nous souvenions que dans la comédie ce qui ne nous satisfait pas, ce qui nous fait rire […] c'est non pas le triomphe de la vie mais la vie qui s'y glisse si l'on peut dire, se dérobe, fuit, échappe à tout ce qui lui est opposé de barrières, et précisément des plus essentielles, celles qui sont constituées par l'instance du signifiant.
>
> Ce que le phallus signifie lui aussi, n'est rien d'autre qu'un signifiant, c'est le signifiant de cette échappée, de ce triomphe du fait que la vie passe tout de même quoiqu'il arrive, quand le héros comique même a trébuché, tombé dans la mélasse, quand même le petit bonhomme vit encore[55].

Imaginez une Antigone qui, après avoir répondu aux questions de Créon d'un air solennel, demanderait à se retirer. Pourquoi ? Non pour quitter la scène dignement, mais pour satisfaire un besoin vulgaire – une fois en dehors du palais de Créon, elle s'accroupirait pour uriner… N'est-ce pas sur cet aspect comique des stratégies de survie que reposent des films comme *La Vie est belle* et *Pasqualino* ? C'est l'acharnement à survivre de leurs héros respectifs qui, en définitive, rend ces deux films attrayants : aussi grande que soit la difficulté, ils finissent par s'en sortir. Le moment où *La vie est belle* sort du registre comique peut aussi être interprété selon cette analyse : il s'agit du moment précis où la dignité réapparaît dans le film, mais à un niveau plus profond, ou, pour user de termes pathétiques, il s'agit du moment où nous, les spectateurs, prenons conscience de ce que les ruses et les stratagèmes « indignes » qui ont permis au héros de sauver son fils relèvent d'une dignité élémentaire sous-jacente, bien plus essentielle que celle d'un héroïsme grandiloquent...

Mais l'équivalence posée par Lacan entre la dimension comique et le signifiant phallique n'est pas dépourvue d'une certaine ambigüité : si la dimension comique représente le triomphe de l'opportunisme et de l'ingéniosité de la vie, défini précisément comme évitement réussi des barrières constituées par le signifiant – en bref, si la dimension comique représente le triomphe de la vie face aux contraintes des règles et des interdits symboliques – pourquoi, alors, Lacan affirme-t-il que cette dimension est exprimée par le phallus en tant que signifiant ? Il n'est pas suffisant d'affirmer qu'ici le phallus, en tant qu'organe de la fertilité, est précisément le signifiant (symbole) de la vie qui parvient toujours à trouver le moyen de se survivre et de se régénérer, le signifiant de la reproduction et de la conservation de la vie par la fuite permanente et l'évitement ingénieux des barrières symboliques déterminées : l'énigme n'est pas pour autant dissipée ; comment la vie, caractérisée par sa persistance et son dépassement des barrières symboliques, trouve-t-elle son équivalent dans le phallus en tant que signifiant « pur », signifiant qui – comme Lacan le dit dans « La signification du phallus » – représente l'opération même du *logos*, de la transposition de la réalité présymbolique « brute » en une réalité symbolisée.

La seule manière de surmonter cette difficulté est de préciser que la « vie » qui dans la comédie survit à toutes les difficultés auxquelles elle est confrontée n'est justement pas la vie biologique simple, mais une vie fantasmatique spectrale/éthérée, dégagée de l'inertie du Réel, une vie dont le domaine est déjà soutenu par l'ordre du signifiant. En bref, cet univers phallique de la survie éternelle est celui de la perversion. Pourquoi ? Réduite à sa structure élémentaire, la perversion peut être considérée comme une défense face au Réel de la mort et de la sexualité, face à la menace que constitue la mortalité, mais aussi face à l'assignation hasardeuse de la différence sexuelle : le scénario pervers met en scène la « dénégation de la castration » – un univers dans lequel, comme dans les cartoons, un être humain est capable de survivre à toutes les catastrophes imaginables, dans lequel la sexualité adulte est réduite à un jeu d'enfant, dans lequel la mort et le choix d'un des deux sexes ne sont pas des nécessités. À quoi ressemble une scène typique de *Tom et Jerry* ? Un poids lourd écrase Jerry, un bâton de dynamite lui explose dans la bouche, il est découpé en morceaux, mais l'histoire suit son cours : dans la scène suivante, Jerry est de retour et nulle trace ne subsiste de la catastrophe précédente… En tant que tel, l'univers du pervers est celui de l'ordre symbolique pur, du jeu du signifiant, qui suit son cours sans être entravé par le Réel de la finitude humaine. L'immortalité du pervers est une immortalité *comique* ; la matière de la comédie est précisément le surgissement répété et astucieux de la vie – quelle que soit la catastrophe, quelle que soit la difficulté, nous sommes toujours assurés par avance que le brave petit homme s'en sortira…

Mais lorsque l'univers concentrationnaire atteint l'horreur la plus extrême, il devient impossible de maintenir le fossé qui sépare l'inertie matérielle de la réalité et le domaine éthéré de la Vie infinie – ce fossé est suspendu, la réalité elle-même coïncide tendanciellement avec la Chose monstrueuse. D'un côté, le musulman est si démuni que sa situation ne peut plus être considérée comme « tragique » : la dignité essentielle à la posture tragique lui fait défaut ; autrement dit, il ne conserve pas le minimum de dignité qui permettrait à sa situation misérable de paraître tragique – il est purement et simplement réduit à n'être que l'ossature d'une personne, vidée de l'étincelle de l'esprit. Si nous essayons d'en faire un personnage tragique, l'effet produit sera au contraire *comique*, comme si nous confondions entêtement imbécile et dignité tragique. D'un autre côté, bien que le musulman soit en un sens « comique », bien que sa manière d'agir (ses mouvements automatiques, répétitifs et dépourvus de sens, sa recherche imperturbable de nourriture) constitue habituellement la matière de la comédie, la misère totale de sa condition interdit toute tentative de le présenter ou de le percevoir comme un « personnage comique » – répétons-le, si nous essayons de le présenter comme un personnage comique, l'effet sera au contraire *tragique* : quand quelqu'un se moque cruellement d'une victime sans défense (par exemple en mettant des obstacles sur le chemin d'un aveugle pour le faire trébucher), au lieu de nous faire rire, de susciter l'amusement des observateurs, la situation tragique de la victime éveille notre sympathie. N'y a-t-il pas quelque chose de similaire dans les rituels humiliants des camps, dans l'inscription « *Arbeit macht frei !* », qui figurait au-dessus de l'entrée d'Auschwitz, ou dans les concerts qui accompagnaient le départ des prisonniers pour le travail ou les chambres à gaz ?

Le paradoxe est que seul cet humour cruel permet de susciter un sentiment tragique. Le musulman est ainsi le degré zéro où l'opposition même entre la tragédie et la comédie, entre le sublime et le ridicule, entre la dignité et la dérision, est suspendue, le degré où chaque membre de l'alternative se transforme en son opposé : si nous essayons de présenter la situation du musulman comme tragique, nous obtenons un effet comique, une parodie de la dignité tragique, mais si nous considérons le musulman comme un personnage comique, le tragique surgit. Nous pénétrons ici dans un domaine situé au-dehors, ou plutôt en deçà de l'opposition fondamentale entre la structure hiérarchique respectable de l'autorité et sa transgression carnavalesque, entre l'original et sa parodie ou sa répétition moqueuse, opposition qui est au cœur du travail de Bakhtine.

Aujourd'hui, l'accent est généralement mis sur le fait que, en dépit de la tonalité héroïque/tragique qui résonne souvent chez Lacan, en particulier dans ses écrits des années cinquante, cette éthique héroïque/tragique n'est pas le dernier mot de Lacan : Jacques-Alain Miller démontre comment, au cours de la dernière décennie de son enseignement, Lacan a accompli un passage du tragique au burlesque, de l'identification héroïque au signifiant-maître à l'identification à l'apparence du reste excrémentiel, du pathos à l'ironie[56]. Néanmoins, le double exemple du musulman et de la victime du stalinisme ne pointe-t-il pas vers un domaine situé en deçà de cette opposition, de cet ultime degré de l'expérience éthique – vers le degré d'une éthique au-delà de l'esthétique, au-delà du beau ? Il est courant d'accuser la superbe musique de Wagner dans *Parsifal* d'« abuser » de la beauté musicale afin de nous vendre ses idées réactionnaires (misogynes, racistes…) – ne pouvons-nous pas cependant faire un pas de plus et affirmer que *la beauté, « en tant que telle », par définition, est déjà une chose étrangement « abusive »*, une chose qui abuse de la souffrance qu'elle utilise (met en scène) pour provoquer en nous ladite « réponse esthétique » ? Un tel abus ne constitue-t-il pas le principe même de l'effet cathartique de la tragédie ? Et ne faut-il pas considérer qu'avec l'Holocauste cet abus esthétique n'est plus possible, qu'il atteint sa limite, que si nous entreprenons d'en rendre compte d'une façon esthétique, l'abus devient manifeste et rend ainsi inopérant l'effet esthétique ? C'est peut-être une des façons de comprendre la formule très célèbre d'Adorno qui affirme que la poésie n'est plus possible après Auschwitz.

Hitler, un ironiste ?

La différence entre le nazisme et le stalinisme, entre les camps d'extermination et le goulag, est résumée par l'opposition entre les deux figures qui l'une et l'autre occupent l'espace situé « au-delà de la tragédie » : le musulman et la victime du procès public stalinien qui sacrifie sa « seconde vie » pour la Chose. Le traitement nazi produit le musulman, le traitement stalinien l'accusé qui confesse ses crimes. Ces deux figures sont liées parce que l'une et l'autre se trouvent dans le vide, dépouillées à la fois de leur vie terrestre et de leur vie sublime : le musulman et l'accusé du procès stalinien se trouvent au-delà de l'« égoïsme », ne jouissent plus de la vie, sont indifférents aux satisfactions terrestres, et notamment à la satisfaction, plus « élevée », qu'apporte la considération des pairs ; la préservation de leur dignité morale ne constitue plus un souci pour eux, pas plus que la façon dont le grand Autre se souviendra d'eux ou dont ils seront inscrits dans la texture de la Tradition – en ce sens, ils sont comme des morts vivants, des ossatures que n'illumine plus l'étincelle de la vie. Il existe néanmoins une différence essentielle entre les deux : si le musulman se trouve réduit à l'existence végétative et apathique d'un mort vivant par la terreur physique, la victime du procès public doit, elle, participer au spectacle de sa dégradation et renoncer activement à sa dignité.

Chapitre III
Quand le parti se suicide

Dans lequel le lecteur sera d'abord initié aux secrets des purges staliniennes, avant d'apprendre, à sa plus grande surprise, que même l'effroyable stalinisme recèle une dimension rédemptrice.

Le pouvoir des sans-pouvoir

La croyance est prise dans l'impasse caractéristique du Réel : premièrement, nul ne peut pleinement endosser une croyance à la première personne. La série de contre-questions de Faust, en réponse à la célèbre question que lui pose Marguerite, après qu'ils eurent consommé leur amour, « Que penses-tu de la religion ? », est ici exemplaire : Est-ce qu'il faut *vraiment* avoir la foi ? Qui peut vraiment dire : « Je crois en Dieu » ? et ainsi de suite (Goethe, *Faust*, chant I, vers 3415 et suivants). D'autre part, nul ne peut éviter de croire – ce qui, en ces temps prétendument impies, mérite d'être souligné. Autrement dit, dans notre culture officiellement athée, séculière, libérée des traditions et hédoniste, dans laquelle personne n'est prêt à confesser publiquement qu'il croit, la structure sous-jacente de la croyance est d'autant plus envahissante : nous croyons tous secrètement. La position de Lacan est ici claire et sans ambiguïté : « Dieu est inconscient » ; il est naturel que l'être humain succombe à la tentation de croire.

Cette prédominance de la croyance, le fait que le besoin

de croire soit consubstantiel à la subjectivité humaine, est ce qui rend problématique l'argument utilisé couramment par les croyants pour désarmer leurs adversaires : « Seuls ceux qui croient peuvent comprendre ce que croire veut dire, les athées sont donc dans l'impossibilité à priori de polémiquer avec nous. » Ce qui ne va pas avec cet argument, c'est sa prémisse : l'athéisme n'est pas le degré zéro de la croyance, compréhensible par tous, car il signifie seulement l'absence de (croyance en) Dieu – et rien, peut-être, n'est plus difficile que de soutenir cette position, d'être un vrai matérialiste. Pour autant que la structure de la croyance est celle du clivage et du reniement fétichistes (« je sais qu'il n'y a pas de grand Autre, mais néanmoins… je crois secrètement en Lui »), seul un psychanalyste qui affirme l'inexistence du grand Autre est un vrai athée. Même les staliniens étaient des croyants, dans la mesure où ils invoquaient constamment le Jugement dernier de l'Histoire qui devait déterminer la « signification objective » de nos actes. Même un personnage aussi radical que Sade n'était pas un athée conséquent ; la logique secrète de ses transgressions consiste en un geste de défi adressé à Dieu, en un retournement de la logique habituelle du clivage fétichiste (« je sais qu'il n'y a pas de grand Autre, mais néanmoins… ») : « Bien que je sache que Dieu existe, je suis disposé à le défier, à violer ses interdits, à agir *comme* s'il n'existait pas ! » Hormis la psychanalyse (la psychanalyse freudienne, non sa déviation jungienne), seul, peut-être, Heidegger a déployé, dans *Être et temps*, une conception athée conséquente de l'existence humaine, jetée dans un horizon fini et contingent, avec la mort pour ultime possibilité. Il est fondamental de prendre en compte ces paradoxes de la croyance pour traiter du statut de l'idéologie officielle dans les régimes socialistes.

L'essai de Václav Havel, *Le Pouvoir des sans-pouvoir* (1978), offre la meilleure description du fonctionnement effectif du « socialisme réellement existant » dans la vie quotidienne de ses sujets : ce qui importait n'était pas de croire en son for intérieur à la vérité des propositions de l'idéologie officielle, mais de respecter les rituels et les pratiques qui donnaient à cette idéologie une existence matérielle[57]. Bien que Louis Althusser ait souvent été accusé d'être un protostalinien, il serait instructif de lire Havel à la lumière d'Althusser, et d'interpréter l'exemple célèbre du marchand de légumes, que Havel présente dans les premières pages du *Pouvoir des sans-pouvoir*, comme l'exemple parfait du fonctionnement d'un appareil idéologique d'État.

Le marchand de légumes, un homme modeste et discret, est profondément indifférent à l'idéologie officielle ; il accomplit mécaniquement les rituels – lors des fêtes officielles, il décore la vitrine de son magasin avec des slogans du type « Longue vie au socialisme ! » ; il participe avec impassibilité aux rassemblements de masse. Bien qu'il se plaigne en privé de la corruption et de l'incompétence de « ceux qui sont au pouvoir », il invoque simultanément la sagesse populaire (« le pouvoir est toujours corrompu ») pour légitimer son attitude à ses propres yeux et garder ainsi l'apparence mensongère de la dignité. Si d'aventure on lui propose de prendre part à la dissidence, il protestera peut-être même avec indignation : « Qui êtes-vous donc pour me mêler à des affaires qui vont à coup sûr ruiner l'avenir professionnel de mes enfants ? Est-ce qu'il est de mon devoir personnel de remédier aux malheurs du monde ? »

S'il y a un mécanisme « psychologique » à l'œuvre dans l'idéologie socialiste de la dernière époque, ce n'est donc pas celui de la croyance, mais bien plutôt celui de la culpabilité collective : lors de la « normalisation » qui a suivi l'intervention soviétique en Tchécoslovaquie en 1968, le régime a veillé à ce que, d'une façon ou d'une autre, la majorité du peuple soit moralement discréditée, et se trouve dans l'obligation de violer ses propres valeurs morales. Quand un individu était contraint de signer une pétition contre un dissident (par exemple contre Havel), il savait que cette campagne d'intimidation était mensongère et visait un homme honnête ; c'est précisément cette trahison éthique qui faisait de lui le sujet idéal du socialisme tardif. Nous avions donc affaire à un régime qui acceptait et avait même besoin de la faillite morale de ses sujets. Cette culpabilité collective réelle constitue le fondement inavoué du spectre de la « culpabilité objective » évoquée par le régime communiste. C'est la raison pour laquelle la conception que Havel se fait de la « vie vraie et authentique » ne présuppose pas une métaphysique de la vérité ou de l'authenticité : elle désigne seulement l'acte par lequel on cesse de participer au jeu, par lequel on sort du cercle vicieux de la « culpabilité objective ».

Avec un terrorisme caractéristique de toute posture éthique authentique, Havel dénonce sans pitié toutes les voies de sortie mensongères, tous les modes mensongers de distanciation à l'égard de l'idéologie du pouvoir, notamment le cynisme et la fuite dans le refuge apolitique que constituent « les menus plaisirs de la vie quotidienne » – cette indifférence, cette manière de ridiculiser les rites officiels dans le cadre privé constituent le mode même de la reproduction de l'idéologie officielle. Une personne croyant « sincèrement » à l'idéologie socialiste officielle était beaucoup plus dangereuse qu'une personne cynique : elle avait déjà un pied dans la dissidence. C'est en cela que résidait le paradoxe fondamental du socialisme autogestionnaire de l'ex-Yougoslavie : l'idéologie officielle exhortait les gens à s'investir dans le processus autogestionnaire, à prendre en main leurs conditions de vie en dehors du Parti et des structures étatiques « aliénées » ; les médias officiels déploraient l'indifférence des gens, leur fuite dans l'intimité de la vie privée, etc. – mais ce que le régime craignait justement le plus, c'était que les gens expriment leurs besoins et s'organisent selon des principes autogestionnaires. Toute une série de marqueurs discursifs intimaient, entre les lignes, l'ordre de ne pas prendre les sollicitations officielles de façon littérale, et indiquaient que ce que voulait vraiment le régime, c'était une attitude cynique à l'égard de l'idéologie officielle – la plus grande des catastrophes eût été pour le régime de voir son idéologie prise au sérieux et mise en œuvre par ses sujets.

La dénonciation qu'opère Havel de l'hypocrisie intrinsèque du marxisme occidental et de « l'opposition socialiste » dans les pays socialistes est particulièrement pénétrante. On ne peut qu'être frappé par l'absence presque totale de confrontation théorique avec le stalinisme dans la tradition de l'école de Francfort, et ce d'autant plus lorsqu'on prend en compte son obsession jamais démentie pour l'antisémitisme fasciste. Les exceptions à cette règle sont révélatrices : le *Béhémoth* de Franz Neumann, une analyse du national-socialisme qui, dans le style typique de la fin des années trente et des années quarante, suggère que les trois systèmes-monde en train d'émerger – le capitalisme New Deal, le fascisme et le stalinisme – tendent tous vers la même société bureaucratique, organisée et « administrée » à l'échelle mondiale ; *Le Marxisme soviétique* de Herbert Marcuse, son livre le moins engagé et peut-être le plus mauvais, analyse étrangement neutre de l'idéologie soviétique qui ne témoigne d'aucune prise de position claire ; et, pour finir, quelques essais, écrits par des sectateurs de Habermas, inspirés par le phénomène naissant de la dissidence et visant à élaborer l'idée que la société civile est le lieu de la résistance au régime communiste – ce qui est politiquement intéressant, mais est loin d'offrir une théorie générale satisfaisante de la spécificité du « totalitarisme » stalinien.

La justification qui en est habituellement donnée (les fondateurs de l'école de Francfort ne souhaitaient pas s'opposer trop ouvertement au communisme afin de ne pas faire le jeu des promoteurs de la guerre froide dans leur pays) est manifestement insatisfaisante – le fait est que cette peur de cautionner l'anticommunisme officiel ne prouve pas qu'ils étaient secrètement procommunistes, mais bien plutôt le contraire : s'ils avaient été acculés à déclarer leur position au sujet de la guerre froide, ils auraient choisi la démocratie libérale occidentale (comme Max Horkheimer le fit explicitement dans certains de ses derniers écrits). Le « stalinisme » (le socialisme réellement existant) fut ainsi pour les membres de l'école de Francfort un sujet particulièrement sensible sur lequel il *fallait* faire silence – ce silence était la seule manière possible de tenir la position incohérente de soutien implicite à la démocratie libérale qui était la leur, sans perdre leur statut officiel de promoteurs d'une critique « radicale » gauchiste. Affirmer ouvertement cette solidarité les aurait privés de leur aura « radicale », en les alignant sur les autres libéraux de la gauche anticommuniste du temps de la guerre froide, mais faire montre de trop de sympathie pour le « socialisme réellement existant » les aurait contraints à trahir leur engagement inavoué.

Cette solidarité fondamentale avec le système occidental, au moment où celui-ci était véritablement menacé, manifeste une symétrie nette avec l'orientation de « l'opposition socialiste démocratique » en RDA. Alors que ses membres critiquaient le pouvoir du Parti communiste, ils faisaient leur le postulat de base du régime de la RDA, ils acceptaient la thèse selon laquelle la République fédérale allemande était un État néonazi, l'héritier direct du régime hitlérien, et que donc l'existence de la RDA devait être protégée à tout prix, en tant que rempart contre le fascisme. Pour cette raison, lorsque la situation s'est sérieusement aggravée et que le système socialiste s'est trouvé véritablement menacé, les représentants de ladite opposition socialiste démocratique l'ont publiquement soutenu (Brecht lors des manifestations ouvrières de Berlin-Est en 53, Christa Wolf lors du Printemps de Prague en 68). Ils soutenaient l'idée selon laquelle le propre du système était d'être capable de se réformer – mais ils affirmaient aussi que du temps et de la patience étaient nécessaires pour qu'une réforme vraiment démocratique soit mise en œuvre, parce qu'une désintégration précipitée du socialisme aboutirait à la restauration d'un régime capitaliste-fasciste et étoufferait ainsi l'utopie de l'Autre Allemagne, à laquelle, malgré tous ses échecs et toutes ses horreurs, la RDA servait de substitut. D'où la profonde méfiance de ces intellectuels envers le « peuple » : en

1989, ils s'opposèrent ouvertement à l'organisation d'élections libres, bien conscients que, si elles avaient lieu, la majorité choisirait le consumérisme capitaliste honni. Heiner Müller était assez conséquent quand, en 1989, il déclara que c'était par des élections libres que Hitler avait accédé au pouvoir. À l'Ouest, certains sociaux-démocrates jouaient le même jeu et se sentaient bien plus proches des communistes « réformateurs » que des dissidents – ces derniers les embarrassaient et constituaient à leurs yeux un obstacle à la *détente*.

Selon la même ligne d'analyse, il était clair pour Havel que l'intervention soviétique avait *sauvé* le mythe du Printemps de Prague, l'idée utopique selon laquelle les Tchécoslovaques, abandonnés à eux-mêmes, auraient effectivement donné naissance à un « socialisme à visage humain », à une alternative authentique au socialisme réel comme au capitalisme réel. Du reste, que serait-il arrivé si les forces du Pacte de Varsovie n'étaient pas intervenues en août 68 ? Ou bien la direction communiste tchécoslovaque aurait été contrainte d'imposer certaines limites et la Tchécoslovaquie serait restée un régime communiste (certes, plus libéral) ou bien elle serait devenue une société capitaliste occidentale « normale » (avec peut-être un caractère social-démocrate scandinave plus marqué).

Les analyses de Havel permettent ainsi de comprendre la fausseté de ce qu'on est tenté d'appeler le socialisme « interpassif » de la gauche universitaire occidentale : ce que la gauche projette sur l'Autre, ce n'est pas son activité, mais son authentique passivité. Les hommes et femmes de gauche pouvaient ainsi se permettre de poursuivre leurs carrières universitaires bien payées à l'Ouest, tout en utilisant l'Autre idéalisé (Cuba, le Nicaragua, la Yougoslavie de Tito) comme substance de leurs rêves idéologiques : ils rêvaient grâce à l'Autre, et le prenaient violemment à parti s'il perturbait ces rêves complaisants (en abandonnant le socialisme et en choisissant le capitalisme libéral). Ce qui est particulièrement intéressant ici, c'est l'incompréhension fondamentale, l'absence de communication entre la gauche occidentale et les dissidents – comme s'il leur avait été définitivement impossible de trouver un langage commun. Ils sentaient qu'ils auraient dû se retrouver du même côté, mais un fossé semblait devoir pour toujours les séparer : pour la gauche occidentale, la croyance des dissidents de l'Est en la démocratie était par trop naïve – en rejetant le socialisme, ils jetaient sans le savoir le bébé avec l'eau du bain ; les dissidents estimaient, eux, que la gauche occidentale les considérait avec hauteur et niait la violence essentielle du régime totalitaire – accuser les dissidents d'être d'une certaine façon coupables de ne pas saisir l'opportunité qui leur était offerte de détruire le socialisme et d'inventer une alternative réelle au capitalisme n'était que pure hypocrisie. Cependant, cette absence de communication ne constitue-t-elle pas en fait un exemple de communication réussie, au sens lacanien du terme ? Et si chacun avait reçu de l'autre son propre message refoulé sous une forme inversée mais véridique ?

Le sacrifice communiste

L'analyse de Havel, aussi perspicace soit-elle, appartient néanmoins à l'époque du socialisme réel tardif, à l'époque de la « stagnation », quand il fut de nouveau possible aux dissidents d'assumer la position héroïque de la victime tragique. Rien de tel n'était même simplement pensable à la grande époque du stalinisme « authentique » ; la meilleure façon de décrire la spécificité de la position post-tragique de la victime du stalinisme est de la confronter à la position tragique la plus sublime, celle d'Antigone, qui sacrifie tout (tout ce qui est « pathologique » : mariage, bonheur terrestre...) pour la Chose ou la Cause qui lui importe plus que la vie elle-même, l'inhumation en bonne et due forme de son frère. Quand elle est condamnée à mort, Antigone énumère toutes les choses dont elle ne pourra avoir l'expérience du fait de sa mort prématurée (mariage, enfants...) – c'est le « mauvais infini » que l'on sacrifie au nom de l'Exception (la Chose pour laquelle on le fait et qui, elle, précisément, n'est pas sacrifiée). La structure est ici celle du sublime kantien : l'infinité débordante des objets empiriques sacrifiés rend sensibles par contraste l'énormité et le caractère incompréhensible de la Chose pour laquelle ils sont sacrifiés. Ainsi Antigone est sublime quand elle énumère tristement ce qu'elle sacrifie – cette liste, dans son énormité, indique les contours transcendants de la Chose envers laquelle elle garde une fidélité inconditionnelle. Elle meurt, mais elle survit malgré sa mort biologique dans la mémoire collective, comme l'exemple même d'une vie digne, d'une fidélité au-delà de la vie et de la mort (biologiques).

Qu'est-ce qui pourrait être plus tragique que cela ? Être contraint, au nom de la fidélité à la Chose (et non par simple égoïsme pathologique), à sacrifier cette Seconde Vie (« Éternelle »), la dignité qui nous élève au-delà de la simple vie biologique. C'est ce qu'on demande au révolutionnaire lors de son procès public : prouve ta fidélité à la Révolution en confessant publiquement que tu es une ordure sans nom, un déchet de l'humanité. Tu seras peut-être même autorisé, si tu le fais, à survivre et à mener une vie (relativement) confortable : celle d'un homme brisé, incapable de profiter des plaisirs de ce monde, parce qu'ils ont perdu toute valeur du fait de la Trahison fondamentale de ton existence.

Le pouvoir des Khmers rouges offre peut-être l'ultime version de cette position post-tragique. Au Cambodge, nul procès public, nulle autoaccusation publique ritualisée comparable aux procès staliniens : les gens disparaissaient tout simplement pendant la nuit, ils étaient emmenés de force, et personne n'osait en parler ou poser de questions à ce sujet[58]. Pour comprendre cette particularité, il faut savoir que jusqu'à la fin de l'année 1976, *l'existence même du Parti communiste et de sa direction était considérée comme le plus grand des secrets* : le parti fonctionnait comme le *Lohengrin* de Wagner, tout puissant aussi longtemps qu'il restait *l'Angka* (l'Organisation) anonyme, aussi longtemps que son nom (Parti communiste) n'était pas prononcé publiquement et que son existence n'était pas reconnue. Le régime ne reconnut l'existence du Parti, et Pol Pot ne fut présenté comme son chef (« Camarade numéro un ») qu'en 1977. Ainsi, jusqu'à cette date, nous avions affaire au paradoxe d'un édifice du pouvoir dont la structure publique et le double caché et obscène se chevauchaient : au lieu de la structure du pouvoir habituelle, publique et symbolique, soutenue par un réseau invisible d'appareils, nous avons dans ce cas une structure publique du pouvoir qui se traite elle-même *comme un corps caché, secret et anonyme*. En cela, le régime des Khmers rouges est un peu l'équivalent politique de la formule publicitaire qui décrivait Linda Fiorentino, le personnage diabolique de femme fatale du film néonoir de John Dahl, *The Last Seduction* : « La plupart des gens ont un côté obscur... Elle n'avait rien d'autre. » De la même façon, si la plupart des régimes ont un côté obscur, des rites et des appareils secrets et obscènes, le régime des Khmers rouges n'avait rien d'autre. C'est là probablement le « totalitarisme » dans sa forme la plus pure – mais comment cela a-t-il pu avoir lieu ?

L'acte essentiel pour le Parti communiste stalinien fut celui de la consécration officielle de son histoire (rien d'étonnant à ce que le livre stalinien par excellence au Cambodge ait été l'infâme *Histoire du PCUS [bolchevik]*) – c'est seulement à ce moment-là que le Parti a acquis une existence symbolique. Cependant, le Parti communiste du Cambodge devait rester « clandestin » aussi longtemps que le problème majeur de son histoire n'était pas résolu : quand avait eu lieu son congrès fondateur ? En 1951, le Parti communiste du Cambodge fut créé en tant que section du Parti communiste indochinois dominé par les Vietnamiens ; le Parti communiste cambodgien « autonome » fut constitué en 1960. Comment choisir ? Jusque vers le milieu des années 1970, les Khmers rouges, bien que déjà farouchement nationalistes et soucieux de leur autonomie, avaient besoin de l'aide du Vietnam ; leur historien officiel, Keo Meas, produisit donc une solution de compromis presque freudienne en proclamant que la date officielle de naissance du Parti était le 30 septembre 1951 – l'année de la fondation de l'aile cambodgienne du Parti communiste indochinois et le jour du congrès de 1960 qui donna au Parti communiste cambodgien son autonomie. (L'histoire est ici, bien sûr, traitée comme un pur domaine de significations, sans égard pour les faits : la date choisie reflète l'équilibre politique du moment, sans souci de l'exactitude historique.) En 1976, cependant, les Khmers rouges devinrent assez puissants pour se libérer de la tutelle du Vietnam – quelle meilleure façon de le faire savoir que de *changer la date* de la fondation du Parti, de réécrire l'histoire et de déclarer que la date véritable de constitution du Parti communiste cambodgien autonome était le 30 septembre 1960 ?

C'est à ce moment-là qu'apparut la véritable impasse stalinienne : comment donc expliquer le fait embarrassant que jusqu'alors le Parti affirmait avoir une autre date de fondation ? Reconnaître publiquement que la date précédente était le produit d'une manœuvre pragmatique, politiquement opportuniste, était bien entendu impensable – la seule solution logique était de découvrir un complot. Rien d'étonnant, donc, à ce que Keo Meas fût arrêté et torturé jusqu'à ce qu'il avouât qu'il avait proposé la date de compromis afin de dissimuler l'existence d'un parti communiste cambodgien clandestin parallèle contrôlé par les Vietnamiens, dont le but était de subvertir de l'intérieur l'authentique et véritable Parti communiste du Cambodge (par un acte d'ironie suprême, la confession de Keo Meas fut datée du 30 septembre 1976). N'est-ce pas là un exemple parfait de redoublement paranoïaque – le Parti doit rester un parti clandestin, une organisation secrète, et il ne peut apparaitre publiquement qu'en rejetant/projetant cette existence clandestine sur son double improbable, sur un *autre* parti clandestin ? Nous pouvons maintenant comprendre la logique du sacrifice communiste suprême : en confessant sa trahison, Keo Meas permit au Parti de proposer une version cohérente de l'histoire de ses origines, et prit sur lui la culpabilité des compromis opportunistes du passé. Ces compromis avaient été *nécessaires* en leur temps : le vrai héros est donc celui qui passe le compromis nécessaire, tout en sachant qu'ultérieurement ce compromis sera dénoncé comme un acte de trahison et qu'il sera liquidé – *voilà* le plus grand des services qu'il est possible de rendre au Parti.

Dans cet univers paranoïaque, la notion de symptôme (au sens d'un signe ambigu qui pointe vers un contenu caché) est universalisée : dans le discours stalinien, le terme « symptôme » n'était pas seulement le signe d'une maladie ou d'une déviation (idéologique) par rapport à la ligne du Parti, mais aussi le signe d'une orientation juste. En ce sens, il était possible de parler de « symptômes salubres », comme dans cette critique de la *Cinquième symphonie* de Chostakovitch par le compositeur ultrastalinien Isaac Dunayevsky : « La maitrise brillante dont témoigne la *Cinquième symphonie* […] ne contredit pas le fait qu'elle ne manifeste aucun des symptômes salubres du développement de la musique symphonique soviétique[59]. » Pourquoi donc utiliser le terme « symptôme » ? Précisément parce qu'il est impossible de savoir avec certitude s'il s'agit vraiment d'une caractéristique positive : il est toujours possible de faire mine de suivre fidèlement la ligne du Parti et de dissimuler son attitude contrerévolutionnaire véritable.

Un paradoxe similaire est déjà perceptible dans la dialectique chrétienne de la Loi et de sa transgression (le péché) : cette dialectique ne consiste pas seulement dans le fait que la Loi elle-même suscite sa propre transgression, qu'elle engendre le désir de sa propre violation ; notre obéissance à la Loi n'est pas « naturelle », spontanée, elle est *toujours déjà médiée par le désir (par la répression du désir) de transgresser la Loi*. Quand nous obéissons à la Loi, nous le faisons dans le cadre d'une stratégie désespérée qui vise à contrer notre désir de la transgresser ; ainsi, plus nous obéissons avec rigueur à la Loi, plus nous manifestons que nous éprouvons, au fond de nous, le désir de nous livrer au péché. Le sentiment de culpabilité du surmoi est donc justifié : plus nous obéissons à la Loi, plus nous sommes coupables, parce que cette obéissance est en fait une défense contre notre désir coupable et, pour les chrétiens, le désir (l'intention) de pécher est équivalent à l'acte lui-même – si vous convoitez la femme de votre prochain, vous êtes déjà en train de commettre un adultère. Cette disposition du surmoi chrétien est exprimée parfaitement par T. S. Eliot dans ce passage de *Meurtre dans la cathédrale* : « la forme de trahison la plus haute : faire le bien pour une mauvaise raison » – même quand vous faites le bien, vous le faites pour contrecarrer, et donc dissimuler, l'ignominie fondamentale de votre véritable nature [60].

Une référence à Nicolas Malebranche nous permettra peut-être de jeter quelque lumière sur ce processus. Dans l'interprétation courante de la modernité, l'expérience éthique est restreinte au domaine des « valeurs subjectives », opposées aux « faits objectifs ». S'il adopte la distinction moderne entre le « subjectif » et l'« objectif », entre les « valeurs » et les « faits », Malebranche la transpose à *l'intérieur* du domaine éthique, pour décrire la césure entre la Vertu « subjective » et la Grâce « objective » – je peux bien être « subjectivement » vertueux, cela ne garantit nullement mon salut « objectif » aux yeux de Dieu ; l'attribution de la Grâce qui doit décider de mon salut dépend de lois parfaitement « objectives », comparables aux lois de la Nature matérielle. Ne sommes-nous pas confrontés à une autre version de cette objectivation dans les procès staliniens ? Je suis peut-être subjectivement honnête, mais si je ne suis pas touché par la Grâce (de la compréhension de la nécessité du communisme), mon intégrité éthique ne fera de moi rien de plus qu'un honnête petit-bourgeois humaniste opposé à la Cause communiste, et, en dépit de mon honnêteté subjective, je resterai pour toujours « objectivement coupable ». Ces paradoxes ne peuvent pas être écartés comme de simples machinations du pouvoir « totalitaire » – ils sont porteurs d'une dimension tragique véritable que négligent les diatribes libérales courantes contre le « totalitarisme ».

Staline-Abraham contre Boukharine-Isaac

Comment cette position terrifiante est-elle donc subjectivisée? Comme Jacques Lacan l'a suggéré, l'absence de tragédie propre à la condition moderne rend cette condition plus terrifiante encore : le fait est que depuis la naissance du capitalisme, et en dépit de toutes les horreurs du goulag et de l'holocauste, il n'y a plus de tragédie au sens propre – la situation des victimes des camps de concentration et de celles des procès staliniens n'est pas, à rigoureusement parler, tragique; leur situation n'est pas dépourvue d'une part de comique ou du moins d'aspects grotesques, et est pour cette raison d'autant plus terrifiante – il est une horreur si intense qu'elle ne peut plus même être « sublimée » en dignité tragique, et ne peut en conséquence être approchée qu'au travers d'une imitation ou d'un redoublement sinistre de la parodie elle-même. Le discours stalinien constitue peut-être l'exemple parfait du comique obscène de cette horreur au-delà de la tragédie. Le caractère kafkaïen des rires sinistres qui fusèrent dans le public lors du dernier discours de Boukharine devant le Comité central, le 23 février 1937, tient à la discordance radicale entre la gravité de l'orateur (il parle de l'éventualité de son suicide et des raisons pour lesquelles il ne mettra pas fin à ses jours – cela ferait du tort au Parti – mais va poursuivre sa grève de la faim jusqu'à sa mort) et la réaction des membres du Comité central :

> Boukharine : Je ne vais pas me tirer une balle dans la tête parce que les gens diraient que je me suis tué pour nuire au Parti. Mais si je mourais, pour ainsi dire, d'une maladie, qu'est-ce que vous auriez à y perdre? [Rires.]
>
> Une voix : Maître chanteur !
>
> Vorochilov : Espèce de crapule ! Ferme-la ! Tu es répugnant ! Comment oses-tu parler ainsi !

Boukharine : Comprenez-moi – il m'est vraiment difficile de continuer à vivre.

Staline : C'est plus facile pour nous peut-être ?

Vorochilov : Est-ce que vous avez entendu : « Je ne vais pas me tirer une balle dans la tête, mais je vais mourir » ?

Boukharine : C'est facile pour vous de me critiquer. Qu'est-ce que vous avez à perdre, hein ? Écoutez, si je suis un saboteur, un fils de pute, pourquoi m'épargner ? Je ne demande rien. Je ne fais que décrire ce à quoi je pense, ce que j'éprouve. Si cela a des conséquences politiques dommageables, aussi minimes soient-elles, il n'y a pas à discuter, je ferai ce que vous me direz de faire. [Rires.] Pourquoi riez-vous ? Il n'y a rien de drôle...[61]

N'avons-nous pas affaire ici à la mise en scène, dans le monde réel, de la logique improbable du premier interrogatoire de Joseph K. dans *Le Procès* ? :

« Voyons, dit le juge d'instruction en tournant les feuilles du registre et en s'adressant à K. avec autorité, vous êtes peintre en bâtiment ? – Non, dit K., je suis cadre débutant dans une grande banque. » Cette réponse suscita un éclat de rire si généreux dans le parti de droite que K. ne put lui non plus s'empêcher de rire. Les gens étaient pliés en deux, les mains sur les genoux, et se secouaient comme s'ils étaient pris d'une violente quinte de toux[62].

La discordance qui suscite les rires est ici radicale : du point de vue stalinien, le suicide était dépourvu de toute authenticité subjective ; il ne pouvait qu'être instrumentalisé, réduit à l'une des ruses les plus retorses du complot contrerévolutionnaire – ce que Molotov formula clairement le 4 décembre 1936 : « Le suicide de Tomski était un complot, un acte prémédité. Tomski avait prévu et organisé son suicide, non pas avec une personne, mais avec plusieurs personnes, et ce afin de porter une fois encore un coup contre le Comité central.[63] » Staline le répéta lui aussi plus tard lors du même plénum du Comité central : « Vous avez devant les yeux l'une des ruses ultimes permettant de cracher sur le Parti, d'abuser une fois encore de lui avant de mourir, avant de quitter ce monde. Voilà, camarade

Boukharine, la raison implicite de ces suicides.[64] » Ce déni complet de la subjectivité est explicite dans la réponse kafkaïenne de Staline à Boukharine :

> Staline : Nous avions confiance en vous, nous vous avons décoré de l'Ordre de Lénine, nous vous avons aidé à grimper les barreaux de l'échelle, et nous avons été trompés. N'est-ce pas, camarade Boukharine ?
>
> Boukharine : C'est vrai, c'est vrai, je l'ai dit moi-même.
>
> Staline : (paraphrasant et se moquant de Boukharine) Allez-y, exécutez-moi si vous le voulez. C'est votre affaire. Mais je ne veux pas que mon honneur soit entaché. Et qu'est-ce qu'il déclare aujourd'hui ? C'est ce que vous faites, camarade Boukharine.
>
> Boukharine : Mais je ne peux pas confesser, et cela pas plus aujourd'hui que demain ou après-demain, quelque chose dont je ne suis pas coupable. [Agitation dans la salle.]
>
> Staline : Je n'ai personnellement rien contre toi[65].

Dans un tel univers, bien sûr, il ne reste plus aucune place pour un quelconque droit, même formel et vide, à la subjectivité :

> Boukharine : [...] J'ai confessé que de 1930 à 1932 je me suis rendu coupable de nombreuses fautes politiques. J'ai fini par le comprendre. Mais c'est avec la vigueur qui était la mienne quand j'ai admis ma culpabilité réelle, c'est avec cette même vigueur que je rejette la culpabilité qui m'est imputée, et je la rejetterai toujours. Et cela non pas pour des raisons personnelles, mais parce que je crois que, quelles que soient les circonstances, nul ne devrait assumer la responsabilité de quoi que ce soit d'inutile, surtout si le Parti n'en a pas besoin, si le pays n'en a pas besoin, si je n'en ai pas besoin. [Agitation dans la salle, rires.] [...] Tout le tragique de ma situation repose sur le fait que Piatakov et d'autres comme lui ont empoisonné l'atmosphère ; une atmosphère telle s'est développée que personne ne croit plus aux sentiments – aux émotions, aux élans du cœur, aux larmes. [Rires.] De nombreuses manifestations de sentiments qui autrefois auraient constitué une forme de preuve – ce en quoi il n'y avait rien de honteux – ont aujourd'hui perdu toute validité et toute force.

Kaganovitch: Vous avez fait montre de trop de duplicité!

Boukharine: Camarades, laissez-moi dire ceci à propos de ce qui est arrivé…

Khloplinakine: Il est temps de vous jeter en prison!

Boukharine: Quoi?

Khloplinakine: On aurait dû vous jeter en prison il y a longtemps!

Boukharine: Eh bien, allez-y, jetez-moi en prison. Vous croyez que le fait de hurler « Jetez-le en prison! » va me faire changer de discours? Non, certainement pas[66].

Le Comité central était indifférent à la valeur de vérité objective et à la sincérité subjective des proclamations d'innocence de Boukharine; la seule chose qui l'intéressait, c'était de savoir quel genre de « message » sa répugnance à confesser ses crimes constituerait pour le Parti et le public : le « message » selon lequel l'intégralité du « procès des trotskistes-zinoviévistes » était, en définitive, une farce rituelle. En refusant de confesser leurs crimes, Boukharine et Rykov

> délivrent un message à leurs amis, à savoir: « Travaillez dans le plus grand secret. Si vous êtes pris, n'avouez pas. » C'est là leur ligne politique. Non seulement ils ont jeté le doute sur l'enquête en maintenant leur ligne de défense, mais en se défendant eux-mêmes, ils ont jeté le doute sur le procès des trotskistes-zinoviévistes[67].

Cependant, Boukharine s'accrocha héroïquement à sa subjectivité – dans une lettre datée du 10 décembre 1937 et adressée à Staline, tout en affirmant qu'il se conformerait au rituel *en public* (« Pour éviter tout malentendu, je tiens à vous dire dès maintenant que, pour autant que le *monde* (la société) est concerné, […] je n'ai nullement l'intention de retirer ce que j'ai écrit (confessé)[68] »), il persiste désespérément à s'adresser à Staline comme à une personne et proclame son innocence :

> Seigneur, si seulement il vous était possible de voir mon âme écorchée vive! Si seulement vous pouviez voir combien je vous suis attaché, corps et âme […]. Eh bien,

voilà pour ce qui est de la « psychologie » – pardonnez-moi. Nul ange n'apparaîtra pour saisir l'épée d'Abraham. Que mon destin suive son cours. […] Je peux maintenant me tenir devant vous avec la conscience claire, Koba. Je vous demande une dernière fois de me pardonner (mais seulement si cela vient du fond du cœur). Je vous embrasse donc par la pensée. Adieu, et rappelez à votre bon souvenir votre misérable N. Boukharine[69].

Ce qui traumatise Boukharine, ce n'est pas le rituel de son humiliation publique et son châtiment, mais la possibilité que Staline croie vraiment aux accusations portées contre lui :

> Il y a quelque chose *de grand et d'audacieux dans l'idée politique* de purge généralisée. […] Je sais parfaitement que les plans *ambitieux*, les grandes idées et les intérêts *supérieurs* priment tout, et je sais qu'il serait mesquin de ma part de mettre la question de ma propre personne sur le même plan que *l'universel-historique* qui pèse, d'abord et avant tout, sur vos épaules. Mais c'est ici que je suis le *plus* à l'agonie et que je dois faire face au paradoxe le plus douloureux. […] *Si* j'étais absolument certain que vos pensées suivent ce chemin, alors je me sentirais tellement plus serein. Eh bien quoi ! Si cela doit être, qu'il en soit ainsi ! Mais croyez-moi, mon cœur déborde quand je pense que peut-être vous me *croyez* coupable de ces crimes et qu'au plus profond de vous, *vous* pensez que je suis coupable de ces horreurs. Dans ce cas, quel sens cela aurait-il[70] ?

Il faut être très attentif au sens de ces lignes. Selon la logique habituelle de la culpabilité et de la responsabilité, Staline aurait été pardonné s'il avait vraiment cru à la culpabilité de Boukharine, alors que ses accusations contre Boukharine auraient été un péché éthique impardonnable s'il avait été au fait de son innocence. Boukharine inverse la relation : si Staline accuse Boukharine de crimes monstrueux tout en étant conscient de la fausseté de ses accusations, il agit comme un bon bolchevik, plaçant les intérêts du Parti au-dessus de ceux de l'individu, ce qui pour Boukharine est parfaitement acceptable. Ce qui lui semble au contraire insupportable, c'est la possibilité que Staline croie vraiment à sa culpabilité.

La jouissance stalinienne

Boukharine s'accroche à la logique de la confession développée par Foucault – comme si l'impératif stalinien de la confession visait bien à provoquer un auto-examen méticuleux qui mettrait à jour les plus intimes des secrets dissimulés par l'accusé. Plus précisément, l'erreur fatale de Boukharine fut de croire qu'il pouvait avoir le beurre et l'argent du beurre : jusqu'à la fin, alors qu'il proclamait son engagement total pour le Parti et pour la personne de Staline, il n'était pas prêt à renoncer à un minimum d'autonomie subjective. Il était prêt à plaider coupable *en public* si le Parti avait besoin de sa confession, mais il voulait que dans le cercle restreint de ses camarades il soit clair qu'il n'était pas coupable, qu'il ne faisait que jouer le rôle qu'il devait nécessairement tenir dans le rituel public. C'est précisément cela que le Parti ne pouvait lui accorder : le rituel perd son pouvoir performatif dès qu'il est explicitement désigné comme un pur et simple rituel. Il n'y a rien d'étonnant à ce que le Comité central ait perçu les protestations d'innocence de Boukharine et des autres accusés comme une forme inacceptable de persécution du Parti. Ce n'est pas le Parti qui persécute les accusés, mais la direction du Parti qui est persécutée par ceux qui refusent de confesser leurs crimes – certains membres du Comité central louèrent même la « patience angélique » de Staline, qui permit aux accusés de continuer à persécuter le Parti pendant des années, démontrant ainsi parfaitement qu'il s'agissait de déchets, de vipères à exterminer :

> Mezhlauk : Il faut que je vous dise que nous ne vous persécutons pas. Au contraire, vous nous persécutez de la façon la plus ignoble, la plus inacceptable qui soit.
>
> Des voix : C'est vrai ! C'est vrai ! […]
>
> Mezhlauk : Vous avez persécuté le Parti pendant des

années et des années, et c'est seulement grâce à la patience angélique du camarade Staline que nous ne vous avons pas mis politiquement en pièces pour vous punir de votre infâme œuvre terroriste. [...] Pitoyables lâches, ignobles lâches. Il n'y a pas de place pour vous dans le Comité central et dans le Parti. Votre place est entre les mains des organismes d'investigation des crimes, où assurément vous parlerez un autre langage, parce qu'ici au plénum vous avez manqué du courage élémentaire dont a fait montre l'un de vos propres disciples, Zaitsev, que vous avez perverti, quand, parlant de lui et de vous, il a déclaré : « Je suis une vipère, et je demande au pouvoir des soviets de m'exterminer comme une vipère. »[71]

La culpabilité de Boukharine est donc en un sens purement formelle : il n'est pas coupable des crimes dont il est accusé, mais de continuer à occuper la position d'autonomie subjective à partir de laquelle la culpabilité d'une personne peut être discutée sur un plan factuel, autrement dit la position qui affirme ouvertement qu'il y a un fossé entre la réalité et le rituel de la confession. Pour le Comité central, la forme ultime de trahison est *l'attachement à ce minimum d'autonomie personnelle*. Le message de Boukharine au Comité central était : « Je suis prêt à tout vous donner, *sauf ça* (la forme vide de mon autonomie personnelle) ! » – et, bien entendu, c'était précisément ça que le Comité central voulait plus que tout.

Ce qu'il y a d'intéressant ici, c'est la façon dont l'authenticité subjective et l'examen des faits objectifs ne sont pas opposés mais associés, comme les deux faces d'un même comportement déloyal, l'une et l'autre opposées au rituel du Parti. Et la preuve ultime de la forme de dignité éthique paradoxale qui caractérisait un tel mépris pour les faits réside dans le cas inverse, « positif » – par exemple celui d'Ethel et Julius Rosenberg qui, bien qu'ils fussent coupables d'espionnage, comme des documents récemment rendus publics le démontrent, protestèrent héroïquement de leur innocence jusque dans la chambre d'exécution, alors qu'ils savaient parfaitement qu'une confession leur aurait permis de sauver leur vie D'une certaine façon, ils « mentaient sincèrement » : bien qu'ils fussent dans les faits coupables, ils n'étaient pas coupables en un sens plus profond – justement au sens où les accusés des procès staliniens étaient coupables même s'ils étaient dans les faits innocents. Ainsi, en définitive, ce que les membres du Comité central reprochaient à Boukharine, c'était de ne pas être assez impitoyable, de conserver des traces de faiblesse, de « sensiblerie » :

> Vorochilov : Boukharine est un homme honnête et sincère, mais je n'ai pas moins d'inquiétude pour Boukharine que pour Tomsky et Rykov. Pourquoi suis-je inquiet au sujet de Boukharine ? Parce que c'est un homme sensible. Je ne sais pas si c'est bien ou mal, mais dans la situation qui est la nôtre, nous n'avons pas besoin de cette sensiblerie. Elle est de mauvais conseil et de piètre secours dans les affaires politiques, parce qu'elle sape non seulement la personne sensible elle-même, mais aussi la cause du Parti. Boukharine est un homme très sensible[72].

En termes kantiens, cette « sensiblerie » (en laquelle il est facile de reconnaître un écho distant de la réaction de Lénine à l'*Appasionata* de Beethoven : il ne faut pas trop écouter ce genre de musique, elle vous adoucit, et tout d'un coup vous avez envie d'embrasser vos ennemis plutôt que de les détruire sans pitié) est bien sûr le reste de sentimentalité « pathologique » qui brouille la posture éthique pure du sujet. Il est ici essentiel de résister à la tentation « humaniste » et de ne pas opposer à cette instrumentalisation brutale de soi par les staliniens la bonté naturelle « à la Boukharine », la tendre compréhension de la fragilité humaine, la compassion, comme si le problème avec les communistes staliniens résidait dans leur dévouement brutal et leur abnégation pour la cause communiste, qui feraient d'eux de monstrueux automates éthiques et leur feraient oublier les sentiments et la sympathie propres à l'humanité.

Au contraire, le problème est que les communistes staliniens n'étaient pas assez « purs », et qu'ils se trouvent pris dans l'économie *perverse* du devoir : « Je sais que c'est dur et que ça peut être douloureux, mais qu'y puis-je ? C'est mon devoir. »

La devise habituelle de la rigueur éthique est « Ne pas faire son devoir est inexcusable ! » ; bien que la formule de Kant « *Du kannst, denn du sollst!* (tu le peux, puisque tu le dois!) » paraisse constituer une nouvelle version de cette devise, elle lui adjoint implicitement l'inversion bien plus surprenante : « Faire son devoir est inexcusable ! »[73] Invoquer son devoir comme une excuse pour faire son devoir est hypocrite ; il suffit pour le montrer de rappeler l'exemple proverbial du maître d'école sadique et hypocrite qui soumettait sans pitié ses élèves à sa discipline féroce. Bien sûr, sa façon de se justifier (à ses propres yeux et à ceux des autres) consistait à dire : « Il m'est pénible d'exercer une telle pression sur ces pauvres enfants, mais qu'y puis-je ? C'est mon devoir ! » L'exemple le plus approprié est celui du communiste stalinien qui aime le genre humain, mais néanmoins organise des purges terrifiantes ; cela lui brise le cœur, mais il n'y peut rien, c'est son Devoir à l'égard du Progrès et de l'Humanité. Ce à quoi nous avons affaire ici, c'est à l'attitude rigoureusement perverse qui consiste à adopter la position du pur instrument de la Volonté du grand Autre : je ne suis pas responsable, ce n'est pas véritablement moi qui le fais, je suis seulement l'instrument d'une Nécessité historique supérieure. La jouissance obscène de la situation est engendrée par le fait que je me conçois comme exonéré de toute culpabilité pour ce que je fais : n'est-il pas agréable de pouvoir infliger de la douleur aux autres tout en sachant que l'on ne peut en être tenu pour responsable, que l'on ne fait qu'accomplir la Volonté de l'Autre ?

C'est exactement cela que l'éthique kantienne interdit. La position du pervers sadique apporte la réponse à la question de savoir comment le sujet peut être coupable quand il ne fait qu'accomplir une nécessité « objective » qui lui est imposée de l'extérieur : en assumant subjectivement cette « nécessité objective », en retirant du plaisir de ce qui lui est imposé[74]. Ainsi, l'éthique kantienne n'est fondamentalement pas « sadique », mais elle est au contraire ce qui interdit d'assumer la position du bourreau sadien.

Qu'est-ce que cela nous apprend sur le statut de la froideur chez Kant et chez Sade respectivement ? La conclusion à tirer n'est pas que Sade s'en tient à la froideur sans pitié, et que Kant doit faire une place à la compassion, mais plutôt l'inverse : seul le sujet kantien est en réalité parfaitement froid (« apathique »), alors que le sadique n'est pas assez « froid », son « apathie » est fictive, elle est un leurre qui dissimule son dévouement trop passionné à la jouissance de l'Autre. Et, bien sûr, la même chose vaut de Lénine et de Staline : le contrepoint politique révolutionnaire au *Kant avec Sade* de Lacan est assurément *Lénine avec Staline* – c'est seulement avec Staline que le sujet révolutionnaire léniniste devient l'instrument/l'objet pervers de la jouissance du grand Autre.

Lénine contre Staline

Tâchons de clarifier cette question à propos de *Histoire et conscience de classe* de Lukács, qui est l'essai de déploiement le plus significatif de la position philosophique liée à la pratique révolutionnaire léniniste. Peut-on vraiment rejeter Lukács comme le promoteur de l'affirmation pseudo-hégélienne selon laquelle le prolétariat serait le Sujet-Objet absolu de l'Histoire ? Analysons le contexte politique concret de *Histoire et conscience de classe*, dans lequel Lukács parle encore comme un révolutionnaire militant. Pour le dire sans nuances, en 1917, en Russie, alors que la bourgeoisie était incapable de mettre un terme à la révolution démocratique, l'alternative pour les forces révolutionnaires était la suivante :

• D'un côté, la position des mencheviks était de suivre la logique des « étapes objectives de développement » : d'abord la révolution démocratique, ensuite la révolution prolétarienne. Dans la tourmente de 1917, au lieu de capitaliser sur la désintégration progressive des appareils d'État, de profiter du mécontentement populaire et de la résistance au gouvernement provisoire, les partis radicaux devaient résister à la tentation de poursuivre le mouvement trop avant, et joindre plutôt leurs forces aux éléments bourgeois afin d'achever dans un premier temps la révolution démocratique, pour ensuite attendre avec patience que la situation révolutionnaire « ait muri ». De ce point de vue, la prise de pouvoir par les socialistes en 1917, alors que la situation n'était pas encore mure, ne pouvait que provoquer un retour à la terreur primitive… (Bien que cette crainte des conséquences catastrophiques d'un soulèvement « prématuré » puisse sembler un présage du stalinisme, le stalinisme comme idéologie constitue un *retour* à cette logique « objectiviste » des étapes nécessaires du développement.)[75].

• D'un autre côté, la position léniniste était de se lancer, de se jeter sur le paradoxe de la situation, de saisir l'opportunité et *d'intervenir*, même si la situation était « prématurée », en pariant sur le fait que *cette intervention « prématurée » allait changer radicalement le rapport de forces objectif à l'intérieur duquel la situation de départ semblait « prématurée »* – en pariant sur le fait que cette intervention bouleverserait la norme par rapport à laquelle la situation était jugée « prématurée ».

Il faut veiller à bien saisir l'enjeu de cette discussion : ce n'était pas que Lénine, contrairement aux mencheviks et à ceux d'entre les bolcheviks qui étaient sceptiques, pensât que la situation complexe de 1917, et en particulier le mécontentement croissant des masses à l'égard de l'indécision politique du gouvernement provisoire, offrait la possibilité unique de « sauter » une étape (la révolution démocratique bourgeoise), de « condenser » deux étapes nécessairement consécutives (la révolution bourgeoise et la révolution prolétarienne). Pareille conception repose encore sur la logique objectiviste et « réifiée » des « stades nécessaires du développement » ; elle ne fait qu'ouvrir la possibilité de rythmes différents dans des situations concrètes différentes (dans certains pays la seconde étape peut suivre immédiatement la première). La position de Lénine est bien plus forte : en définitive, il n'y a pas de logique objective des « stades nécessaires du développement », puisque des « complications » apparues dans la trame complexe des situations concrètes ou les résultats imprévus des interventions « subjectives » modifient toujours le cours normal des choses.

Comme Lénine le faisait remarquer avec sagacité, le colonialisme et la surexploitation des masses en Asie, en Afrique et en Amérique latine affectait et « déplaçait » la « pure » lutte des classes dans les pays capitalistes développés – parler de la « lutte des classes » sans prendre en compte le colonialisme, c'est construire une abstraction vide qui, transposée dans le domaine de la pratique politique, ne peut que justifier le rôle « civilisateur » du colonialisme et ainsi, en subordonnant la lutte anti-coloniale des masses asiatiques à la « vraie » lutte des classes des États occidentaux développés, permettre *de facto* à la bourgeoisie de définir les termes de la lutte. (Ici encore, nous pouvons percevoir une proximité inattendue avec la « surdétermination » althussérienne : il n'y a pas de règle ultime qui permette de juger du caractère « exceptionnel » des évènements – dans l'histoire réelle, il n'y a en un sens que des exceptions.) Il est tentant de recourir ici au vocabulaire de Lacan : l'enjeu de cette alternative, c'est l'(in)existence du « grand Autre ». Les mencheviks faisaient confiance à la logique positive du développement historique, alors que les bolcheviks (du moins Lénine) savaient que « le grand Autre n'existe pas » – qu'une intervention politique au sens propre ne s'inscrit pas dans les coordonnées d'une configuration globale sous-jacente, puisque le résultat d'une telle intervention est justement de remanier cette configuration.

C'est pourquoi Lukács admirait tant Lénine : son Lénine était celui qui écrivait, à propos de la division de la social-démocratie russe entre les bolcheviks et les mencheviks, alors que les deux factions s'opposaient sur la formulation précise de l'article du programme du Parti définissant les conditions d'adhésion : « Parfois le destin du mouvement de la classe ouvrière peut pour de nombreuses années se jouer à un ou deux mots près du programme du Parti.[76] » Ou le Lénine qui, quand il perçut la possibilité de la prise du pouvoir par les révolutionnaires à la fin de 1917, dit : « L'Histoire ne nous pardonnera pas si nous ne prenons pas le pouvoir maintenant[77] ! » Plus généralement, l'histoire du capitalisme est la longue histoire de la façon dont le cadre idéologique et politique dominant a pu se concilier et émousser le tranchant critique des mouvements et des revendications qui semblaient menacer sa survie.

Pendant longtemps, les partisans de la libération sexuelle pensaient que la monogamie était une forme de répression sexuelle nécessaire à la survie du capitalisme – nous savons maintenant que ce dernier peut non seulement tolérer, mais aussi activement encourager et exploiter différents types de sexualités « perverses », sans parler du fait de se livrer sans retenue aux plaisirs sexuels. Cependant, la conclusion à en tirer n'est pas que le capitalisme est doué de la capacité d'intégrer et, par là, de briser le tranchant subversif de toutes les revendications spécifiques – le problème du moment opportun, de la capacité à « saisir les occasions » est ici fondamental. Une revendication donnée peut avoir à un moment déterminé une puissance explosive générale et fonctionner comme un substitut métaphorique de la révolution : si nous la soutenons inconditionnellement, le système explose ; mais si nous attendons trop longtemps, le court-circuit métaphorique entre cette revendication particulière et le renversement général se défait, et le système peut, avec un ricanement de satisfaction hypocrite, demander : « C'est cela que vous vouliez ? Vous l'avez maintenant ! », sans que rien de vraiment décisif ne se passe.

L'art de ce que Lukács appelait *Augenblick* (le bref *moment* où un *acte* peut intervenir dans la situation) est l'art de saisir le bon moment, d'aggraver le conflit *avant* que le Système ne s'accommode de la revendication

Nous avons donc affaire ici à un Lukács très différent de l'image que nous avons habituellement de lui, un Lukács bien plus « gramscien » et attentif aux conjonctures et à la contingence – son *Augenblick* est étonnamment proche de ce que, de nos jours, Alain Badiou s'efforce de penser sous le nom d'évènement : une intervention dont il n'est pas possible de rendre compte à partir de ses « conditions objectives » préexistantes[78]. Le nœud de l'argumentation de Lukács est son refus de la réduction de l'acte à ses « circonstances historiques » : il n'y a pas de « conditions objectives » neutres – autrement dit (pour le dire dans la langue de Hegel), toutes les présuppositions sont déjà minimalement posées.

Quand le discours implose

La clé de la dynamique sociale du stalinisme réside dans son exception : dans ce moment unique où, pendant le second semestre de 1937, pendant quelques mois, le discours ritualiste est tombé en panne. Jusqu'en 1937, le déroulement des purges et des procès suivait un ensemble de règles claires qui renforçaient et cimentaient l'unité de la nomenklatura, et fournissaient des explications à ses échecs sous la forme de sacrifices ritualisés (la famine sévit, l'industrie est dans une situation chaotique, etc. parce que les saboteurs trotskistes…). Mais au plus fort de la terreur, à l'automne 1937, les règles discursives implicites qui avaient cours furent enfreintes par Staline lui-même : dans un déchaînement destructeur de tous contre tous, la nomenklatura, y compris ses strates les plus élevées, commença à se dévorer elle-même et à s'autodétruire – un processus qui a été désigné avec justesse par les auteurs de *The Road to Terror* comme « L'autodestruction des bolcheviks » (« La tempête de 1937 : le Parti se suicide ») – cette période « de « terreur aveugle » marque l'éclipse temporaire de la stratégie discursive. Tout se passe comme si les staliniens, prisonniers de leurs peurs et de leur discipline de fer, avaient fini par conclure qu'ils ne pouvaient plus gouverner en recourant à des procédés rhétoriques[79]. »

C'est pourquoi les textes sur les exécutions de masse de cette période diffèrent des incantations normatives habituelles qui visaient à discipliner la base du Parti et, plus généralement, l'ensemble de la population. Même les symboles vides qui désignaient l'ennemi (« les trotskistes »), auxquels auparavant il était donné à chaque étape de la terreur un contenu nouveau, furent alors bien souvent abandonnés – il ne restait plus que la mise en cause, arbitraire et fluctuante, de nouveaux groupes : diverses nationalités « suspectes » (les Allemands, les Polonais, les Estoniens…), les collectionneurs de timbres qui entretenaient des contacts avec l'étranger, les citoyens soviétiques qui apprenaient l'espéranto, les lamas de Mongolie, tout cela juste pour permettre aux bourreaux d'atteindre les quotas d'exécutions que chaque district devait mettre en œuvre (ces quotas étaient établis par le Politburo et constituaient une sorte d'équivalent grotesque des objectifs fixés par la planification économique – par exemple, après discussion, le quota hebdomadaire de l'Extrême-Orient passait de 1 500 à 2 000, et le quota de l'Ukraine de 3 500 à 3 000). Même la référence paranoïaque au complot antisoviétique fut instrumentalisée pour atteindre les quotas d'exécutions – la détermination formelle et à priori des quotas avait d'abord lieu, puis suivait la désignation fluctuante des ennemis, laquelle se réduisait à la mise en place d'une procédure devant permettre aux bourreaux d'identifier les individus à arrêter et à tuer :

> Il ne s'agissait pas de poursuivre des ennemis déterminés, il s'agissait d'une fureur et d'une panique aveugles qui révélaient non pas la maitrise des évènements, mais le fait qu'il manquait au régime des mécanismes de contrôle bien établis. Ce n'était pas une politique, mais la faillite de la politique. C'était la marque de l'incapacité avérée à gouverner autrement que par la force[80].

Ainsi, à ce moment unique, nous passons du langage comme discours, comme lien social, au langage comme pur instrument. Il faut souligner, encore et toujours, contre la diabolisation libérale courante qui fait de Staline un Maître pervers poursuivant un plan maléfique d'extermination de masse, que cet exercice du pouvoir éminemment violent, où le pouvoir s'identifie à un pouvoir de vie et de mort, coïncide avec son exact opposé, ou plutôt est l'expression, le mode d'existence de cet exact opposé : la totale incapacité à gouverner le pays selon des formes d'autorité et d'action gouvernementale « normales ». Pendant la terreur stalinienne, le Politburo agissait dans la panique, et essayait désespérément de maitriser le cours des évènements et de reprendre le contrôle de la situation. Cet aveu implicite d'impuissance constitue d'ailleurs la vérité cachée de la divinisation du Chef stalinien, de son élévation au statut de Génie suprême capable de donner des conseils sur tous les sujets, de la réparation des tracteurs à la culture des fleurs : ce que ces interventions du Chef dans la vie quotidienne signifient, c'est que, même au niveau de la vie quotidienne, rien ne fonctionne – quel est ce pays où le Chef suprême doit donner des conseils sur la réparation des tracteurs ? C'est ici qu'il faut nous rappeler la condamnation par Staline du suicide (des accusés) en tant que complot visant à porter un coup ultime au Parti : peut-être devons-nous comprendre d'une manière opposée le suicide du Parti à la fin de l'année 1937, non pas comme un « signe », mais comme l'acte authentique d'un sujet collectif, au-delà de toute instrumentalisation.

Dans son analyse de la paranoïa du Président Schreber, Freud nous rappelle que ce que nous considérons habituellement comme de la folie (le scénario paranoïaque du sujet) est en réalité déjà une tentative de guérison : après son effondrement psychotique, l'élaboration paranoïaque du sujet représente une tentative pour rétablir un semblant d'ordre dans son univers, un cadre de référence qui permettant d'acquérir une « cartographie cognitive »[81]. De la même façon, nous sommes tentés d'affirmer qu'au moment où, à la fin de 1937, le discours paranoïaque stalinien atteint son apogée et entame sa propre dissolution comme lien social, l'arrestation et la liquidation en 1938 de Yezhov, qui était en 1937 le principal bourreau au service de Staline, fut en réalité une tentative de guérison, de stabilisation de la crise de furie et d'autodestruction qui avait éclaté en 1937 : la purge de Yezhov fut une sorte de métapurge, la purge qui devait mettre un terme à toute purge (il fut justement accusé d'avoir tué des milliers de bolcheviks innocents pour le compte de puissances étrangères – l'ironie de l'accusation étant qu'elle était purement et simplement vraie : il avait bien organisé le massacre de plusieurs milliers de bolcheviks innocents). Le point fondamental est cependant que, bien que nous approchions ici des limites du social, du niveau où le lien sociosymbolique lui-même approche de sa dissolution autodestructrice, cet excès fut néanmoins engendré par la dynamique du conflit social, par une série d'alignements et de réalignements entre le sommet du régime (Staline et son cercle), les hautes sphères de la nomenklatura et la base du Parti :

> Ainsi, en 1933 et en 1935, Staline et le Politburo s'unirent aux différentes strates de la nomenklatura pour passer au crible et purger la base désemparée. Les responsables régionaux profitèrent alors de ces purges pour consolider leur pouvoir et se débarrasser des personnes « gênantes ». Ces purges suscitèrent à leur tour en 1936 une nouvelle alliance : Staline et la nomenklatura de Moscou s'unirent à la base qui se plaignait de la répression par les élites régionales. En 1937, Staline mobilisa ouvertement les « masses du Parti » contre l'ensemble de la nomenklatura ; ce fut là une des sources majeures de la destruction de l'élite lors de la Grande Terreur. Mais en 1938 le Politburo changea d'alliance et renforça l'autorité de la nomenklatura régionale afin de restaurer l'ordre à l'intérieur du Parti pendant la terreur[82].

La situation devint donc explosive quand Staline pri[t] l'initiative risquée d'en appeler à la base du Parti, lu[i] demandant d'exprimer ses revendications contre l[e] pouvoir arbitraire des chefs locaux du Parti (une initiativ[e] semblable à celle de Mao lors de la Révolution culturelle

– la haine qu'éprouvait la base envers le régime, ne pouvant s'exprimer directement, se porta avec d'autant plus de férocité contre ces substituts. Comme les sphères les plus hautes de la nomenklatura conservèrent le contrôle sur la mise en œuvre des purges, il en résulta un cercle vicieux autodestructeur qui menaçait virtuellement tout le monde (parmi les quatre-vingt-deux secrétaires des divisions régionales du Parti, soixante-dix-neuf furent exécutés).

La variabilité des directives du sommet quant à la sévérité des purges constitue un autre aspect de ce cercle vicieux : le sommet exigeait que soient prises des mesures rigoureuses, mais il demandait simultanément que l'on évitât tout excès ; les exécutants se trouvaient donc dans une position intenable – quoi qu'ils fissent, ils ne pouvaient que mal faire. S'ils n'arrêtaient pas un assez grand nombre de traitres et ne découvraient pas des complots en quantité suffisante, ils étaient accusés de laxisme et de sympathies contrerévolutionnaires ; face à cette menace, et afin de respecter les quotas, ils devaient donc fabriquer des preuves et inventer des complots – s'exposant ainsi à l'accusation de sabotage et au risque d'être condamnés pour avoir détruit la vie de milliers d'honnêtes communistes au profit de puissances étrangères... L'appel de Staline aux masses du Parti et la mobilisation de leurs sentiments anti-bureaucratiques étaient donc très risqués :

> Cela risquait non seulement de soumettre l'élite politique au jugement du public, mais aussi de discréditer le régime bolchevik dans sa totalité, et Staline avec lui. [...] Pour finir, en 1937, Staline passa outre les règles du jeu – ou, plus exactement, détruisit complètement le jeu – et déchaîna la terreur de tous contre tous[83].

Le changement de situation qui suivit « l'abandon de toute règle » ne fut pas dépourvu de parenthèses atrocement comiques : quand, au printemps 1937, Dimitri Chostakovitch dut comparaitre au quartier général du NKVD, il fut reçu par Zanchevsky, un enquêteur qui, après une conversation amicale, posa à Chostakovitch des questions sur ses liens avec le maréchal Tukhachevsky (qui avait été arrêté auparavant) : « Il n'est pas possible que vous lui ayez rendu visite et que vous n'ayez pas parlé de politique. Par exemple, du complot pour assassiner le camarade Staline… » Comme Chostakovitch persistait à nier avoir eu la moindre conversation politique, Zanchevsky lui dit: « Bon, nous sommes samedi, vous pouvez rentrer chez vous. Vous avez jusqu'à lundi. Mais alors il faudra vous rappeler de tout. Il faudra vous ressouvenir du moindre détail de la discussion sur le complot contre Staline dont vous avez été le témoin. » Chostakovitch passa chez lui un weekend cauchemardesque. Le lundi matin, il se rendit au quartier général du NKVD, prêt à être arrêté. Mais, quand il se présenta à l'entrée et dit qu'il avait rendez-vous avec Zanchevsky, il fut informé que « Zanchevsky était absent » – pendant le weekend, Zanchevsky avait été arrêté pour espionnage[84].

Digression :
Chostakovitch et la résistance au stalinisme

Quelle était donc la position de Chostakovitch vis-à-vis du discours officiel du Parti? Après la publication problématique des mémoires de Chostakovitch par Solomon Volkov*, il fut à la mode de louer Chostakovitch comme le type même du dissident héroïque clandestin, comme la preuve vivante de la possibilité, y compris dans les conditions qui étaient celles du stalinisme de la pire période, de faire passer un message radicalement critique. Le problème d'une telle interprétation est qu'elle présuppose un dédoublement impossible: quand on nous dit que « la signification véritable » du final de la *Cinquième symphonie* est sarcastique (qu'il tourne en dérision l'injonction stalinienne au bonheur, et que son martèlement triomphant est en réalité le martèlement des clous d'un cercueil, pour reprendre la formule de Rostropovitch) ou que la « signification véritable » du premier mouvement de la *Symphonie de Leningrad* est de décrire la marche terrifiante des communistes vers le pouvoir (et non l'avance de l'armée allemande) ou encore que la *Onzième symphonie* décrit le soulèvement hongrois de 1956 (et non la révolution de 1905 – ce qui expliquerait pourquoi Maxim, le fils de Chostakovitch, se serait écrié lorsqu'il l'entendit jouée au piano : « Ils te fusilleront pour ça ! »), l'idée est que le message était parfaitement transparent pour tous les autres dissidents, et même pour les milliers de gens du commun qui réagirent avec enthousiasme à cette musique (pour tous ceux « qui ont des oreilles pour entendre », comme on dit habituellement [85]), mais que, pour une raison mystérieuse, le pouvoir, la nomenklatura politique et culturelle, était *parfaitement incapable* d'en saisir la signification. La nomenklatura était-elle donc si incroyablement bornée qu'elle était incapable de comprendre ce que des centaines de milliers de personnes comprenaient ? Et si la réalité était beaucoup plus simple ? Ne vaut-il pas mieux admettre qu'un même auditeur pouvait passer d'un niveau de compréhension à l'autre, exactement comme à la grande époque d'Hollywood, à l'époque du code Haynes, l'interprétation de certains films mobilisait deux niveaux : la trame explicite, idéologiquement innocente, et le message subversif sous-jacent, avec ses connotations sexuelles [86] ?

Malheureusement, l'expression même de « dissident clandestin » est un oxymoron : l'essence même d'un acte de dissidence est d'être public ; comme l'enfant du conte d'Andersen, *Les Habits neufs de l'empereur*, il consiste à dire ouvertement au grand Autre ce que tous murmurent en privé. C'est donc la distance intérieure de Chostakovitch avec l'interprétation socialiste « officielle » de ses symphonies qui fait de lui un compositeur soviétique typique – cette distance est constitutive de l'idéologie, alors que des auteurs qui se (sur)identifiaient à l'idéologie officielle, comme le réalisateur Alexandre Medvedkin, le « dernier des bolcheviks » du documentaire de Chris

Marker, ne pouvaient que s'attirer des ennuis. Tous les fonctionnaires du Parti, Staline y compris, étaient en un sens des « dissidents clandestins », parlant en privé de sujets qu'il était interdit d'aborder en public.

De plus, célébrer Chostakovitch comme un dissident héroïque clandestin est non seulement faux au regard de la réalité, mais revient à ignorer la vraie grandeur de la musique de sa dernière période. Il est clair, même pour un auditeur doué d'une sensibilité réduite, que ses quatuors à cordes (dont la célébrité est méritée) ne sont pas des défis héroïques lancés au régime totalitaire, mais un commentaire désespéré sur sa lâcheté et son opportunisme. L'intégrité artistique de Chostakovitch réside dans le fait qu'il a exprimé distinctement dans sa musique ses tourments intérieurs, ce mélange de désespoir et de langueur mélancolique, ses explosions de rage impuissante, et même la haine qu'il éprouvait à son propre égard, au lieu de se présenter comme un héros clandestin. Le fait que Chostakovitch ait composé son très célèbre *Quatuor à cordes n°8* au moment où il céda aux pressions exercées sur lui et où il devint membre du Parti communiste – un compromis qui le plongea dans un désespoir profond et le conduisit au bord du suicide – est effectivement fondamental : cette musique est celle d'un homme brisé, si jamais il en fut. Le cliché bien connu du Russe oscillant entre la dépression mélancolique et des éclats de rage impuissante perd ainsi son caractère anhistorique et trouve son fondement dans la constellation sociopolitique concrète qui fut imposée à l'artiste à l'époque stalinienne. Le *Quatuor n° 8*, par exemple, qui passe de la dépression morose (« la tristesse mélancolique slave ») à un éclat de rage délirant, pour revenir à la dépression, colle parfaitement avec ce cliché (comme si le mouvement intérieur de la sonate dans sa forme classique – ouverture harmonieuse, surgissement et développement du conflit, résolution finale de la tension et retour à l'harmonie – était ici répété d'une façon étrangement parodique : de la léthargie mélancolique à l'éclat impuissant, puis de nouveau à la léthargie initiale…).

Cependant, la richesse ascétique tant célébrée des quatuors de Chostakovitch, leur amertume contenue, est le résultat paradoxal de l'intervention traumatisante de la politique stalinienne qui l'empêcha de donner libre cours à sa gaité satirique et expérimentale.

Le rejet de son opéra *Lady Macbeth de Minsk*, en 1936, après que Staline, furieux, partit en pleine représentation, à la fin du deuxième acte, fut la rupture traumatique majeure de la vie de Chostakovitch. Il se retira alors de la scène publique pendant deux ans, puis acheta son retour en grâce politique avec sa *Cinquième symphonie* d'inspiration réaliste socialiste. Nous sommes ici les témoins d'un véritable changement de paradigme, du jeune Chostakovitch, satiriste brillant et expérimentateur, au tragédien épique qui revient aux formes traditionnelles, passant de la tristesse lyrique en mode mineur au martèlement cacophonique du final victorieux du « défilé de la Place rouge ». Néanmoins, le premier Chostakovitch ne disparait pas purement et simplement, il réémerge sous une forme nouvelle, en tant que double ténébreux de lui-même. Même ses œuvres staliniennes les plus importantes, comme la *Cinquième symphonie*, sont profondément ambigües : certes, il s'agit d'œuvres de commande, conçues pour satisfaire le Maître, et différentes en cela des œuvres « intimistes ». Cependant, en tant que telles, ces œuvres semblent satisfaire un besoin « pervers » parfaitement authentique du compositeur. Chostakovitch lui-même affirmait que le final de la *Cinquième symphonie* traduisait l'acceptation ironiquement exagérée/distordue de l'injonction (surmoïque) à « être heureux et apprécier la vie », comme s'il constituait l'équivalent musical des coups répétés d'un marteau qui enfoncerait en nous l'injonction obscène « Sois heureux ! Sois heureux ! ». Mais cette acceptation, de par son exagération, produit une satisfaction qui lui est propre. Ainsi, même si nous admettons l'affirmation de Chostakovitch selon laquelle le final de la *Cinquième* est ironique, il ne s'agit pas de l'ironie à laquelle il songe (une description critique de l'optimisme officiel), mais de la reconnaissance bien plus ambiguë du pouvoir obscène de l'injonction à être heureux qui nous affecte de l'intérieur, nous hante comme un spectre maléfique.

L'ambigüité radicale du stalinisme

Dans la notion d'antagonisme social, les différences *intra*sociales (la matière de l'analyse sociale concrète) recouvrent en partie la différence entre le Social en tant que tel et son Autre. Ce chevauchement devint palpable à l'apogée du stalinisme, quand l'ennemi fut explicitement désigné comme non humain, comme excrément de l'humanité : la lutte du Parti stalinien contre l'ennemi devint la lutte de l'humanité contre l'excrément non humain. (À un autre niveau, ceci est vrai de l'antisémitisme nazi qui niait lui aussi l'humanité fondamentale des Juifs.)

En tant que marxistes, nous ne devrions pas craindre de reconnaitre que les purges staliniennes étaient en un sens plus « irrationnelles » que la violence fasciste : paradoxalement, cet excès même est la marque indubitable de ce que le stalinisme, contrairement au fascisme, était bien la perversion d'une *authentique* révolution. Sous le fascisme, y compris en Allemagne sous le nazisme, il était possible de survivre, de mener en apparence une vie quotidienne « normale », si l'on n'était pas impliqué dans une activité politique subversive (et, bien sûr, si l'on n'était pas d'origine juive), alors que sous le régime stalinien à la fin des années trente, personne n'était en sécurité, *tout le monde* pouvait être dénoncé, arrêté et exécuté en tant que traitre à tout moment. Autrement dit, l'« irrationalité » du nazisme se condensait dans l'antisémitisme, dans la croyance au complot juif, alors que l'« irrationalité » stalinienne imprégnait la totalité du corps social. C'est pourquoi les enquêteurs de police nazis persistaient à chercher des preuves d'activité réelle contre le régime, alors que les enquêteurs staliniens se livraient à la fabrication pure et simple de faux (complots, sabotages, etc.).

Quand le parti se suicide

La violence que le pouvoir communiste infligeait à ses propres membres témoigne toutefois de la contradiction fondamentale du régime, du fait qu'il y avait un projet révolutionnaire « authentique » à son origine – des purges incessantes étaient nécessaires non seulement afin d'effacer les traces des origines du régime, mais aussi comme une sorte de « retour du refoulé », de reste de négativité radicale au cœur du régime. Les purges staliniennes des échelons supérieurs du Parti reposaient sur une trahison fondamentale : les accusés étaient effectivement coupables, en tant que membres de la nouvelle nomenklatura, d'avoir trahi la Révolution. La terreur stalinienne n'était donc pas simplement la trahison de la Révolution, une tentative visant à effacer toutes les traces de l'authentique passé révolutionnaire ; elle témoignait plutôt de l'existence d'un « mauvais génie pervers » qui poussait le nouvel ordre post-révolutionnaire à (ré)inscrire la trahison de la Révolution à l'intérieur de lui-même, à la « réfléchir » ou encore à la « re-marquer » sous la forme d'arrestations arbitraires et d'exécutions qui menaçaient tous les membres de la nomenklatura – comme dans une psychanalyse, la confession stalinienne dissimulait la culpabilité véritable. (Comme on le sait, Staline recrutait pour le NKVD des personnes d'origine modeste qui pouvaient ainsi donner libre cours à leur haine de la nomenklatura en arrêtant et en torturant des apparatchiks.)

Cette tension entre la stabilité du pouvoir de la nouvelle nomenklatura et le « retour du refoulé » perverti, sous la forme de purges répétées dans les rangs de la nomenklatura, est au cœur du phénomène du stalinisme : les purges furent la forme que prit l'héritage révolutionnaire trahi pour subsister et hanter le régime. Le rêve de Gennadi Zyuganov, le candidat communiste à la présidentielle de 1996 (selon lui, les choses auraient pris un bien meilleur tour si Staline avait vécu au moins cinq ans de plus et avait eu le temps de mener à bien son projet de liquidation du cosmopolitisme et de réconciliation de l'État russe et de l'Église orthodoxe – autrement dit, si

Staline avait mis en œuvre ses purges antisémites...) vise précisément le point de pacification qui aurait permis au régime révolutionnaire de se débarrasser de ses tensions inhérentes et de se stabiliser – le paradoxe est, bien sûr, qu'il aurait fallu, pour atteindre cette stabilité, que la dernière purge de Staline, la « mère de toutes les purges », qui devait se dérouler au cours de l'été 1953, et qui fut empêchée par sa mort, fût un succès.

L'analyse classique que Trotski donne du « Thermidor » stalinien n'est ici peut-être donc pas tout à fait justifiée : Thermidor n'eut lieu en réalité qu'après la mort de Staline (ou, plutôt, après la chute de Khrouchtchev), pendant les années de « stagnation », sous Brejnev, quand la nomenklatura finit par se stabiliser et se transforma en « nouvelle classe ». Le stalinisme au sens propre est plutôt le « médiateur évanouissant » entre le soulèvement révolutionnaire léniniste authentique et son Thermidor. D'un autre côté, Trotski avait raison de prédire dans les années trente que le régime soviétique ne pouvait connaître que deux fins : ou bien les travailleurs se révolteraient, ou bien les membres de la nomenklatura ne se satisferaient plus du pouvoir politique et opéreraient leur reconversion en capitalistes et en détenteurs directs des moyens de production. Comme l'affirme le dernier paragraphe de *The Road to Terror* en se référant directement à Trotski[87], c'est cette seconde possibilité qui dans les faits s'est réalisée : les nouveaux propriétaires des moyens de production dans les pays anciennement socialistes, notamment en Russie, sont dans leur grande majorité des membres de l'ancienne nomenklatura, en sorte qu'il est possible d'affirmer que la caractéristique principale de la désintégration du « socialisme réellement existant » a été la transformation de la nomenklatura en classe de propriétaires privés. Mais la suprême ironie de l'affaire est que les deux issues possibles envisagées par Trotski semblent s'être combinées d'une étrange façon : ce qui a permis à la nomenklatura de s'approprier les moyens de production, ce fut la résistance à son pouvoir politique, résistance dont la révolte des travailleurs constitua l'un des éléments essentiels, du moins dans certains cas (comme celui de Solidarnosc en Pologne).

Comme Alain Badiou l'a souligné[88], en dépit de ses horreurs et de ses échecs, le « socialisme réellement existant » fut la seule force politique qui – pendant plusieurs décennies – paraissait menacer véritablement l'ordre capitaliste mondial, qui effrayait ses représentants et les poussait à des réactions paranoïaques. Aujourd'hui, alors que le capitalisme définit et structure la *totalité* de la civilisation humaine, tout territoire « communiste » reste – en dépit de ses horreurs et de ses échecs – une sorte de « territoire libéré », pour reprendre la formule de Fredric Jameson à propos de Cuba[89]. Nous avons affaire ici à la vieille idée selon laquelle il existe un fossé structurel entre l'Espace et le contenu positif qui le remplit : bien que, pour ce qui est de leur contenu positif, les régimes communistes aient été des échecs lamentables, source de terreur et de misère, ils ont cependant ouvert un espace, et suscité des attentes utopiques qui nous ont permis, entre autres choses, de mesurer l'échec du socialisme réellement existant lui-même. Ce que les dissidents anticommunistes ont tendance en général à ignorer, c'est que l'espace à partir duquel ils critiquaient et dénonçaient la terreur et la misère quotidiennes avait été ouvert et entretenu par la percée communiste, par son effort pour échapper à la logique du Capital. En bref, quand des dissidents comme Havel dénonçaient le régime communiste au nom de la solidarité humaine authentique, ils parlaient (sans le savoir dans la plupart des cas) depuis un espace ouvert par le communisme lui-même – ce qui explique leur trouble quand le « capitalisme réellement existant » ne se montre pas à la hauteur des espoirs de la lutte anticommuniste. Václav Klaus, le double pragmatique de Havel, avait peut-être raison quand il accusait Havel d'être un « socialiste »…

La difficulté est donc de saisir l'ambigüité radicale de l'idéologie stalinienne qui, jusque dans ses aspects les plus

Vous avez dit totalitarisme ?

« totalitaires », recèle encore un potentiel émancipateur. Je me souviens avoir vu dans ma jeunesse un film soviétique sur la guerre civile de 1919 dont une séquence mémorable mettait en scène le procès public par des bolcheviks de la mère d'un enfant malade accusée d'espionnage au profit des forces contrerévolutionnaires blanches. Au tout début du procès, un vieux bolchevik caresse sa grande moustache blanche et dit : « La sentence doit être sévère, mais juste ! » Le tribunal révolutionnaire (un collectif de combattants bolcheviks) établit que son activité au service de l'ennemi s'explique par la situation sociale difficile qui était la sienne ; elle est donc condamnée à s'intégrer pleinement au collectif socialiste, à apprendre à lire et à écrire, et à acquérir une éducation véritable, pendant que son fils recevra des soins médicaux appropriés. Alors que la mère éclate en sanglots, incapable de comprendre la clémence du tribunal, le vieux bolchevik caresse de nouveau sa moustache en approuvant du chef : « Oui, la sentence est sévère, mais elle est juste ! »

Il est facile de dire, en recourant à une analyse pseudo-marxiste rapide, qu'une scène comme celle-ci n'est que la légitimation idéologique de la terreur la plus brutale. Mais aussi manipulatrice que soit cette scène, aussi contraire soit-elle à la réalité brutale et arbitraire de la « justice révolutionnaire » effective, elle fournit aux spectateurs de nouvelles normes éthiques à l'aune desquelles la réalité peut être mesurée ; l'issue bouleversante de cet exemple de justice révolutionnaire et la signification nouvelle et inattendue du mot « sévérité » – sévérité envers les conditions sociales, générosité envers les gens – ne peuvent que produire un effet sublime. En bref, nous avons affaire ici à un exemple typique de ce que Lacan appelle le « point de capiton », d'une intervention qui change les coordonnées du champ même de la signification : au lieu de plaider en faveur de la tolérance et de la clémence, et contre la sévérité de la justice, le vieux bolchevik *redéfinit la « sévérité de la justice » en termes de générosité et d'indulgence sans mesure*. Même s'il ne s'agit que d'une apparence trompeuse, il y a peut-être en un sens plus de vérité en elle que dans la dure réalité sociale qui l'a engendrée.

Cependant, quelque chose de plus fondamental était en jeu dans la tentative avortée du « socialisme réel » : c'était l'idée – dont les effets furent considérables en République Démocratique d'Allemagne – selon laquelle le travail matériel (la production industrielle) était le site privilégié de la communauté et de la solidarité : non seulement l'idée que la participation à l'effort collectif de production est en soi source de satisfaction, mais aussi que les problèmes privés eux-mêmes (du divorce à la maladie) peuvent être discutés et mis en perspective dans le cadre du collectif de travail. Cette idée, qui constitue le sujet de ce qui peut être considéré comme le roman est-allemand type, *Le Ciel partagé*[90] de Christa Wolf*, ne doit être confondue ni avec la conception prémoderne du travail comme activité commune ritualisée ni avec la célébration nostalgique des anciennes formes de production industrielle (par exemple avec la célébration pseudo-romantique de l'authenticité de la vie des mineurs anglais dans *Qu'elle était verte ma vallée*) et encore moins avec la célébration proto-fasciste du travail manuel artisanal : le groupe de production est un collectif d'individus modernes qui discutent rationnellement de leurs problèmes, pas une communauté archaïque organisée selon des rites.

Peut-être est-ce là la cause ultime de l'*Ostalgie*, de cet attachement nostalgique persistant au défunt « socialisme réel », de l'idée selon laquelle, en dépit de ses nombreux échecs et de ses horreurs, quelque chose de précieux a été perdu lors de son effondrement. Dans la perspective idéologique actuelle, c'est le travail (le travail manuel, opposé à l'activité « symbolique »), non le sexe, qui constitue le lieu d'une obscénité et d'une indécence qui doivent être soustraites au regard du public. La tradition qui remonte à *L'Or du Rhin* de Wagner et à *Metropolis* de Lang, cette tradition qui veut que le procès de production se déroule sous terre, dans des antres obscurs, culmine aujourd'hui avec « l'invisibilité » des millions de travailleurs anonymes qui peinent dans les usines du Tiers-monde, dans les goulags chinois ou sur les chaines de montage brésiliennes ou indonésiennes ; l'Occident peut se permettre de bavasser au sujet de la « disparition de la classe ouvrière », alors même que ses traces sont partout perceptibles : il n'y a qu'à prêter attention à l'inscription « *Made in… (China, Indonesia, Bangladesh, Guatemala)* » qui figure sur les biens de consommation fabriqués en série, jeans ou baladeurs. Mais ce qui est crucial dans cette tradition, c'est l'identification du travail au crime : l'idée selon laquelle le travail, le dur labeur, est fondamentalement une activité criminelle indécente qui doit être dissimulée au public.

Aujourd'hui, le rapport qu'entretiennent les deux superpuissances que sont les États-Unis et la Chine est toujours davantage celui du Capital et du Travail. Les États-Unis se spécialisent dans le management, les activités bancaires, les services et ainsi de suite, alors même que leur « classe ouvrière en voie de disparition » (hormis les *Chicanos* et autres migrants, qui travaillent pour l'essentiel dans le secteur des services) réapparait en Chine où une grande proportion des produits américains, des jouets au matériel informatique, est fabriquée dans des conditions d'exploitation idéales : pas de grèves, liberté de mouvement limitée pour la force de travail, bas salaires… Loin d'être simplement conflictuelle, la relation de la Chine et des États-Unis est en fait en même temps profondément symbiotique. L'ironie de l'histoire est que la Chine mérite pleinement le titre d'« État de la classe ouvrière » : c'est l'État de la classe ouvrière du Capital américain.

Dans les films hollywoodiens, les seuls moments où le procès de production est visible dans toute son intensité sont ceux où le héros pénètre dans le domaine caché du maître criminel et découvre là le lieu d'un intense labeur (fabrication et emballage de drogue, construction d'une fusée qui doit détruire New York). Le moment où, dans un film de la série des *James Bond*, le maître criminel, après avoir capturé Bond, lui fait visiter son usine clandestine, n'est-il pas celui où le cinéma hollywoodien s'approche au plus près de la glorieuse représentation que le réalisme socialiste offrait du travail en usine ? Bien entendu, la fonction de l'intervention de Bond est de détruire dans une explosion foudroyante ce lieu de production, nous permettant ainsi de retourner à notre existence quotidienne mensongère dans un monde où la classe ouvrière « est en voie de disparition ».

Ce qui explose dans ce déchaînement final de violence des *James Bond*, c'est un moment utopique unique de l'histoire occidentale : le moment où la participation au procès collectif du travail matériel a été perçue comme le lieu d'émergence possible d'un authentique sens de la communauté et de la solidarité. Il ne s'agissait pas de rêver de se débarrasser de la contrainte du travail physique, mais de trouver le moyen de se réaliser en lui, dans cette expérience collective, et d'en finir ainsi avec la vieille définition biblique du travail comme châtiment destiné à racheter le péché originel.

Dans son bref essai sur Alexandre Soljenitsyne, qui est aussi l'un de ses derniers livres, György Lukács évoque avec enthousiasme *Une journée d'Ivan Denissovitch*, le court roman qui, pour la première fois dans la littérature soviétique, décrivait la vie quotidienne du goulag (et dont la publication dut être approuvée par Nikita Khrouchtchev lui-même, alors secrétaire général du Parti communiste)[91]. Lukács souligne l'importance de la scène où, après une longue journée de travail, Ivan Denissovitch s'efforce d'achever dans la précipitation une section du mur qu'il est en train de construire ; à l'heure du retour au camp, quand l'appel au rassemblement lancé par le garde retentit, il ne peut résister à la tentation de poser en vitesse quelques briques, au risque de susciter le courroux du garde. Lukács interprète cette impulsion à finir le travail en cours comme le signe de ce que, même dans le cadre brutal du goulag, la conception spécifiquement socialiste de la production matérielle comme lieu d'une création épanouissante survivait : quand, le soir venu, Ivan Denissovitch se remémore les évènements de la journée, il remarque avec satisfaction qu'il a construit un mur et qu'il a pris du plaisir à le faire... Lukács a raison d'affirmer que, paradoxalement, *Une journée d'Ivan Denissovitch*, ce texte fondateur de la dissidence, correspond très exactement à la définition la plus rigoureuse du réalisme socialiste.

À l'heure où nos vies sont en cours de numérisation, cette référence à la production (matérielle) est essentielle. Nous vivons une révolution complexe des « forces de production », dont les effets perceptibles les plus connus (l'invasion de nos vies par un nombre croissant de gadgets) dissimulent les répercussions plus profondes. La vraie question, au sujet du cyberespace et de la Réalité virtuelle, n'est pas : « Quelle transformation subit notre expérience de la réalité ? » (ou une autre variante à la mode, mais néanmoins ennuyeuse, de la question : « Est-ce que la réalité vraie est en train de devenir une autre fenêtre du cyberespace ? »), mais plutôt : « En quoi l'interposition du *World Wide Web* altère le statut de l'intersubjectivité ? » Ce qu'il y a de vraiment « terrible » avec le cyberespace, ce n'est pas que nous interagissions avec des entités virtuelles comme s'il s'agissait d'humains, ce n'est pas que nous traitions des « non-personnes » virtuelles comme des personnes réelles, mais plutôt l'inverse : dans nos interactions avec des personnes « réelles », qui, de plus en plus, ne sont accessibles que dans le cyberespace, par l'intermédiaire de leur double, nous traitons ces personnes « réelles » comme des entités virtuelles qui peuvent être harcelées et massacrées en toute impunité, puisque nous n'interagissons avec elles que dans la Réalité virtuelle.

Dans ces conditions, il est tentant de ressusciter l'antique et scandaleuse dialectique marxienne des forces productives et des rapports de production : en quoi cette transformation n'affecte-t-elle pas seulement les rapports de production au sens étroit, mais la totalité de notre être social, de notre pratique et de notre expérience (idéologique) de l'interaction sociale ? Marx aimait à opposer les transformations révolutionnaires du processus de production et les révolutions politiques. L'une de ses remarques récurrentes à ce propos était que la machine à vapeur et d'autres innovations technologiques du XVIIIe siècle avaient plus révolutionné l'ensemble de la vie sociale que tous les évènements politiques spectaculaires de la période. Cette remarque n'est-elle pas plus que jamais d'actualité, à l'heure où des transformations sans précédent de la production s'accompagnent d'une certaine léthargie dans le domaine politique ? Alors que nous vivons une transformation radicale de la société dont les conséquences ultimes semblent difficiles à identifier, de nombreux penseurs radicaux (d'Alain Badiou à Jacques Rancière) affirment que l'âge de la politique est, du moins pour le moment, achevé.

Ce paradoxe indique peut-être la nécessité d'effectuer le mouvement inverse à celui qui est commun à Habermas et à ses critiques déconstructionnistes : s'ils vont de la production à l'activité symbolique, il faut au contraire que nous concentrions notre attention *sur la production (matérielle) plutôt que sur la participation aux échanges symboliques*[92]. Pour deux philosophes aussi différents que Heidegger et Alain Badiou, la production matérielle n'est pas le lieu d'un Évènement, d'une Vérité « authentique » (comme le sont la politique, la philosophie ou l'art). Les déconstructionnistes, quant à eux, partent en général de l'affirmation selon laquelle la production est un élément du régime discursif et n'est pas extérieure au domaine de la culture symbolique – puis ils l'oublient et se concentrent presque exclusivement sur la culture. Ce « refoulement » de la production ne se retrouve-t-il pas dans la sphère de la production elle-même, sous la forme de la division entre le lieu virtuel/symbolique de la conception et de l'organisation « créatrices » et celui de l'exécution et de la réalisation matérielles, qui prend place dans les « usines à sueur » du Tiers-Monde, de la Chine au Brésil en passant par l'Indonésie ? Cette division – entre, d'une part, la planification pure, dépourvue de « frictions », réalisée dans des centres de recherche ou dans les tours de verre

« abstraites » des grandes entreprises et, d'autre part, la réalisation « invisible » et sale, que les planificateurs ne prennent en compte, pour l'essentiel, que sous la forme de « coûts environnementaux » – est aujourd'hui de plus en plus radicale. Le lieu de la planification et celui de la réalisation sont même souvent géographiquement séparés par des milliers de kilomètres.

Il est clair que nous assistons à la formation d'une nouvelle constellation de forces productives et de rapports de production ; néanmoins, les termes dont nous usons pour désigner cette Nouveauté (« société postindustrielle », « société de l'information ») ne sont pas encore de vrais concepts. Comme la notion de « totalitarisme », ce sont des subterfuges théoriques : au lieu de nous permettre de penser la réalité historique qu'ils prétendent nommer, ils nous dispensent ou, pire, nous empêchent positivement de penser. À cela, les faiseurs de modes postmodernes, d'Alvin Toffler à Jean Baudrillard, répondent généralement : nous ne pouvons penser cette nouveauté parce que nous sommes coincés dans le vieux « paradigme » industriel. Contre ce lieu commun, il est tentant d'affirmer que c'est l'exact opposé qui est vrai : ne se pourrait-il pas que toutes ces tentatives visant à laisser derrière nous la production et à l'effacer de notre représentation, en conceptualisant la mutation en cours comme le passage de la production à l'information, constituent un évitement, une façon de ne pas affronter la difficulté à penser la manière dont cette mutation affecte la structure de la production collective elle-même ? Et si notre tâche véritable était de concevoir la nouveauté émergente en termes de production matérielle collective ?

Il est essentiel de remarquer que cette dénégation de l'importance de la sphère de la production (matérielle) est commune aux idéologues conservateurs-libéraux de la « société postindustrielle » et à leurs adversaires supposés, les quelques « radicaux » qui subsistent. L'« extrémisme » politique, le « radicalisme excessif », devrait toujours être analysé comme un phénomène de déplacement idéologique et politique : comme le signe de son contraire, d'une limitation, d'un refus d'« aller jusqu'au bout ». Que fut le recours des Jacobins à la « terreur » radicale sinon une sorte d'expression hystérique de leur incapacité à modifier les fondements de l'ordre économique (notamment la propriété privée) ? Du reste, n'en va-t-il pas de même avec lesdits « excès » du « politiquement correct » ? Ces excès ne sont-ils pas aussi le signe de l'abandon de tout effort pour s'attaquer aux causes réelles (et particulièrement aux causes économiques) du racisme et du sexisme ?

Il est donc peut-être temps de mettre en question le topos courant que presque tous les « postmodernes » de gauche ont en partage, et qui veut que le « totalitarisme » résulte de la domination de la production matérielle et de la technologie sur la communication intersubjective et/ou la pratique symbolique, comme si la racine de la terreur politique résidait dans l'extension du « principe » de la raison instrumentale, de l'exploitation technologique de la nature, à la société, extension qui conduirait à traiter les individus comme de la matière brute à transformer en Homme nouveau. Et si le contraire était vrai ? Et si la « terreur » politique indiquait justement que l'autonomie de la sphère de la production (matérielle) a été déniée et subordonnée à la logique politique ? Toute « terreur » politique, des Jacobins à la Révolution culturelle de Mao, ne présuppose-t-elle pas la forclusion de la production, sa réduction à un champ de bataille politique[93] ?

Où faut-il regarder pour trouver un « prolétaire » aujourd'hui, à l'heure de la prétendue « disparition de la classe ouvrière » ? La meilleure façon d'aborder cette question est peut-être d'examiner la façon dont la conception marxienne du prolétaire renverse la dialectique hégélienne classique du Maître et du Serviteur. Au cours de la lutte entre le (futur) Maître et le Serviteur, telle que la décrit Hegel dans sa *Phénoménologie de l'Esprit*, le Maître est prêt à tout risquer, y compris sa vie, et acquiert ainsi la liberté, alors que le Serviteur, quant à lui, est lié non pas directement au Maître, mais d'abord au monde matériel objectif, est attaché à son enracinement dans son environnement et, fondamentalement, à sa vie en tant que telle – il est celui qui n'est pas prêt à tout risquer, et doit pour cette raison abandonner sa souveraineté au Maître. L'espion soviétique bien connu, Alexandre Kojève, interprète la dialectique du Maître et du Serviteur comme la préfiguration de la lutte des classes selon Marx ; ce en quoi il n'a pas tort, pour peu que l'on garde à l'esprit que Marx a renversé les termes de cette dialectique. Au cours de la lutte des classes prolétarienne, c'est le prolétaire qui occupe la position du Maître hégélien : il est prêt à tout risquer, puisqu'il est un pur sujet, dépourvu de racines, qui n'a « rien à perdre que ses chaines », comme le veut l'ancienne formule. Le capitaliste, au contraire, a un certain nombre de choses à perdre (son capital, justement), et est donc le véritable Serviteur, lié à ses biens ; il n'est par définition jamais prêt à tout risquer, quand bien même il serait l'innovateur dynamique que célèbrent les médias. Il est important de ne pas oublier que, pour Marx, loin d'être subordonné au capitaliste, comme l'objet à son sujet, le prolétaire occupe la position du sujet et tient lieu de subjectivité pure, non substantielle. C'est la clé qui permet de savoir où trouver les prolétaires d'aujourd'hui : là où sont des sujets réduits à une existence sans racines, privés de tout lien substantiel.

Chapitre IV
Le deuil, la mélancolie et l'acte

Dans lequel le lecteur sera étonné d'apprendre que quiconque n'est pas mélancolique ou ne partage pas l'idée que nous sommes perdus dans un univers fini et contingent peut aujourd'hui être suspecté de « totalitarisme ».

Le « grand Autre » lacanien ne désigne pas seulement les règles symboliques explicites qui régissent les interactions sociales, mais également le réseau complexe des règles non écrites, « implicites ». *The Little Book of Hollywood Cliches* [*Le Petit Livre des clichés hollywoodiens*], de Roger Ebert, décrit des centaines de scènes de film stéréotypées, sortes de passages obligés qui vont de la célèbre règle de la « carriole de fruits frais » (une scène de course-poursuite avec un étranger ou un membre d'une minorité ethnique verra nécessairement se renverser la carriole d'un marchand de fruits et le marchand en colère courir alors au milieu de la rue en agitant le poing vers la voiture du héros qui s'éloigne à toute allure), à certaines règles plus sophistiquées comme celle du « Merci, mais non merci » (quand deux personnes viennent d'avoir une conversation franche, au moment où A s'apprête à quitter la pièce, B l'appelle (avec hésitation) : « Bob (ou le nom de A) ? ». A s'arrête, se retourne, et répond : « Oui ? » Et B dit alors : « Merci. ») ; ou encore la règle du « sac à provisions » (à chaque fois qu'une femme cynique et désabusée, qui refuse de tomber à nouveau amoureuse, est poursuivie des assiduités d'un homme qui veut jeter à bas le mur de solitude dont elle s'est entourée, elle va faire ses courses ; ses sacs se déchirent alors, et les fruits et légumes roulent de tous les côtés, symbolisant le désordre qui règne dans sa vie, et permettant à son prétendant de l'aider à ramasser les morceaux de son existence, et non pas seulement ses pommes et ses oranges). Voilà ce qu'est le « grand Autre », la substance symbolique de nos vies : cet ensemble de règles non écrites qui contrôlent de fait nos paroles et nos actes.

L'une des règles qui règnent aujourd'hui chez les universitaires radicaux concerne la relation entre le deuil et la mélancolie. À notre époque permissive, où l'on tient la transgression pour convenable, et où celle-ci est même sollicitée par les institutions dominantes, la *doxa* principale se présente généralement comme une transgression subversive – pour identifier la tendance intellectuelle hégémonique, il suffit de chercher celle qui affirme constituer une menace sans précédent contre le dispositif de pouvoir hégémonique. En ce qui concerne le deuil et la mélancolie, la *doxa* principale est la suivante : Freud opposait le deuil « normal » (l'acceptation réussie de la perte) à la mélancolie « pathologique » (le sujet persiste dans son identification narcissique à l'objet perdu). Contre la thèse de Freud, il faut affirmer la supériorité conceptuelle *et* éthique de la mélancolie : dans le processus de perte, il y a toujours un reste qui ne peut être assimilé par le travail de deuil, et la véritable fidélité consiste dans l'attachement à ce reste. Le deuil est une sorte de trahison, une façon de tuer une seconde fois l'objet (perdu), tandis que le sujet mélancolique lui reste fidèle, et refuse de renoncer à son attachement à lui…

Cette conception connaît une multitude de variantes, depuis la version *queer** (les homosexuels restent fidèles à l'identification perdue/refoulée à l'objet libidinal de même sexe), jusqu'à la version ethnique postcoloniale (lorsque des groupes ethniques entrent dans la modernisation capitaliste et sont menacés de voir leur héritage singulier englouti par la nouvelle culture mondiale, ils ne doivent pas renoncer à leurs traditions, ils ne doivent pas en faire le deuil, mais au contraire conserver un attachement mélancolique à leurs racines perdues).

En raison de ce contexte « politiquement correct », l'« erreur » qui consiste à déprécier la mélancolie peut avoir de lourdes conséquences – on peut échouer à un examen ou se voir refuser un emploi parce qu'on a une conception « erronée » de la mélancolie. C'est pour cette raison même qu'il est essentiel de dénoncer le « cynisme objectif » rendu possible par la réhabilitation de la mélancolie : le lien mélancolique à l'Objet ethnique perdu nous permet de proclamer notre fidélité à nos racines ethniques, tout en participant pleinement au jeu capitaliste mondial – la question se pose de savoir dans quelle mesure ce cynisme objectif est à l'origine du projet des « études postcoloniales » [« *postcolonial studies* »]. La mélancolie est ainsi une posture parfaitement postmoderne : elle nous permet de survivre dans la société mondialisée en conservant une apparente fidélité à nos « racines » perdues. C'est pour cela que la mélancolie et le rire ne sont pas opposés, mais sont comme les deux faces d'une même pièce de monnaie : la capacité, très prisée, de maintenir une distance ironique avec ses racines ethniques n'est que l'envers de l'attachement mélancolique à elles.

Le manque n'est pas la perte

Mais d'un point de vue théorique, quel problème pose cette réhabilitation de la mélancolie ? On souligne généralement l'aspect antihégélien de cette réévaluation de la mélancolie : le travail de deuil opère selon le principe du « dépassement » [*Aufhebung*] : c'est en perdant la réalité immédiate de l'objet que nous en retenons l'essence conceptuelle ; au contraire, dans la mélancolie, l'objet résiste à son « dépassement » conceptuel[94]. Cependant, l'erreur du mélancolique ne consiste pas simplement à affirmer qu'il y a quelque chose qui résiste au « dépassement » symbolique, mais plutôt à situer cette résistance dans un objet qui a une existence positive, même s'il est perdu. En termes kantiens, le mélancolique est coupable d'une sorte de « paralogisme de la faculté pure de désirer », qui réside dans la confusion entre la *perte* et le *manque* : dans la mesure où l'objet cause du désir est originellement manquant, et cela de manière constitutive, la mélancolie interprète ce manque comme une perte, comme si l'objet avait été possédé puis perdu.[95]

En un mot, ce que la mélancolie occulte, c'est le fait que l'objet manque depuis le début, que son apparition coïncide avec son manque, que cet objet n'est rien d'autre que la positivisation d'un vide/manque, qu'une entité purement anamorphique qui n'a pas d'existence « en soi ». Le paradoxe est, bien sûr, que cette traduction trompeuse du manque en perte nous permet d'affirmer que nous possédons l'objet : ce que nous n'avons jamais possédé ne peut jamais non plus être perdu, si bien que le mélancolique, dans sa fixation inconditionnelle sur l'objet perdu, le possède en un sens dans sa perte même.

Cependant, en quoi consiste la véritable *présence* d'une personne ? Dans un passage suggestif de *La Fin d'une liaison*, Graham Greene souligne la fausseté de la scène classique du mari qui, rentré chez lui après la mort de sa femme, arpente nerveusement l'appartement, éprouvant de façon traumatique l'absence de sa défunte épouse, que toutes ses affaires, restées à leur place, lui rappellent. La véritable expérience de l'absence se produit au contraire quand l'épouse est encore en vie, mais n'est pas rentrée, et que le mari est rongé de soupçons quant au lieu où elle peut être et aux raisons de son retard (est-elle avec un amant ?). Une fois sa femme morte et enterrée, l'appartement dont elle est désormais absente déborde en fait de sa présence : « Parce qu'elle est définitivement partie, elle n'est jamais sortie. Je veux dire qu'elle n'est jamais ailleurs, elle n'est pas en train de déjeuner avec quelqu'un, elle n'est pas au cinéma avec vous. Elle ne peut donc être qu'à la maison.[96] » N'est-ce pas là la logique même de l'identification mélancolique,

Le deuil, la mélancolie et l'acte

par laquelle l'objet acquiert une présence excessive dans sa perte inconditionnelle et irrémédiable ?

C'est également ainsi qu'il faut interpréter la conception médiévale selon laquelle le mélancolique est incapable d'atteindre le domaine du spirituel et de l'incorporel : au lieu de se contenter de contempler l'objet suprasensuel, il veut l'étreindre avec lubricité. Bien que l'accès au domaine suprasensible des formes symboliques idéales lui soit refusé, le mélancolique éprouve un désir métaphysique intense pour une réalité absolue et autre, au-delà de notre réalité soumise à la dégradation et à la corruption ; il n'est qu'une seule façon de dépasser cette difficulté, c'est de prendre un objet matériel, sensuel, ordinaire (par exemple, la femme aimée) et de l'élever à l'Absolu. Le sujet mélancolique élève ainsi l'objet de son désir au rang d'Absolu corporel, ce composé contradictoire ; cependant, du fait que cet objet est sujet à la dégradation, on ne peut le posséder inconditionnellement que dans la mesure où il est perdu, et dans sa perte. Hegel a lui-même analysé cette logique, dont il voyait l'illustration dans la quête de la tombe du Christ entreprise par les croisés : eux aussi confondaient la dimension absolue de la divinité avec le corps matériel qui avait existé quelque deux mille ans auparavant – leur quête aboutit ainsi nécessairement à une déception. C'est pour cela que la mélancolie ne consiste pas seulement en un attachement à l'objet perdu, mais en un attachement à sa perte elle-même. Décrivant avec lucidité la conduite de Wilhelm Furtwängler, Adorno dit de lui qu'il

> se souciait de sauvegarder [*Rettung*] quelque chose qui était déjà perdu, de reconquérir par l'interprétation ce qui commençait à se perdre dans la disparition d'une tradition contraignante. Cette tentative de sauvegarde lui donna quelque chose de l'excès d'effort nécessaire à l'invocation d'un objet qui n'est plus purement et immédiatement présent[97].

Il faut attirer l'attention sur la double perte qui nourrit le culte actuel (et mérité) de Furtwängler, et la fascination qu'exercent ses vieux enregistrements. Ce qui nous fascine, ce n'est pas simplement sa passion immédiatement organique, « naïve », qui semble n'être plus possible aujourd'hui où notre conduite est régie soit par la froide perfection technique, soit par une « passion » artificielle, telle qu'elle est mise en scène au théâtre (Léonard Bernstein) ; non, en réalité, l'objet perdu de notre fascination implique lui-même déjà une forme de perte : ce qui donne à la passion de Furtwängler une telle intensité traumatique, c'est le sentiment qu'il a de l'urgence et du caractère désespéré de sa tentative pour sauver une part de notre tradition qui était déjà en danger, qui déjà n'était plus « chez elle » dans le monde moderne. Ce que nous désirons si ardemment ressaisir dans les enregistrements de Furtwängler, ce n'est donc pas tant l'immédiateté organique de la musique classique que l'expérience immédiate et organique de la perte elle-même, qui ne nous est plus accessible – en ce sens, notre fascination pour Furtwängler est de la mélancolie à l'état pur.

Giorgio Agamben a souligné combien la mélancolie n'est pas seulement l'échec du travail de deuil, la persistance de l'attachement au réel de l'objet, mais exactement le contraire du deuil : « la mélancolie présente le paradoxe d'une intention de porter le deuil qui précède et anticipe la perte de l'objet.[98] » C'est en cela que consiste le stratagème du mélancolique : *la seule façon de posséder un objet que nous n'avons jamais eu, qui était perdu depuis le départ, est de traiter un objet que nous possédons encore pleinement comme s'il était déjà perdu.* Le *refus* mélancolique d'accomplir le travail de deuil prend ainsi précisément la forme de son contraire, il offre le spectacle artificiel du *deuil superflu et excessif* d'un objet, avant même que celui-ci soit perdu. C'est ce qui donne ce goût unique à une relation amoureuse mélancolique (comme celle qu'entretiennent Newland et la Comtesse Olenska dans le roman d'Edith Wharton, *Le Temps de l'innocence*) : bien que les amants soient toujours unis, et intensément amoureux l'un de l'autre, chacun savourant la présence de l'être aimé, l'ombre de leur séparation future s'étend

Le deuil, la mélancolie et l'acte

d'ores et déjà sur leur relation, de sorte que pèse sur leurs plaisirs actuels l'ombre de la catastrophe (c'est-à-dire de la séparation) à venir (on a là le renversement exact de la représentation commune selon laquelle il faut endurer les difficultés présentes en gardant à l'esprit le bonheur à venir).

C'est en suivant un raisonnement similaire que certains affirment que Dimitri Chostakovitch, derrière son optimisme socialiste officiel, était en fait un compositeur profondément mélancolique : ils s'appuient en effet sur le fait qu'il a composé son célèbre *Quatuor à cordes* (n° 8) de 1960 en mémoire de *lui-même* :

> Je me suis dit que, si je meurs un jour, il est peu probable qu'une œuvre soit écrite en ma mémoire. C'est pourquoi j'ai décidé d'en écrire une moi-même. On pourrait même écrire sur la couverture : « En mémoire du compositeur de ce quatuor[99]. »

Rien d'étonnant donc à ce que Chostakovitch ait qualifié le thème principal du quatuor de « pseudo-tragique » : selon une image suggestive, il disait que sa composition lui avait coûté un volume de larmes équivalent au volume d'urine produit après l'absorption d'une demi-douzaine de bières. Dans la mesure où le mélancolique porte le deuil de ce qu'il n'a pas encore perdu, il y a, inhérente à la mélancolie, une subversion comique du processus tragique de deuil, comme dans la vieille blague raciste sur les gitans : quand il pleut, ils sont contents parce qu'ils savent qu'après la pluie, le soleil brille, et quand le soleil brille, ils sont tristes, parce qu'ils savent qu'il finira bien par pleuvoir à un moment ou à un autre... En un mot, celui qui fait son deuil porte le deuil de l'objet perdu et « le tue une seconde fois » en symbolisant sa perte, tandis que le mélancolique, lui, n'est pas simplement incapable de renoncer à l'objet, mais préfère le tuer une seconde fois (c'est-à-dire le considérer comme perdu) avant qu'il ne soit effectivement perdu.

Comment éclaircir ce paradoxe du deuil d'un objet qui n'est pas encore perdu, qui est toujours là ? La clef de l'énigme réside dans la formule de Freud où il dit précisément que le mélancolique n'est pas conscient de ce qu'il a perdu dans l'objet perdu[100] – il faut ici introduire la distinction lacanienne entre l'*objet* et l'(objet)*cause* du désir : tandis que l'objet du désir est tout simplement l'objet désiré, la cause du désir est la caractéristique qui nous fait désirer l'objet désiré (un détail, un tic, dont nous ne sommes généralement pas conscients et que nous prenons parfois pour un obstacle, pour ce en dépit de quoi nous désirons l'objet).

C'est peut-être également cet écart entre l'objet et la cause qui explique la popularité du film *Brève Rencontre* dans la communauté gay : elle ne s'explique pas seulement par le fait que les rencontres furtives dans les coins sombres et sur les quais de gare « ressemblent » à la manière dont les gays étaient contraints de se rencontrer dans les années quarante, lorsqu'ils n'avaient pas le droit de se fréquenter publiquement. Loin d'être un obstacle à la satisfaction du désir gay, ces caractéristiques fonctionnent en réalité comme sa cause : privée de cette clandestinité, la relation gay perd une grande part de sa séduction transgressive. Ce que nous trouvons dans *Brève Rencontre* n'est ainsi pas l'objet du désir gay (le couple du film est *straight*), mais sa cause. Dès lors, on ne s'étonnera pas que beaucoup de gays soient opposés à la politique libérale « d'intégration » qui consisterait à légaliser entièrement les couples gays : ce qui nourrit cette opposition n'est pas la conscience (fondée) de l'hypocrisie de cette politique libérale, mais la peur que, privé de cet obstacle/cause, le désir gay lui-même ne s'affaiblisse.

De ce point de vue, le mélancolique n'est pas d'abord le sujet fixé sur l'objet perdu, incapable de mener à bien le travail de deuil, mais plutôt le sujet qui possède l'objet, le sujet qui a perdu le désir qu'il ressentait pour lui, parce que la cause qui lui faisait désirer cet objet s'est retirée, a perdu sa force. Loin de porter à l'extrême la situation de frustration du désir, du désir privé de son objet, l'état de mélancolie correspond plutôt à la présence de l'objet, privé du désir

Le deuil, la mélancolie et l'acte

qui le visait – la mélancolie naît quand nous obtenons finalement l'objet désiré, mais qu'il nous déçoit. En ce sens précis, la mélancolie (la déception devant tout objet existant, empirique, aucun ne parvenant à assouvir notre désir) est, de fait, le commencement de la philosophie. Ainsi, une personne qui, toute sa vie, a vécu dans une certaine ville, s'y est habituée, et doit finalement la quitter, appréhende-t-elle avec tristesse la perspective d'être projetée dans un nouvel environnement – cependant, qu'est-ce qui l'attriste véritablement ? Ce n'est pas la perspective de quitter le lieu qui, durant de longues années, a été son foyer, mais la crainte bien plus subtile de perdre son attachement pour cet endroit. Ce qui me rend triste, c'est de prendre conscience de ce que, tôt ou tard, et plus tôt que je ne suis prêt à l'admettre, je m'intègrerai à une nouvelle communauté, oubliant alors ce lieu. Autrement dit, ce qui me rend triste, c'est la conscience de ce que je vais perdre mon désir pour (ce qui est actuellement) mon foyer[101].

L'anamorphose et la sublimation se rejoignent ici : la série des objets de la réalité est structurée autour d'un vide (ou pour être plus précis, elle l'implique) ; si ce vide devient visible « en tant que tel », la réalité se désintègre. Afin donc de préserver l'édifice cohérent de la réalité, un des éléments de la réalité doit venir occuper le vide central – l'objet *a* de Lacan. Cet objet est le « sublime objet de l'idéologie », l'objet « élevé à la dignité d'une Chose », et simultanément l'objet anamorphique (pour percevoir son caractère sublime, il faut le regarder de biais, de « travers » – si on le regarde de face [*straight on*], il apparait comme un simple objet dans une série). Ainsi, selon le « point de vue normal » [« *straight view* »], le « Juif » est simplement un élément dans la série des groupes nationaux ou ethniques, mais il est en même temps le « sublime objet » qui remplace le vide (l'antagonisme central) autour duquel l'édifice social est structuré – le Maître caché qui tire secrètement les ficelles ; la référence antisémite au Juif permet ainsi « d'expliquer les choses », de rendre possible la perception de la société comme un espace clos et cohérent.

N'en va-t-il pas de même pour la thèse selon laquelle, dans le système capitaliste, un ouvrier travaille, disons, cinq heures pour lui-même et trois heures pour son maître capitaliste ? L'illusion consiste à penser qu'on peut séparer les deux et exiger que l'ouvrier ne travaille que les cinq heures pour lui-même, et reçoive le salaire complet de son travail : à l'intérieur du système salarial, c'est impossible. Le statut des trois autres heures relève, en un sens, de l'anamorphose ; elles sont l'incarnation de la plus-value – quelque chose comme le tube de dentifrice, mentionné ci-dessus, dont le dernier tiers est d'une couleur différente avec écrit en gros : « 30 % gratuit ! »

L'importance cruciale de l'anamorphose pour le fonction-nement de l'idéologie nous apparait désormais clairement : ce terme désigne un objet dont la réalité matérielle est déformée, de sorte qu'un regard s'inscrit dans ses caractéristiques « objectives ». Un visage qui semble tordu et allongé d'une manière grotesque trouve sa cohérence ; un contour flou, une tache, devient une entité clairement définie si on la regarde depuis un point de vue « décentré » – n'y a-t-il pas là une définition synthétique de l'idéologie ? La réalité sociale peut paraître confuse, mais si nous la regardons du point de vue de l'antisémitisme, tout devient clair et acquiert des contours définis – le complot juif est responsable de tous nos maux... En d'autres termes, l'anamorphose sape la distinction entre la « réalité objective » et sa perception subjective déformée : la déformation subjective est reflétée au sein même de l'objet perçu, et c'est en ce sens précis que le regard lui-même acquiert une existence « objective ».

Cependant, loin d'impliquer un déni idéaliste du Réel, la notion lacanienne d'objet *a*, d'objet purement anamorphique, nous permet de rendre compte de manière strictement matérialiste de l'apparition d'un espace idéal « immatériel ». L'objet *a* n'existe que comme sa propre ombre ou déformation, il n'apparait que lorsqu'il est vu de côté, depuis une perspective erronée et partiale : quand on le regarde directement, frontalement, on ne

Le deuil, la mélancolie et l'acte

voit rien du tout. L'espace de l'Idéalité est précisément un espace déformé de ce type : « les idées » n'existent pas « en elles-mêmes », mais seulement comme des entités présupposées, des entités dont nous venons à présupposer l'existence à partir de leurs reflets déformés. Platon avait en un sens raison quand il affirmait que, dans notre monde matériel, nous n'avons affaire qu'à des images déformées des Idées véritables – il faut ajouter que l'Idée n'est pas autre chose que l'apparence d'elle-même, « l'illusion de perspective » qui nous amène à supposer qu'il y a un « original » derrière les déformations.

Cependant, l'idée qui est en jeu dans l'objet *a* comme « grandeur négative » – pour employer ce terme kantien – n'est pas seulement que le vide du désir s'incarne paradoxalement dans un objet particulier qui se met à lui servir de remplaçant, mais c'est surtout le paradoxe opposé : ce vide/manque primordial ne « fonctionne » lui-même que dans la mesure où il est incarné dans un objet qui maintient le désir ouvert. Cette idée de « grandeur négative » prend également une importance cruciale pour qui cherche à comprendre la révolution opérée par le christianisme. Les religions préchrétiennes en restent au niveau de la « sagesse », elles soulignent l'insuffisance de tout objet fini, temporel, et recommandent soit de modérer ses plaisirs (il faut éviter tout attachement excessif aux objets finis, dans la mesure où le plaisir est éphémère), soit de se retirer hors de la réalité temporelle pour se tourner vers le Véritable Objet Divin, qui seul peut procurer un Bonheur Infini. Le christianisme présente au contraire le Christ comme un être mortel, temporel, et affirme avec insistance que la croyance dans l'Évènement Temporel de l'Incarnation est le seul chemin vers la vérité éternelle et le salut.

C'est en ce sens précis que le christianisme est une « religion d'amour » : dans l'amour, on privilégie et on concentre son attention sur un objet temporel fini qui « signifie plus que tout autre chose ». Ce paradoxe est également à l'œuvre dans la notion spécifiquement chrétienne de Conversion et de pardon des péchés : la Conversion est un évènement temporel qui transforme l'éternité elle-même. Comme on le sait, le dernier Kant a développé l'idée de choix nouménal, d'un acte par lequel l'individu choisit son caractère éternel : avant son existence temporelle, cet acte dessine par avance les contours de sa destinée terrestre. Sans l'acte divin de la Grâce, notre destinée serait immuable, fixée pour toujours par cet acte éternel de choix ; cependant, la « bonne nouvelle » du christianisme est que, dans une Conversion authentique, on peut faire comme si l'on répétait cet acte et ainsi *changer (annuler les effets de) l'éternité elle-même.*

« La pensée postséculière » ? Non, merci !

Cet ultime paradoxe du christianisme disparait dans ce qui se présente aujourd'hui comme la « pensée postséculière », posture qui trouve son expression dernière dans une sorte d'appropriation derridienne de Lévinas. Au contraire de la mélancolie, dans laquelle il y a un objet privé (de la cause) du désir qui le vise, la posture « postséculière » réaffirme l'existence d'un écart entre le désir et ses objets, elle est l'aspiration messianique à une Altérité toujours « *à venir* », qui transcende tout objet donné, hantée par un spectre insistant incapable de se transformer en une entité existante, positive, réellement présente. Elles se rejoignent cependant en ce qu'elles excluent toutes deux l'*acte* : dans la stupeur passive de la mélancolie, celui-ci perd toute signification, et, dans l'enthousiasme postséculier, il est réduit à une intervention pragmatique qui n'est jamais à la hauteur de l'exigence inconditionnelle de l'Autre abyssal.

La « pensée postséculière » concède sans réserve que la critique moderniste a sapé les fondations de l'ontothéologie, l'idée de Dieu comme Entité suprême, etc. – mais cependant, ne se pourrait-il pas que l'ultime conséquence de ce geste déconstructionniste soit de laisser le champ libre à une nouvelle forme de spiritualité, postdéconstructionniste et elle-même immune à toute déconstruction, à une relation avec une Altérité inconditionnelle antérieure à toute ontologie ? Et si l'expérience fondamentale du sujet humain n'était pas celle de la présence à soi, de la force de l'appropriation/médiation dialectique de toute altérité, mais au contraire celle de la passivité, de la sensibilité primordiale, l'expérience de se sentir porteur d'une dette infinie et d'être touché par l'appel d'une Altérité qui n'acquiert jamais d'existence positive, mais reste toujours en retrait, comme la trace sa propre absence ? On est ici tenté de transposer le sarcasme de Marx au sujet de Proudhon et de sa *Misère de la philosophie* (rappelons que Marx reproche à l'analyse de Proudhon de présenter, au lieu de personnes réelles existant dans des conditions réelles, les circonstances seules, privées des personnes qui les font vivre) : au lieu de la configuration religieuse dont Dieu est le centre, la déconstruction postséculière nous propose à nouveau cette configuration, mais privée de la figure positive qui l'anime, Dieu.

On retrouve cette même configuration dans la « fidélité » de Derrida envers l'esprit du marxisme : « La déconstruction n'a jamais eu de sens ni d'intérêt, à mes yeux du moins, que comme une radicalisation, c'est-à-dire aussi *dans la tradition* d'un certain marxisme, *dans un certain esprit de marxisme.*[102] » La première chose à remarquer ici (et dont Derrida est indubitablement conscient) est que cette « radicalisation » repose sur l'opposition traditionnelle entre la lettre et l'esprit : se référer à l'esprit authentique de la tradition marxiste, c'est en abandonner la lettre (à savoir les analyses spécifiques de Marx et les mesures révolutionnaires qu'il propose, qui sont irréductiblement imprégnées de la tradition de l'ontologie) pour sauver des cendres l'authentique promesse messianique d'une libération émancipatrice. On ne peut qu'être frappé par l'étrange proximité de cette « radicalisation » avec le dépassement hégélien [*Aufhebung*] (ou plutôt avec la façon dont on comprend communément ce dépassement) : dans la promesse messianique, l'héritage marxiste est « dépassé », c'est-à-dire que son noyau essentiel est sauvé par le geste même qui permet d'aller au-delà et de renoncer à sa forme historique particulière. Et le nœud de la question – à savoir l'opération conduite par Derrida – est qu'il ne s'agit pas seulement d'abandonner les formulations particulières de Marx et les mesures qu'il propose pour les remplacer par d'autres formulations et d'autres mesures plus adéquates, mais plutôt que la promesse messianique qui constitue « l'esprit » du marxisme est trahie par *toute* formulation particulière, par *toute* traduction en mesures économiques et politiques déterminées.

La prémisse sous-jacente de la « radicalisation » derridienne de Marx est que plus les mesures économico-politiques particulières sont « radicales » (jusqu'aux charniers des Khmers Rouges ou du Sentier Lumineux), et moins elles sont en réalité radicales, plus elles restent prises dans l'horizon métaphysique éthicopolitique. En d'autres termes, la « radicalisation » derridienne signifie, en un sens (plus précisément : en un sens pratique), exactement son contraire : la renonciation à toute mesure politique radicale effective.

La « radicalité » de la politique derridienne implique un écart irréductible entre la promesse messianique de la « démocratie à venir » et toutes ses incarnations positives : en raison de sa radicalité même, la promesse messianique est vouée à rester toujours une promesse, et ne pourra jamais être traduite en un ensemble de mesures économiques et politiques déterminées. En bref, la problématique du totalitarisme apparaît ici dans sa version spécifiquement déconstructionniste : à son niveau le plus élémentaire – on est presque tenté de dire ontologique – le « totalitarisme » n'est pas simplement une force politique qui vise le contrôle total de la vie sociale et entend rendre la société totalement transparente, il est le court-circuit établi entre l'Altérité messianique et un agent politique déterminé. Lorsqu'on dit que la démocratie est « *à venir* », on n'énonce pas simplement une qualité qui s'ajouterait à la démocratie, mais on exprime son essence même, ce qui fait de la démocratie une démocratie : à partir du moment où la démocratie n'est plus « à venir », mais prétend exister réellement – être pleinement actualisée –, on entre dans le totalitarisme.

Pour éviter tout malentendu, précisons que cette « démocratie à venir » n'est bien sûr pas une démocratie qui promet d'exister dans le futur, mais une démocratie dont la venue est à jamais repoussée. Derrida est bien conscient de l'« urgence », de l'« immédiateté » du besoin de justice – s'il y a une chose qui lui est étrangère, c'est le report complaisant de la démocratie à une étape ultérieure de l'évolution, comme celui que suppose la fameuse distinction stalinienne entre la « dictature du prolétariat » présente et la démocratie « achevée » future, distinction qui légitime la terreur actuelle en la présentant comme la condition d'une liberté ultérieure. Il voit en effet dans cette stratégie en « deux étapes » le pire de l'ontologie ; la « démocratie à venir » n'a rien à voir avec cet usage stratégique du bon dosage de (non)liberté : l'expression se réfère aux urgences ou élans de responsabilité éthique, qui ont lieu lorsque je suis soudain confronté à la nécessité de répondre à un appel, d'intervenir dans une situation que je ressens comme injuste et intolérable. Il est cependant symptomatique que Derrida soutienne malgré tout qu'il y a une opposition irréductible entre une telle expérience spectrale de l'appel messianique de la justice et son « ontologisation », sa transposition dans un ensemble de mesures positives légales, politiques, etc. Pour le dire dans les termes de l'opposition entre l'éthique et le politique, c'est l'écart entre l'éthique et le politique que Derrida mobilise ici :

> D'un côté, l'éthique reste définie comme la responsabilité infinie de l'hospitalité inconditionnelle. Tandis que, de l'autre, le politique peut être défini comme la prise de décisions sans aucune garantie transcendantale. Ainsi, l'hiatus qui existe chez Lévinas permet à Derrida d'affirmer la primauté d'une éthique de l'hospitalité tout en laissant ouverte la sphère du politique comme espace de risque et de danger [103].

L'éthique est ainsi au fondement de l'indécidabilité, tandis que le politique constitue le domaine de la prise de décision(s), où l'on prend le risque de franchir l'hiatus et de traduire cette demande éthique irréalisable de justice messianique en une intervention particulière, laquelle n'est jamais à la hauteur de cette demande, et constitue toujours une injustice envers les autres (ou du moins envers certains autres). Le domaine proprement éthique, la demande spectrale inconditionnelle qui nous rend absolument responsables et ne peut jamais être traduite dans une mesure ou intervention positive, n'est ainsi peut-être pas tant l'arrière-plan ou le cadre formel à priori des décisions politiques, mais bien plutôt la *différance* indéfinie qui leur est inhérente, et qui indique qu'aucune décision déterminée ne peut entièrement « atteindre son but ». Cette unité fragile, temporaire, de l'injonction éthique inconditionnelle et des interventions politiques pragmatiques, on pourrait l'exprimer en paraphrasant la célèbre formule kantienne sur la relation entre la raison et l'expérience : « Si l'éthique sans politique est vide, la politique sans éthique est aveugle.[104] » Aussi élégante que soit cette solution (l'éthique est ici à la fois la condition de possibilité *et* la condition d'impossibilité de la politique : elle ouvre un espace pour la décision politique, qui se donne comme un acte sans garantie dans le grand Autre et simultanément la condamne à faillir en dernière instance), elle doit néanmoins être opposée à l'acte au sens lacanien, dans lequel, précisément, la distance entre l'éthique et le politique s'évanouit.

Examinons, encore une fois, le cas d'Antigone[105]. On peut dire qu'elle est l'exemple même de la fidélité inconditionnelle à l'Altérité de la Chose qui bouleverse tout l'édifice social : du point de vue de l'éthique de la *Sittlichkeit*, des mœurs qui régulent le collectif intersubjectif de la *polis* [cité], son insistance est effectivement « folle », perturbatrice, mauvaise. En d'autres termes, du point de vue de la notion déconstructionniste de la promesse messianique toujours « à venir », Antigone n'est-t-elle pas une figure proto-totalitaire ? Si la tension qui définit les coordonnées de

Le deuil, la mélancolie et l'acte

l'espace éthique est celle qui existe entre l'Autre en tant que Chose, l'altérité abyssale qui nous interpelle par une injonction inconditionnelle, et l'Autre en tant que Tiers, l'instance qui intervient comme médiatrice dans mes rapports avec les autres, c'est-à-dire avec les autres êtres humains « normaux », (sachant que ce Tiers peut être non seulement la figure de l'autorité symbolique, mais aussi l'ensemble « impersonnel » de règles qui régule mes échanges avec les autres), Antigone ne représente-t-elle pas l'attachement exclusif et inconditionnel à l'Autre en tant que Chose, éclipsant ainsi l'Autre en tant que Tiers, l'instance de médiation et de réconciliation symbolique ? Ou, pour le dire en des termes légèrement ironiques : Antigone n'est-elle pas l'anti-Habermas par excellence ? Aucun dialogue, aucune tentative pour convaincre Créon, par une argumentation rationnelle, de la validité des raisons qui sous-tendent ses actes, mais seulement l'affirmation insistante et aveugle de son droit. Si l'on cherche des « arguments », on les trouvera plutôt du côté de Créon (l'enterrement de Polynice susciterait des troubles publics, etc.), tandis qu'Antigone ne fait que répéter cette affirmation tautologique : « Vous pouvez dire ce que vous voulez, cela ne changera rien, je m'en tiens à ma décision ! » Une telle conception est loin d'être une hypothèse fantaisiste : certains de ceux qui voient en Lacan un proto-kantien ont interprété indument sa lecture d'*Antigone* comme une condamnation de l'insistance inconditionnelle de l'héroïne ; celle-ci serait ainsi pour lui l'exemple suicidaire et tragique de la perte de la bonne distance avec la Chose mortelle, de l'immersion directe dans la Chose[106].

Selon cette perspective, l'opposition entre Créon et Antigone est ainsi celle du pragmatisme dépourvu de principes et du totalitarisme : le pouvoir qu'exerce Créon n'est pas totalitaire, au contraire, Créon agit en homme d'État pragmatique, écrasant sans pitié toute activité qui pourrait déstabiliser le bon fonctionnement de l'État ou la paix civile. En allant plus loin, le simple geste de la sublimation n'est-il pas « totalitaire », dans la mesure où il consiste à élever un objet au rang de la Chose ? Dans la sublimation, en effet, quelque chose – un objet qui appartient à notre réalité ordinaire – devient l'objet inconditionnel que le sujet estime plus que la vie elle-même. Or, ce court-circuit entre un objet déterminé et la Chose n'est-il pas la condition minimale du « totalitarisme ontologique » ? Contre ce court-circuit, la leçon éthique que nous donne la déconstruction n'est-elle pas que l'écart séparant la Chose de tout objet déterminé est irréductible ?

Il est tout aussi crucial que l'éthique du « respect de l'altérité » [*alterity*] rassemble les deux grands « ennemis » officiels que sont Derrida et Habermas : le fondement de leurs positions éthiques respectives n'est-il pas fondamentalement identique ? Pour l'un comme pour l'autre, c'est le respect et l'ouverture à une Altérité irréductible qui ne peut être intégrée dans la médiation du sujet à soi, et l'affirmation concomitante d'un écart entre l'éthique et le politique, au sens où une exigence ou norme éthique précède et sous-tend toute intervention politique concrète, et où aucune intervention n'est entièrement à la hauteur de cette exigence. Bien sûr, la forme que prend cette instance éthique est profondément différente chez ces deux auteurs : chez Derrida, elle est l'abime de l'exigence inconditionnelle, que toute traduction dans une norme déterminée ne peut que trahir ; chez Habermas, elle est le système déterminé des règles à priori de la communication libre.

En fait, tout cela signifie simplement qu'il y a une sorte d'identité spéculative hégélienne entre Derrida et Habermas, au sens où ils entretiennent une relation de complémentarité mutuelle : chacun des deux philosophes énonce d'une certaine façon ce que l'autre doit à la fois présupposer *et* dénier afin de pouvoir soutenir sa position. Les critiques habermassiennes de Derrida soulignent avec raison que, en l'absence de règles implicites pour contrôler mon rapport à l'Autre, le « respect de l'Altérité » se détériore inévitablement en affirmation excessive d'une particularité ; la critique derridienne de Habermas montre, elle, qu'en figeant le rapport du sujet à son Autre en un ensemble de règles de communication, on réduit déjà l'altérité [*alterity*] de l'Autre. Cette implication mutuelle constitue la « vérité » du conflit qui oppose Derrida et Habermas, c'est pourquoi il est essentiel de souligner que c'est justement leurs présupposés communs que Lacan rejette : d'un point de vue lacanien, ce « respect pour l'altérité » est dans les deux cas une forme de *résistance à l'acte*, à ce court-circuit « délirant » de l'inconditionnel et du conditionné, de l'éthique et du politique (en termes kantiens, on dirait du nouménal et du phénoménal) qu'« est » l'acte. Dans l'acte, ce n'est pas tant que je « dépasse » ou « assimile » l'Autre, mais plutôt que je « suis », directement, l'Autre ou la Chose impossible.

L'Autre : imaginaire, symbolique et réel

Le problème est ici le suivant : l'« éthique du Réel » de Lacan – éthique qui ne se fonde ni sur un Bien imaginaire ni sur la forme symbolique pure d'un Devoir universel – n'est-elle pas une autre version de l'éthique déconstructionniste et lévinassienne, c'est-à-dire de l'éthique de la rencontre traumatique avec une Altérité radicale envers laquelle le sujet a une dette infinie ? Lacan ne déclare-t-il pas que la « Chose » éthique se réfère en dernière instance au prochain, *der Nebenmensch* ?

La Chose, c'est le prochain dans son irréductible Altérité ; c'est pour cette raison que notre relation au prochain ne peut jamais être réduite à la symétrie de la reconnaissance mutuelle du Sujet et de son Autre, dans laquelle la dialectique hégélienne et chrétienne de la lutte intersubjective trouve sa résolution, les deux pôles accédant à une médiation réussie. Bien que la tentation soit grande de céder sur ce point, c'est *ici* qu'il faut insister sur la manière dont Lacan accomplit le passage de la Loi à l'Amour, c'est-à-dire du judaïsme au christianisme : pour Lacan, l'horizon ultime de l'éthique *n'est pas* une dette infinie envers une Altérité abyssale. L'acte est au contraire pour lui strictement corrélé à la suspension du « grand Autre » – et par « grand Autre », il entend non seulement le réseau symbolique qui forme la « substance » de l'existence du sujet, mais aussi l'absent qui est à l'origine de l'Appel éthique, qui nous interpelle et envers qui nous avons une dette et une responsabilité irréductibles, puisque (pour le formuler dans les termes de Lévinas) notre existence même est « réponse » et que nous ne devenons des sujets qu'en réponse à l'appel de l'Autre. L'acte (éthique) proprement dit n'est précisément *ni* une réponse à la demande de compassion de mon semblable (comme dans le discours habituel de l'humanisme sentimental), *ni* une réponse à l'appel insondable de l'Autre.

Il faut peut-être ici prendre le risque de lire Derrida contre Derrida lui-même. Dans *Politique de l'Amitié*, Derrida tente de dissocier la décision des prédicats métaphysiques qui lui sont généralement attribués (l'autonomie, la conscience, l'activité et la souveraineté) et de la penser comme « la décision de l'autre en moi » : « La décision passive, condition de l'évènement, c'est toujours en moi, structurellement, une autre décision, une décision déchirante comme décision de l'autre. De l'autre absolu en moi, de l'autre comme absolu qui décide de moi en moi.[107] »

Quand Simon Critchley tente de développer les conséquences politiques de cette « décision de l'autre en moi », sa formulation témoigne d'une ambiguïté radicale :

> La décision politique opère *ex nihilo*, elle n'est pas déduite d'une conception de la justice ou de la loi morale préalablement donnée, par exemple chez Habermas, et cependant, elle n'est pas arbitraire. C'est l'exigence que fait naître la décision de l'Autre en moi qui fait appel à une invention politique, qui m'incite à inventer une norme et à prendre une décision [108].

Le deuil, la mélancolie et l'acte

À lire attentivement ces lignes, on s'aperçoit qu'apparaissent tout à coup *deux* niveaux de décision : l'écart ne se situe pas seulement entre l'Appel éthique abyssal de l'Autre et ma décision quant à la manière de traduire cet Appel en une intervention concrète (laquelle est, en dernière instance, toujours inadéquate, pragmatique, calculée, contingente, non fondée), mais c'est la décision elle-même qui est scindée entre « la décision de l'autre en moi » et ma décision d'accomplir une intervention politique pragmatique, qui est une réponse à cette décision de l'autre en moi. En bref, la première décision est identifiée avec l'injonction à décider de la Chose en moi, c'est une *décision de décider* et c'est à moi (ou au sujet) que revient la responsabilité de traduire cette décision de décider en une intervention concrète, effective, d'« inventer une nouvelle règle » dans une situation singulière – et parce que cette intervention doit obéir à des considérations pragmatiques et stratégiques, elle ne peut jamais atteindre le niveau de *la* décision.

Cependant, pour en revenir une nouvelle fois à Antigone, cette distinction entre deux niveaux de décision s'applique-t-elle à son acte ? Est-ce que sa décision – celle d'exiger de façon inconditionnelle des funérailles décentes pour son frère – n'est pas plutôt une décision *absolue* qui fait *coïncider* les deux dimensions de la décision ? C'est *cela*, l'acte lacanien, qui fait coïncider, d'une part, l'abîme de la liberté, de l'autonomie et de la responsabilité absolues et, de l'autre, une nécessité inconditionnelle : je me sens obligé d'accomplir l'acte comme un automate, sans réflexion ; je *dois* le faire, tout simplement, cela n'a rien à voir avec une délibération stratégique. Pour le formuler en termes plus « lacaniens », la « décision en moi » *n'*est *pas* réductible aux vieilles formules structuralistes jargonnantes selon lesquelles « ce n'est pas moi, le sujet, qui parle, c'est le grand Autre, l'ordre symbolique lui-même, qui parle à travers moi, de sorte que je suis parlé par lui », ou autres verbiages, mais elle exprime quelque chose de plus radical, sans précédent : ce qui donne à Antigone cette force morale inébranlable, intransigeante, qui lui permet de s'obstiner dans sa décision, c'est précisément l'identification *directe* de sa décision particulière et déterminée à l'injonction ou appel de l'Autre (de la Chose). C'est en cela que réside la monstruosité d'Antigone, en cela aussi que réside la « folie » kierkegaardienne de la décision évoquée par Derrida : Antigone n'est pas simplement en relation avec l'Autre-Chose, mais – pour un bref instant, celui de la décision – elle *est* elle-même la Chose, s'excluant ainsi de la communauté contrôlée par le jeu des régulations symboliques.

Le thème de l'« autre » doit être soumis à une sorte d'analyse spectrale afin de faire apparaître ses aspects imaginaires, symboliques et réels – c'est peut-être l'exemple par excellence de la notion lacanienne de « nœud borroméen » qui unit ces trois dimensions. Tout d'abord, il y a l'autre imaginaire : les autres personnes « comme moi », mes semblables, avec qui j'entretiens des relations spéculaires, notamment de compétition et de reconnaissance mutuelle. Puis, il y a le « grand Autre » symbolique : la « substance » de notre existence sociale, l'ensemble de règles impersonnelles qui organise notre coexistence. Enfin, il y a l'Autre en tant que Réel, la Chose impossible, le « partenaire inhumain », l'Autre avec lequel aucun dialogue symétrique, par la médiation de l'Ordre symbolique, n'est possible. Il est tout à fait essentiel de s'apercevoir que ces trois dimensions sont étroitement liées les unes aux autres. Le fait que mon prochain [*Nebenmensch*] puisse représenter la Chose signifie que, sous mon semblable, dans lequel je vois se refléter mon image, gît toujours l'abîme insondable de l'Altérité radicale, d'une Chose monstrueuse qui ne peut être « civilisée ». Lacan évoque cette dimension dès son *Séminaire III* :

> Et pourquoi [l'Autre] avec un grand A ? Pour une raison sans doute délirante, comme chaque fois qu'on est forcé d'apporter des signes supplémentaires à ce que donne le langage. Cette raison délirante est ici la suivante. *Tu es ma*

Le deuil, la mélancolie et l'acte

> *femme* – après tout, qu'en savez-vous ? *Tu es mon maître* – en êtes-vous si sûr ? Ce qui fait précisément la valeur fondatrice de ces paroles, c'est que ce qui est visé dans le message, aussi bien que ce qui est manifeste dans la feinte, c'est que l'autre est là en tant qu'Autre absolu. Absolu, c'est-à-dire qu'il est reconnu, mais qu'il n'est pas connu. De même, ce qui constitue la feinte, c'est que vous ne saviez pas en fin de compte si c'est une feinte ou non. C'est essentiellement cette inconnue dans l'altérité de l'Autre qui caractérise le rapport de la parole au niveau où elle est parlée à l'autre [109].

La notion, élaborée par Lacan au début des années cinquante, de « mot fondateur », selon laquelle c'est une affirmation qui nous confère un titre symbolique et fait ainsi de nous ce que nous sommes (comme une épouse ou un maître), est généralement interprétée comme un écho de la théorie du performatif (c'est Émile Benveniste qui fait le lien entre Lacan et Austin, l'auteur de la notion de performatif). La citation ci-dessus montre cependant clairement que Lacan visait quelque chose de plus : nous n'avons besoin de recourir à la performativité, à l'engagement symbolique, que dans la mesure où l'autre que nous rencontrons n'est pas seulement notre semblable imaginaire, mais aussi l'Autre absolu et insaisissable de la Chose Réelle, avec lequel aucun échange n'est possible. Afin de rendre notre coexistence avec la Chose un tant soit peu supportable, l'intervention de l'ordre symbolique en tant que Tiers et médiateur pacifique est nécessaire : la « civilisation » de l'Autre-Chose, sa transformation en un « compagnon humain normal » ne peut être réalisée directement à travers nos interactions ; elle présuppose une instance tierce à laquelle nous nous soumettons tous deux : sans l'ordre symbolique impersonnel, il ne peut y avoir d'intersubjectivité (c'est-à-dire de relations symétriques, partagées entre êtres humains).

Aucune relation ne peut donc subsister entre deux des termes en l'absence du troisième : si le fonctionnement du grand Autre est suspendu, mon prochain en vient à coïncider avec la Chose monstrueuse (Antigone) ; s'il n'y a pas de prochain avec qui je peux entrer en relation et dont je peux faire un partenaire humain, l'Ordre symbolique lui-même se transforme en Chose monstrueuse qui vient directement me parasiter (comme le Dieu du Président Schreber, qui le contrôle directement en le pénétrant de rayons de jouissance) : s'il n'y a pas de Chose pour étayer nos échanges quotidiens avec les autres, régis par l'ordre symbolique, nous nous retrouvons dans un univers habermassien aseptisé, « sans relief », dans lequel les sujets, privés de toute *hubris*, de toute passion démesurée, sont réduits à des pions inanimés pris dans le jeu réglé de la communication. Antigone-Schreber-Habermas, voilà un curieux *ménage à trois*.

L'acte éthique : au-delà du principe de réalité

L'antinomie de la raison postmoderne, qui démontre la différence entre la réalité et le Réel, est inhérente aux deux lieux communs idéologiques apparemment opposés qui prédominent aujourd'hui. Il y a, d'un côté, l'idéologie du « réalisme », dont le discours est le suivant : nous vivons à l'ère de la fin des grands projets idéologiques, soyons réalistes, abandonnons les illusions utopiques et immatures – le rêve de l'État providence est dépassé, il faut accepter la mondialisation… C'est ce « réalisme » postmoderne qu'affirme François Furet, en intitulant son histoire du communisme *Le Passé d'une illusion*, titre qui inverse celui de l'essai de Freud, *L'Avenir d'une illusion* : la force de l'« illusion » ne subsistera pas longtemps à l'avenir ; l'illusion n'est pas quelque chose qui, par définition, a un futur, mais elle relève au contraire du passé, son temps est passé. Cette référence à la « réalité » fonctionne comme un dogme qui rend inutile tout recours à une argumentation. D'un autre côté, la contrepartie de ce réalisme est l'idée qu'il n'y a pas de « véritable » réalité, que le Réel est le mythe ou l'illusion métaphysique ultime – ce que nous percevons comme la « réalité » n'étant que le produit d'un ensemble historique de pratiques discursives et de mécanismes de pouvoir. Ici, la critique idéologique des illusions au nom de la réalité est universalisée et renversée en son contraire : c'est la réalité elle-même qui est l'illusion ultime, irréductible.

Ce paradoxe nous éclaire sur l'opposition entre la réalité et le Réel : privée du noyau dur du Réel, de ce qui *résiste* à l'intégration dans notre réalité commune (donc à la symbolisation, à l'intégration dans notre univers), la réalité elle-même se transforme en une matière malléable, indéfiniment plastique qui, précisément, perd son caractère de « réalité » et se transforme en effet fantasmatique de pratiques discursives. L'envers de ce même paradoxe est que l'expérience du Réel n'est, en dernière instance, pas celle d'une « réalité » qui dissiperait les illusions, mais celle d'une « illusion » qui persiste de façon « irrationnelle » malgré la pression de la réalité, qui ne cède pas à la « réalité ». « Une autre réalité s'est brisée sur le roc de l'illusion », disait la plaisanterie amère des réformistes de la RDA, après la répression stalinienne des grandes réformes économiques libérales entreprises au début des années soixante-dix. Cette formule, qui opère un renversement de la sagesse commune, traduit parfaitement la persistance du Réel dans l'« illusion » elle-même. Et la thèse qu'expose Freud dans *L'avenir d'une illusion* est justement que l'illusion a un avenir non pas parce que les gens ne pourront jamais accepter la dure réalité et ont besoin de rêves fallacieux, mais parce que les « illusions » sont entretenues par la persistance inconditionnelle d'une pulsion bien plus réelle que la réalité elle-même.

Il est maintenant possible de situer avec précision l'acte éthique – ou, plutôt, l'acte *en tant que tel* – par rapport au règne du « principe de réalité » : un acte éthique n'est pas seulement « au-delà du principe de réalité » (au sens où il irait « contre le courant », et insisterait sur sa Cause Chose sans égard pour la réalité), il consiste plutôt en une intervention qui *change les données mêmes sur lesquelles s'appuie le « principe de réalité »*. Le « principe de réalité » freudien ne désigne pas le Réel mais les limites de ce qui est vécu comme « possible » au sein de l'espace social symboliquement construit, c'est-à-dire des exigences de la réalité sociale. Un acte n'est ainsi pas seulement un geste qui « fait l'impossible », mais une intervention dans la réalité sociale qui bouleverse ce qui est perçu comme « possible » ; il n'est pas simplement « au-delà du Bien », il redéfinit ce qui vaut comme « Bien ».

Prenons l'exemple classique de la désobéissance civile (qui est illustré notamment par Antigone) : il n'est pas suffisant de dire que je décide de désobéir à la loi positive commune au nom du respect pour une loi plus fondamentale et qu'il s'agit simplement d'un conflit entre différentes obligations qui se résout quand le sujet détermine explicitement ses priorités et établit une hiérarchie claire entre ces obligations contradictoires (« En principe j'obéis à la loi publique, mais quand elle empiète sur le respect dû aux morts… »). Le geste de désobéissance civile d'Antigone est bien plus radicalement « performatif » : par son insistance à donner à son frère mort des funérailles décentes, elle brave la représentation dominante du « Bien ».

Un acte est ainsi une intervention qui va à l'encontre de l'opinion dominante ; en bons vieux termes platoniciens, on dirait qu'il affirme la Vérité contre la simple *doxa*. Cependant, l'écart qui nous sépare ici de Platon, et qui consiste en ce que la dimension de la subjectivité est absente chez lui, devient palpable : pour le dire en des termes modernes (et inappropriés), chez Platon, les opinions sont « simplement subjectives », tandis que la vérité est « objective », et traduit l'état des choses tel qu'il est effectivement. Dans l'espace de la subjectivité moderne, cependant, la relation est inversée : la *doxa* est « objective », elle exprime la façon dont les choses « sont réellement » – ainsi, les sondages d'opinion nous disent ce que les gens pensent, tandis que l'acte intervient dans cet état de choses en faisant un pari subjectif.

Imaginons une situation dans laquelle il faudrait prendre une mesure radicale qui, d'après les sondages, pourrait sembler « impopulaire ». L'erreur des sondages consiste en ce qu'*ils oublient de prendre en compte l'effet sur l'opinion du geste « impopulaire » lui-même* : *après* que ce geste est accompli, l'opinion n'est plus la même qu'*auparavant*. C'est ce qu'illustre l'exemple négatif de la candidature d'Edward Kennedy à la présidence des États-Unis : avant qu'il ne l'ait formellement annoncée, il était donné gagnant par tous les sondages, mais lorsqu'il a déclaré qu'il était candidat et que les électeurs du moment ont été contraints de prendre en compte le *fait réel* de sa candidature, le soutien dont il bénéficiait a rapidement disparu. On pourrait aussi imaginer l'exemple d'un dirigeant populaire charismatique qui ferait du chantage à son parti : si vous ne soutenez pas ma politique, je vous lâche, or les sondages montrent que si je vous lâche, vous perdrez la moitié des votes… Ici, l'acte serait *précisément* de prendre le dirigeant au mot et de l'inviter à démissionner ; un tel geste pourrait changer radicalement l'image publique de ce parti : alors que tous n'y voyaient qu'une bande de politiciens prêts à tous les compromis et tenus en laisse par leur dirigeant, le parti pourrait alors apparaître comme un mouvement politique cohérent et attaché à ses principes, et cela pourrait donc avoir pour effet de renverser l'opinion publique elle-même.

Les jugements des gens, leurs opinions, sont toujours réflexifs ; ce sont toujours des opinions à propos d'opinions : lorsque les gens s'opposent à un choix, c'est parce qu'ils ne le croient pas possible ou réalisable – mais l'acte change les paramètres mêmes du possible. Ainsi, l'arrestation du Général Pinochet au Royaume-Uni a profondément modifié son statut symbolique : alors qu'il était une éminence grise intouchable et toute-puissante, il fut soudain humilié, réduit à un vieil homme qui, comme n'importe quel autre criminel, peut subir un interrogatoire, doit invoquer sa mauvaise santé, etc. Au Chili même, les effets libérateurs de cette mutation furent exceptionnels : la peur de Pinochet dissipée, les sujets tabous de la torture et des disparitions devinrent le pain quotidien des médias, les gens ne se contentèrent plus de murmurer, mais se mirent à parler ouvertement de lui intenter un procès au Chili ; les jeunes officiers de l'armée eux-mêmes commencèrent à prendre leurs distances avec cet héritage.

Ce qui nous ramène à Kant. L'erreur d'interprétation habituelle de l'éthique kantienne consiste à penser qu'elle établit comme seul critère du caractère éthique d'un acte l'intériorité pure d'une intention subjective, comme si la différence entre un acte éthique véritable et un simple acte légal ne tenait qu'à l'attitude intérieure du sujet : dans un acte légal, je me conforme à la loi sur la base de considérations pathologiques (crainte du châtiment, satisfaction narcissique ou encore admiration des pairs), tandis que *le même acte* peut être un acte moral proprement dit, mais seulement si je le réalise par pur respect du devoir, c'est-à-dire seulement si le devoir est mon unique mobile pour l'accomplir. En ce sens, un acte éthique proprement dit est doublement formel : il n'obéit pas seulement à la forme universelle de la loi, mais cette forme universelle est également son unique mobile. Et si, cependant, ce nouveau « contenu » lui-même ne pouvait apparaître qu'à partir de ce redoublement de la forme ? Et si un contenu véritablement nouveau, qui rompt le cadre du formalisme (des normes légales formelles), ne pouvait apparaître que par la réflexion en soi de la forme ? Ou pour le formuler dans les termes de la loi et de sa transgression : l'acte éthique proprement dit est une *transgression* des normes légales, une transgression qui, au contraire d'une simple violation criminelle, ne porte pas simplement atteinte aux normes légales, mais redéfinit ce qu'*est* une norme légale. La loi morale ne se conforme pas au Bien, elle engendre une nouvelle forme de ce qui vaut comme « Bien »[110]. L'acte n'est donc pas « abyssal », au sens où il serait un geste irrationnel échappant à tout critère rationnel ; il peut et doit être jugé selon des critères rationnels universels, mais il a pour effet de changer (ou recréer) le critère même par lequel il doit être jugé – il n'y a pas de critère rationnel universel *antérieur* à « appliquer » lorsqu'on accomplit un acte.

Le deuil, la mélancolie et l'acte

Ici s'élève la question naïve : *pourquoi* en est-il ainsi ? C'est là effectivement le problème essentiel. *Pourquoi* n'est-il pas possible qu'un acte éthique mette simplement en œuvre une norme éthique déjà existante, de sorte que le sujet l'accomplirait uniquement par devoir ? Prenons le problème par l'autre bout : comment apparait une nouvelle norme éthique ? L'interaction entre le cadre des normes existant et le contenu empirique auquel ces normes sont appliquées ne suffit pas à en rendre compte : il *ne* s'agit *pas* simplement du cas où, la situation étant devenue trop complexe ou ayant changé radicalement, les anciennes normes ne peuvent plus lui être appliquées, et il devient nécessaire d'inventer de nouvelles normes (comme dans le cas du clonage ou des transplantations d'organes, cas où l'application directe des anciennes normes conduit à une impasse). Une condition supplémentaire doit être remplie : tandis qu'un acte qui se contente d'appliquer une norme existante peut être simplement légal, le geste par lequel on redéfinit ce qui a valeur de norme éthique ne peut être un simple geste légal : il doit être un geste formel au double sens du terme évoqué plus haut, c'est-à-dire qu'il doit également être accompli au nom du devoir. À nouveau, on me demandera pourquoi il en est ainsi. Pourquoi cet acte ne peut-il consister en une adaptation des normes à une « nouvelle réalité » ?

Quand nous changeons les normes légales afin de les adapter aux « nouvelles exigences de la réalité » (par exemple, quand les catholiques « de gauche » font « par réalisme » une « concession partielle aux mœurs du temps » et autorisent la contraception, mais dans le cadre d'une relation conjugale), nous privons à priori la loi de sa dignité, dans la mesure où nous traitons les normes légales de façon utilitariste, comme des instruments qui nous permettent de justifier la satisfaction de nos intérêts « pathologiques » (c'est-à-dire de notre bien-être). Cela signifie en fait que le strict formalisme légal (il faut adhérer de manière inconditionnelle et en toutes circonstances à la lettre de la loi, quel qu'en soit le cout) et l'opportunisme utilitariste (les normes légales sont flexibles, il faut les plier aux exigences de la vie, elles ne sont pas une fin en soi, mais doivent être utiles aux personnes existantes, concrètes, et servir leurs besoins) sont les deux faces d'une même pièce et partagent un présupposé commun : *tous deux excluent l'idée que la transgression de la norme puisse être un acte éthique, accompli par devoir*. Cela signifie en outre que le Mal radical est, à son niveau le plus extrême, non une violation barbare de la norme, mais une obéissance à la norme qui repose sur des raisons « pathologiques » : il y a bien pire que de transgresser la loi, c'est de « faire ce qu'il faut pour une mauvaise raison », d'obéir à la loi parce qu'on en tire bénéfice. En effet, la transgression directe ne fait que violer la loi et laisse sa dignité intacte (tout en la réaffirmant même de façon négative), tandis que « faire ce qu'il faut pour la mauvaise raison », c'est saper *de l'intérieur* la dignité de la loi, en ne la traitant pas comme quelque chose qui doit être respecté, en la dégradant au rang d'instrument au service de nos intérêts « pathologiques » ; il ne s'agit donc plus simplement d'une transgression extérieure de la loi, mais de son autodestruction, de son suicide.

En d'autres termes, la hiérarchie kantienne traditionnelle des formes du Mal doit être *inversée* : le pire qui puisse arriver est la légalité extérieure, la conformité à la loi qui repose sur des raisons pathologiques ; vient ensuite la simple violation de la loi, sa non-observation ; enfin, il y a l'exact opposé de « faire ce qu'il faut (éthiquement) pour de mauvaises raisons (pathologiques) », qui est de « faire « ce qu'il ne faut pas » pour de bonnes raisons », c'est-à-dire la violation de normes éthiques non pas pour des raisons « pathologiques », mais seulement « pour elle-même » (ce que Kant nomme le « Mal diabolique », tout en niant qu'il puisse exister) – un tel Mal ne se distingue pas, d'un point de vue formel, du Bien.

Non seulement un acte éthique, en plus d'être accompli par devoir, a *aussi* des effets réels et intervient *aussi* dans la réalité, mais il faut surtout bien voir qu'il fait *plus* qu'intervenir dans la réalité, et avoir des « conséquences effectives » : il *redéfinit* ce qui a valeur de réalité. Dans un acte moral proprement dit, l'intérieur et l'extérieur, l'intention intérieure et les conséquences extérieures coïncident ; ce sont les deux faces d'une même pièce. Soit dit en passant, il en va de même pour la science : la science « atteint le Réel » quand elle ne se contente pas d'expliquer la réalité commune – comme elle le fait quand elle nous dit que l'eau est en réalité H_2O –, mais engendre de nouveaux objets qui participent de notre réalité tout en en bouleversant le cadre : la bombe atomique, les clones, comme l'infortunée brebis Dolly. Lorsqu'on explique que l'eau est un composé d'H et d'O, notre réalité reste la même qu'avant cette explication – cela ne fait que la redoubler d'un autre niveau (de formules, etc.) qui nous apprend ce que la réalité ordinaire « est en réalité ». La monstruosité du Réel devient palpable quand, par la médiation du savoir scientifique, de nouveaux objets « artificiels » pénètrent dans notre réalité quotidienne.

Défense du créationnisme matérialiste

Deux objections semblent s'imposer à propos de cette notion d'acte. Tout d'abord, celle-ci n'implique-t-elle pas l'intervention, au sein du domaine de la réalité phénoménale, de ce qu'on ne peut désigner autrement que par l'expression kantienne de liberté nouménale, d'une liberté qui rompt la chaine causale de la réalité phénoménale ? D'autre part, pour prendre le cas de l'acte d'Antigone, comment celle-ci peut-elle être sûre que son insistance (particulière, contingente) à obtenir des funérailles décentes pour son frère n'est pas un simple caprice de sa part, mais coïncide effectivement avec l'insistance de l'Autre Chose ? Ces deux objections sont manifestement deux aspects d'une même critique, qui porte sur le court-circuit illégitime établi entre le phénoménal et le nouménal : entre la décision contingente du sujet et l'appel inconditionnel de l'Autre ; entre notre intervention phénoménale ou empirique dans le monde et l'acte nouménal de liberté. En d'autres termes, nous avons d'une part des actes qui ne sont que des gestes empiriques contingents, et puis, de temps en temps, des Actes miraculeux se produisent, qui annoncent une nouvelle dimension.

On répondra donc à ces deux objections par un renversement symétrique, ou plutôt par un déplacement de la perspective adoptée : toutes deux présupposent un donné (notre réalité empirique, phénoménale ; l'appel inconditionnel de l'Autre-Chose) et posent ensuite la question de savoir comment on peut être certain d'y échapper – ou d'être en relation avec lui. Or c'est justement cette présupposition qui doit être abandonnée : nous ne devons pas demander : « Comment pouvons-nous nous échapper à la réalité ordinaire ? », mais plutôt : « Cette réalité ordinaire existe-t-elle vraiment ? » De même, la question n'est pas « Comment pouvons-nous être sûrs d'avoir accès à l'Autre Chose nouménale ? », mais plutôt « Cet Autre Chose existe-t-il vraiment là, dehors, à nous bombarder de commandements ? » Ce qui est « naïf », ce n'est pas de croire que l'on peut s'échapper de la réalité ordinaire, c'est bien plutôt de présupposer l'existence de cette réalité, d'en faire un donné, un être autosuffisant.

De même, à propos de la relation entre nécessité et liberté, la « naïveté » ne consiste pas à penser que les sujets humains peuvent miraculeusement briser la chaine causale de la réalité et accomplir un acte libre, elle consiste bien plutôt à présupposer l'existence d'une chaine causale nécessaire. Et s'il *n'y avait pas de « réalité »* au sens d'un cosmos ontologiquement achevé ? L'erreur de ceux qui identifient la liberté avec la méconnaissance (c'est-à-dire qui affirment que nous ne faisons l'expérience d'« agir librement » que quand nous ignorons la causalité qui détermine nos actes) consiste en effet en ce qu'ils (ré)introduisent furtivement l'idée « cosmologique » classique, prémoderne, de réalité comme ordre positif de l'Être. Par conséquent, la seule façon de rendre effectivement compte du statut de la liberté est d'affirmer *l'incomplétude ontologique de la « réalité » elle-même* : il n'y a de « réalité » que dans la mesure où il y a une brèche ou une fissure ontologique en son cœur même. Seule cette brèche peut expliquer le « fait » mystérieux de la liberté transcendantale, de la subjectivité « se posant elle-même », laquelle est réellement « spontanée », et ne nous apparait pas telle simplement parce que nous méconnaissons quelque processus causal « objectif », aussi complexe et chaotique soit-il.

À l'inverse, l'Autre Chose n'est rien d'autre que la réalisation, la représentation « réifiée » de l'abime de la liberté : la Chose, c'est finalement l'acte de liberté lui-même, cet abime terrifiant. Bien sûr, les partisans de l'injonction de l'Autre Chose rétorqueraient ici que la Chose est précisément au-delà de la représentation, qu'elle est une Altérité radicale par rapport au domaine des représentations. Mais, en disant cela, ils ont déjà accompli le renversement de la limite de la représentation en représentation de la limite : le point où la représentation de la liberté échoue est encore représenté sous la forme d'une Chose terrifiante, au-delà de la représentation…

Répétons-le, dans l'acte, dans ce moment de folie, le sujet suppose la non-existence de l'Autre-Chose, et porte seul le fardeau de la liberté, sourd à tout appel de l'Autre. L'Acte implique l'acceptation de cette double impossibilité ou limite : bien que notre univers empirique soit incomplet, cela ne signifie pas qu'*une autre* réalité « véritable » le sous-tend. Bien que nous ne puissions pleinement nous intégrer à notre réalité, il n'y a pas d'Autre Endroit où nous serions « vraiment chez nous ». Ainsi l'acte d'Antigone, son insistance à donner des funérailles décentes à son frère, n'est non seulement fondé sur aucune volonté mystérieuse du grand Autre, mais est en un sens bien plus « tumultueux » qu'un simple caprice : le caprice présuppose en effet un monde réel envers lequel le sujet se conduit de façon capricieuse, tandis que l'acte d'Antigone la situe pour ainsi dire dans l'*ex nihilo* des interstices de la réalité, puisqu'il suspend momentanément les règles définissant la réalité (sociale).

La prise de parti de Lacan en faveur du créationnisme contre l'évolutionnisme est plus que jamais d'actualité aujourd'hui. Précisons qu'elle n'a bien sûr rien à voir avec le combat délirant mené par la majorité morale contre le darwinisme, au nom d'un créationnisme biologique pseudo-scientifique. Le véritable problème est ailleurs : en dépit de leurs différences théoriques irréconciliables, qu'y a-t-il de commun entre les diverses explications évolutionnistes de « l'apparition de l'homme » qui se partagent aujourd'hui la faveur du public, des analyses néodarwinistes (à la Dawkins ou Dennett) aux descriptions phénoménologiques de l'auto-affection primordiale, source de la subjectivité, en passant par l'idée *New Age* d'une évolution cosmique qui culminerait dans l'humanité (le « principe anthropique fort ») ? Toutes *oblitèrent la dimension de l'Acte proprement dit* : pour elles, rien de Nouveau ne peut arriver, aucun Évènement ne peut avoir lieu, tout ce qui est n'est que la conséquence de circonstances qui étaient déjà là, et il n'est pas de faille dans l'univers qui ne puisse être comblée…

Contre cette clôture ontologique, Lacan défend l'idée que l'Ordre de l'Être ne prédétermine pas tout : de temps à autre, quelque chose d'authentiquement nouveau peut apparaitre *ex nihilo*, de nulle part (ou, plus exactement, des failles de l'édifice de l'univers). Le problème du « chainon manquant » est ainsi, selon lui, fallacieux : la faille qu'il est censé remplir est la faille même de la négativité, qui seule rend possibles les Actes authentiques. On retrouve ce faux problème du « chainon manquant » dans la critique selon laquelle l'explication lacanienne de l'apparition de la subjectivité serait incomplète, parce qu'elle ne rendrait pas compte de la dimension essentielle de la subjectivité qu'est la reconnaissance primordiale par le sujet de la connaissance de soi, qui ne peut être déduite du processus de manque ou de faille symbolique. En « ajoutant » à Lacan la révélation primordiale du sujet à lui-même, ses critiques lui enlèvent en fait quelque chose : ils effacent précisément la dimension de la négativité par laquelle, venu de « nulle part », le Nouveau peut apparaître.

Aussi paradoxal que cela puisse paraître, l'idée de création *ex nihilo* est radicalement matérialiste. Lorsqu'on dit que Dieu a créé le monde *ex nihilo*, et qu'il ne s'est pas contenté de le former à partir d'un chaos préexistant, il n'y a pas là à proprement parler création *ex nihilo*, puisque Dieu *est déjà là*. L'expression *ex nihilo* désigne en fait exactement l'opposé : l'émergence miraculeuse de quelque chose (d'un ordre signifiant) à partir de rien, du chaos antérieur. C'est ce qu'illustre la célèbre anecdote hitchcockienne sur la scène qu'il n'a jamais tournée :

> Je voulais filmer un long dialogue entre Cary Grant et un contremaître [dans une usine de construction automobile] : ils marcheraient le long d'une chaine de montage, tandis que derrière eux, une voiture serait assemblée, pièce par pièce. Finalement, la voiture qu'ils ont vu monter du premier au dernier boulon est prête à partir : on a même fait le plein d'huile et le plein d'essence. Les deux hommes se regardent et disent : « C'est tout de même formidable, hein ! » Ils ouvrent alors la portière de la voiture et un cadavre en tombe [111].

C'est *cela* la création *ex nihilo* : le corps, cet objet en plus, surgit « de nulle part ». Ce qui émerge *ex nihilo*, ce sont les apparences « immatérielles » pures (dont la première formulation philosophique est la théorie stoïcienne des évènements immatériels, les *phantasmata*), qui ne cachent rien, qui ne sont *rien d'autre que* les masques du Vide.

C'est en ce sens précis qu'un acte est une intervention *ex nihilo*. Il y a quelque chose d'inattendu dans l'interprétation lacanienne d'Antigone, quelque chose qui passe généralement inaperçu parce qu'il ne s'agit pas d'un trait positif mais d'une absence : dans cette interprétation psychanalytique, il n'y a absolument pas trace de ce qu'on attendrait d'un « freudien », nulle part on n'y trouve d'examen approfondi des traumas d'Antigone, de ses fixations, désirs ou conflits inconscients, qui

« expliqueraient » son insistance « irrationnelle » à exiger des funérailles décentes pour son frère. Bien qu'elle soit la fille d'Œdipe lui-même, on ne trouve aucun « complexe d'Œdipe » dans l'interprétation lacanienne ! Lacan la prend non pas au mot mais à l'acte, et considère ce dernier en tant que tel, comme un acte éthique « autonome » qui *ne* doit absolument *pas* être lu comme un symptôme, comme un passage à l'acte hystérique[112].

Le Pape contre le Dalaï-lama

Revenons à une question plus terre à terre : quelles sont aujourd'hui les « conséquences pratiques » de cette posture ? Alors que j'achevais la version définitive du manuscrit d'un de mes premiers livres en anglais, l'éditeur exigea que toutes les références bibliographiques se présentent sous la forme abominable qui prévaut dans les manuels de l'Université de Chicago : on ne cite dans le corps du texte que le nom propre de l'auteur, l'année de publication et la page, la référence complète étant fournie, par ordre alphabétique, à la fin de l'ouvrage. Pour me venger de l'éditeur, je fis la même chose avec les citations de la Bible : dans la bibliographie finale, il y avait une entrée « Christ, Jésus (33) : *Dits et Pensées*, édités par Marc, Matthieu, Luc et Jean, Jérusalem », puis, dans le corps du texte, on trouvait des remarques du type « (sur cette notion de mal, voir également les éclairantes remarques de Christ 33) ». L'éditeur s'y opposa, affirmant que c'était là un blasphème de mauvais goût ; malgré mes explications, il refusa d'entendre qu'une telle pratique était profondément chrétienne, puisqu'elle traitait le Christ – donc Dieu lui-même – comme un être pleinement humain, comme tout autre être humain (en l'occurrence, comme tout autre auteur), de même qu'il avait été crucifié entre deux brigands ordinaires. Ce passage du tragique au burlesque est au cœur de l'entreprise chrétienne : le Christ *n*'est *pas* une figure de Maître héroïque et grave[113].

C'est pourquoi tout bon chrétien n'a non seulement pas

à être offensé, mais devrait s'autoriser à rire innocemment des parodies comme *The Politically Correct Guide to the Bible* [*Le Guide du politiquement correct appliqué à la Bible*]114 d'Edward Moser. Le seul défaut de ce petit livre hilarant est qu'il repose un peu trop sur un seul procédé, qui consiste à commencer une phrase avec une citation de la Bible, citation célèbre et vénérable, puis de la nuancer par une réserve typiquement contemporaine (suivant en cela le modèle du célèbre trait de Marx qui vise la manière dont les droits de l'homme, garantis par la révolution française, sont mis en œuvre dans le cadre du libre-échange : « Liberté, Égalité et Bentham »). En voici quelques passages : « Quand je marche dans la vallée de l'ombre de la mort, je ne crains aucun mal, car « mal » et « bien » ne sont que de simples constructions qui reposent sur une logique binaire d'exclusion.115 », ou encore : « Et ils commencèrent à parler dans toutes les langues, et chacun les entendait dans la sienne propre, grâce aux programmes éducatifs bilingues. » Moser propose ainsi de reformuler les Dix Commandements, devenus les « Dix Recommandations ». Il suffit d'en citer deux: « Tu n'oublieras pas le jour du Sabbat, afin d'avoir fait tes courses avant ce jour. », « Tu ne prononceras pas le nom de Dieu en vain, mais avec goût, en particulier si tu es chanteur de rap. »

Le problème est que la satire est ici bien proche de la réalité : ne procédons-nous pas en ce moment à une semblable réécriture du Décalogue ? Un commandement est-il trop rigoureux ? Retournons sur le Mont Sinaï et réécrivons-le ! « Tu ne commettras pas l'adultère – sauf si tu éprouves une émotion sincère et que cela te permet de te réaliser… » Ainsi Donald Spoto, dans *Un inconnu nommé Jésus*, propose-t-il une interprétation « libérale » du christianisme teintée de *New Age*, et dit au sujet du divorce :

> Jésus condamne clairement le divorce et le remariage. […] Mais Jésus n'est pas allé au-delà et n'a pas dit que les mariages *ne peuvent pas* être rompus […]. À aucun moment il n'enchaine à jamais une personne aux conséquences de

> ses péchés. Sa conduite visait à libérer, non à légiférer. […]
> Il est évident que, de fait, certains mariages sont rompus, que des engagements sont abandonnés, des promesses sont violées et des amours trahis [116].

Aussi sympathiques et « libérales » que soient ces lignes, elles reposent sur une confusion entre les aléas émotionnels et l'engagement symbolique inconditionnel supposé se maintenir alors même qu'il n'est plus soutenu par des émotions directes : « Tu ne divorceras pas – sauf quand ton mariage se brisera « de fait », quand il sera vécu comme un fardeau émotionnel insupportable, comme une source de frustration. » – bref, « tu ne divorceras pas », sauf au moment où l'interdiction de divorcer retrouverait tout son sens (car qui divorcerait au moment où son mariage est encore florissant ?) ! Ce qui disparait dans cette façon de réécrire à volonté le passé, ce ne sont pas tant les « faits bruts », mais le Réel de la rencontre traumatique, qui joue un rôle structurant dans l'économie psychique du sujet et résiste à toute réécriture symbolique.

La figure de Jean Paul II est ici emblématique. Même ceux qui respectent sa position morale lui reprochent néanmoins d'être désespérément vieux jeu, voire médiéval, dans son attachement aux anciens dogmes, dans son refus de prendre en compte les exigences contemporaines : comment peut-on aujourd'hui ne tenir aucun compte de la contraception, du divorce, de l'avortement ? N'y a-t-il pas là un véritable refus de se confronter à la réalité ? Comment le Pape peut-il refuser le droit d'avorter même à une religieuse tombée enceinte à la suite d'un viol (comme il le fit pendant la guerre en Bosnie) ? N'est-il pas évident que, même quand on est en principe contre l'avortement, il faut dans un cas aussi extrême assouplir le principe et consentir à un compromis ? Le Dalaï-lama est bien plus adapté à notre époque postmoderne et à sa permissivité : il nous propose un vague spiritualisme réconfortant, qui n'implique aucune obligation *spécifique*. Quiconque, même la star la plus décadente, peut ainsi le suivre, tout en continuant à mener une vie dissolue et à courir après l'argent... Le Pape, lui, nous rappelle qu'il y *a* un prix à payer pour une attitude véritablement éthique – ainsi c'est précisément son obstination à s'accrocher aux « vieilles valeurs », son refus de prendre en compte les exigences « réalistes » de notre époque, même quand « l'évidence » est contre lui (comme dans le cas de la religieuse violée), qui font de lui une figure authentiquement éthique.

John Woo critique de Lévinas, ou le visage comme fétiche

En guise de conclusion, nous tenterons de mettre en évidence l'incompatibilité entre Lacan et Lévinas à travers une analyse du film de John Woo, *Volte Face* (1997). Dans ce film, les deux protagonistes, l'agent antiterroriste (joué par John Travolta) et le terroriste sadique et joueur (incarné par Nicolas Cage), sont engagés dans un jeu mortel. Alors que Cage est dans le coma et qu'il est donné pour mort, la police apprend qu'il a posé une bombe asphyxiante extrêmement puissante quelque part dans Los Angeles.

La seule façon de savoir où est la bombe et d'empêcher la catastrophe consiste ainsi à tenter de gagner la confiance du jeune frère handicapé de Cage. La police a donc l'idée d'utiliser les dernières avancées de la chirurgie pour retirer la peau du visage de Cage et de Travolta : celle de Travolta sera conservée dans un liquide spécial, tandis qu'on lui greffera celle de Cage ; avec le visage de Cage, Travolta sera en mesure de gagner la confiance du frère de Cage, afin de lui soutirer des informations et d'empêcher la catastrophe. Malheureusement, juste après l'opération, Cage sort inopinément de son coma, et se regardant dans le miroir, voit la chair à vif de son visage, ainsi que la peau du visage de Travolta dans le liquide. Devinant ce qui s'est passé, il contacte sa bande, qui occupe l'hôpital et contraint les médecins à lui greffer le visage de Travolta, puis tue tous ceux qui ont participé à l'opération et détruit tous les documents qui en traitent, de sorte que plus personne n'a connaissance de l'échange. Cage, le méchant par excellence, est à présent libre de retourner à une vie sociale « normale » sous les traits de Travolta, le justicier, tandis que ce dernier est condamné à rester dans la prison de haute sécurité, puisque tous le prennent désormais pour Cage. Tandis que Cage, portant le visage de Travolta, le remplace dans son travail et jusque dans sa vie de famille (y compris donc dans le lit de sa femme), Travolta parvient à s'échapper et prend la tête de la bande de Cage – ainsi, chacun se trouve occuper le rôle social de l'autre.

Nous sommes ici dans le domaine du *fantasme réalisé*. La vieille expression « perdre la face », qui désigne habituellement une situation de honte morale et d'humiliation, prend ici un sens littéral : la peau de notre visage devient littéralement le visage que nous portons ; elle devient un masque qu'il est possible d'échanger, de remplacer par un autre. Ce qui disparait ici, c'est précisément l'idée de la surface de peau qui couvre notre corps : nous portons des masques qui peuvent être remplacés, et derrière ces masques artificiels, remplaçables, on ne trouve pas la peau de notre corps, mais la terrifiante chair à vif, les muscles et le sang. « Je » ne suis plus le visage que tous peuvent voir : mon visage est un masque qu'on peut enlever. Une brèche ontologique s'ouvre ainsi, sur laquelle David Lynch a souvent joué : la réalité ordinaire dont nous sommes familiers se dissout dans le Réel proto-ontologique de la chair à vif et du masque interchangeable, comme dans le restaurant du film de Terry Giliam, *Brazil*, où les assiettes, pleines d'une bouillie informe et visqueuse, sont ornées d'une jolie photo encadrée du plat commandé.

À première vue, le duel entre Travolta et Cage est l'illustration parfaite de ce que Lacan a nommé la relation en miroir : dans la lutte à mort avec mon double-reflet, chaque coup que je donne est un coup que je reçois et, inversement, ce qui me fait souffrir fait souffrir mon ennemi – rien d'étonnant donc à ce qu'on voie à plusieurs reprises

Le deuil, la mélancolie et l'acte

l'un des deux personnages principaux confronté à son reflet dans le miroir et incapable de le supporter, puisque ce qu'il voit est l'image de son pire ennemi. Le procédé est porté à son comble dans la confrontation finale, lors de laquelle Travolta et Cage se trouvent de chaque côté d'une fine cloison dont les parois sont recouvertes d'un miroir : lorsqu'ils dégainent leur pistolet et se tournent vers le miroir, où se reflète leur visage, ils voient donc le vrai visage de leur ennemi, de l'autre côté du miroir (puisque le visage que voit Cage – qui est donc celui de Travolta – *est* le véritable visage de la personne de l'autre côté du miroir, et inversement). On peut aisément comprendre l'hésitation de Travolta à tirer droit sur le visage de Cage : puisque la peau de ce visage est littéralement la sienne, en la détruisant, il détruit son propre visage, et ruine ainsi ses chances de jamais le retrouver... Rien d'étonnant non plus à ce que Cage, blessé à mort, tente désespérément de lacérer et d'abimer son visage : il espère ainsi empêcher Travolta de le reprendre.

Cette relation en miroir a donc lieu au niveau de l'interaction entre le Réel (la chair à vif) et l'Imaginaire (le masque interchangeable que nous portons). Cependant, cette relation en miroir ne recèle pas toute la vérité du film. Pour distinguer les traces d'une troisième dimension, symbolique cette fois, il importe de considérer ce fait évident : Travolta est bien plus proche du personnage de Cage (le sadique « malfaisant », joueur et cynique), tandis que Cage, qui incarne habituellement des personnes énergiques, solides, se montrant néanmoins tendres et pleines de compassion, s'accorde bien mieux avec le « véritable » Travolta dans le film. Lorsqu'ils échangent leur visage, le spectateur a le sentiment qu'il s'agit d'un retour à l'ordre normal des choses : Travolta est extrêmement convaincant quand il se met à se conduire comme un criminel sadique et espiègle, tandis que Cage ne l'est pas moins en policier honnête tentant désespérément de persuader sa famille de sa véritable identité.

Nous faisons ici l'expérience de l'efficacité symbolique du

masque : tout se passe comme si la relation entre le masque et le « véritable visage » était inversée, comme si les « vrais visages » de Travolta et Cage étaient déjà des masques, qui travestissaient leur véritable caractère, de sorte que c'est seulement en mettant le visage-masque de l'autre qu'ils pourraient exprimer librement leur « véritable Moi ». Si l'on tient compte de cet arrière-plan, la fin du film apparait plus ambigüe qu'au premier abord : la situation semble certes s'être normalisée, chacun ayant retrouvé son vrai visage (même la fille adolescente de Travolta, que l'on a vue pendant tout le film maquillée outrageusement et le visage chargé de nombreux piercings, montre son visage « au naturel »), mais l'acharnement désespéré de Travolta à retrouver son véritable visage ne semble plus tant manifester sa volonté de retrouver son véritable Moi, que son désir de garder sous contrôle et de refouler le prétendu « côté sombre » de sa personnalité.

Mais ce côté est-il vraiment sombre ? Dans l'une des meilleures scènes du film, Cage-derrière-le-visage-de-Travolta affronte la fille de son ennemi et, au lieu d'agir comme le père autoritaire qu'était Travolta, il se met presque à flirter avec elle et lui offre une cigarette. N'a-t-on pas là un aperçu d'une autre relation père-fille, dans laquelle le père tombe le masque de la stricte autorité paternelle et montre un peu de compréhension à l'égard de sa fille ? C'est peut-être ce qui explique l'une des scènes les plus émouvantes du film, dans laquelle Cage et Travolta se battent devant la fille de Travolta, qui tient en main un pistolet. Celle-ci est alors confrontée au problème que Groucho Marx formulait ainsi : « À quoi fais-tu confiance, à tes yeux ou à mes paroles ? » Elle est déchirée entre deux options, croire ses yeux (qui lui disent que l'homme qui a le visage de son père est son père) et croire des paroles (le plaidoyer désespéré de son véritable père, qui tente de la convaincre de son identité). Si elle finit par prendre la mauvaise décision et, faisant confiance à ce qu'elle voit, par tirer sur son père et le blesser au bras, doit-on en conclure que sa décision était vraiment erronée, qu'elle était simplement victime du faux témoignage de ses yeux ? Ne se pourrait-il pas qu'elle ait choisi délibérément une figure paternelle plus aimable que celle de son vrai père, lequel est strict et autoritaire ?

Ce que le personnage de Travolta essaie de dissimuler derrière son effort pour retrouver son « vrai visage », c'est que les visages que nous présentons sont eux-mêmes trompeurs, qu'aucun d'eux n'est notre « vrai visage » – en dernière instance, le « véritable visage » du sujet derrière le masque n'est rien d'autre que la chair à vif, écorchée et informe. La garantie de notre identité n'est pas le visage que nous présentons, mais la fragile identité symbolique sans cesse menacée par le leurre séduisant du visage. C'est à partir de là que l'on peut aborder la notion essentielle chez Lévinas de la rencontre du visage de l'autre comme épiphanie, comme évènement précédant la vérité elle-même :

> Pour rechercher la vérité, j'ai déjà entretenu un rapport avec un visage qui peut se garantir soi-même, dont l'épiphanie, elle-même, est, en quelque sorte, une parole d'honneur. Tout langage, comme échange de signes verbaux, se réfère par avance à cette parole d'honneur originelle [117].

En lisant ces lignes, il faut se rappeler que le « grand Autre » lacanien, qui constitue la substance symbolique de notre être, se caractérise à la fois par sa circularité et son autoréférentialité. L'affirmation « holiste » de Donald Davidson exprime parfaitement cette idée : « La seule preuve de notre croyance est constituée par d'autres croyances [...]. Et dans la mesure où aucune croyance ne peut elle-même s'attester, aucune ne peut constituer un fondement pour les autres. [118] » Loin d'être un « défaut fatal » affectant l'ordre symbolique, cette circularité est la condition même de son fonctionnement effectif. Ainsi, quand Lévinas affirme qu'un visage « est sa propre garantie », cela signifie qu'il fournit un point de référence non linguistique qui nous permet de rompre le cercle vicieux de l'ordre symbolique et de lui donner un fondement suprême, une « authenticité absolue ». Le visage est ainsi le dernier *fétiche*, l'objet qui emplit (ou obscurcit) la « castration » (l'incohérence ou le manque) du grand Autre, l'abime de sa circularité[119].

À un autre niveau, cette fétichisation – ou plutôt ce déni fétichiste – se manifeste également dans notre relation quotidienne au visage des autres. Ce déni ne porte pas principalement sur la réalité de la chair (« Je sais très bien que derrière ce visage, il n'y a que le Réel de la chair à vif, les os et le sang, mais j'agis néanmoins comme s'il était une fenêtre vers le mystère de l'intériorité de l'âme. »), il porte plutôt, plus radicalement, sur le vide ou abime de l'Autre : *le visage humain « civilise » la Chose terrifiante qu'est, en dernière instance, notre prochain*. Et dans la mesure où le vide qu'on nomme « le sujet du signifiant » ($) est strictement corrélé à cette incohérence (ou à ce manque) de l'Autre, le sujet et le visage doivent être opposés l'un à l'autre : l'Évènement qu'est la rencontre du visage de l'autre n'est pas l'expérience de l'abime de la subjectivité de l'autre – c'est précisément seulement lorsque le visage est défiguré que l'on peut accéder à cette expérience, la défiguration pouvant être un simple tic ou une grimace (c'est en ce sens que Lacan dit que le Réel est « la grimace de la réalité ») ou, dans des cas extrêmes comme celui que décrit *Volte Face*[120], faire véritablement « perdre la face », à la fois moralement *et* physiquement.

Le nœud du film de Jerry Lewis *T'es fou Jerry* ? est peut-être cette scène où l'idiot qu'il joue est forcé de se rendre compte des ravages que sa conduite a produits : à ce moment-là, écrasé par les regards de l'assemblée, il se met à faire des grimaces comme seul il sait les faire, déformant de manière ridicule l'expression de son visage tout en se tordant les mains et en roulant des yeux. Cette tentative désespérée du sujet honteux pour *effacer* sa présence, pour disparaitre du champ de vision des autres, qui se double d'un effort pour prendre un visage nouveau qui leur serait plus acceptable, c'est véritablement de la subjectivation à l'état pur.

Le deuil, la mélancolie et l'acte

Qu'est-ce alors que la honte ? Qu'est-ce que cette expérience de « perdre la face » ? Selon la lecture sartrienne courante, le sujet, dans son « Pour-Soi », est honteux de l'« En-soi », du Réel stupide qu'est son identité corporelle : suis-je vraiment ce corps puant, ces ongles, ces excréments ? En un mot, « la honte » désigne le fait que l'esprit est directement lié à la réalité corporelle inerte et triviale – c'est la raison pour laquelle nous avons honte de déféquer en public. À cela, Lacan répond cependant que la honte concerne par définition le *fantasme*. Giorgio Agamben souligne que la honte n'est pas une pure passivité, mais une passivité assumée activement : si je suis violé, il n'y a là rien dont je puisse avoir honte ; mais si j'ai éprouvé du plaisir à être violé, alors je mérite de ressentir de la honte [121]. Assumer activement sa passivité signifie ainsi, en termes lacaniens, trouver de la jouissance à se retrouver pris dans une situation passive. Or, puisque les termes de la jouissance sont en dernière instance ceux du fantasme fondamental, qui est le fantasme (de jouir) d'être placé dans une position passive (comme dans le « Mon père me bat » de Freud), ce qui expose le sujet à la honte, ce n'est pas la révélation de ce qu'il est placé dans une position passive et traité uniquement comme un corps : la honte n'apparaît au contraire que lorsque cette position passive qui relève de la réalité sociale effleure le fantasme (intime et dénié). Prenons l'exemple de deux femmes : la première est active, libérée et sûre d'elle-même ; la seconde rêve secrètement d'être prise brutalement, voire d'être violée par son partenaire. Si les deux sont violées, le viol sera bien plus traumatisant pour la seconde, dans la mesure où il réalisera dans la réalité sociale « extérieure » la « matière des rêves ». Mais pourquoi ?, me dira-t-on peut-être. C'est qu'un écart sépare toujours le noyau fantasmatique de l'être du sujet de ses modes d'identification symboliques ou imaginaires, plus « superficiels ». Il ne m'est jamais possible d'assumer pleinement (au sens où je pourrais l'intégrer symboliquement) le noyau fantasmatique de mon être : quand je m'en approche trop, quand j'en suis trop proche, il se produit ce qu'on appelle l'*aphanisis* [la disparition, l'évanouissement] du sujet : celui-ci perd sa cohérence symbolique et se désintègre. Et l'actualisation forcée au sein de la réalité sociale du noyau fantasmatique de mon être est peut-être la pire des violences, et la plus humiliante ; peut-être est-ce une violence qui sape les fondements mêmes de mon identité (de mon « image de moi ») en m'exposant à une honte insupportable.

Nous voyons à présent clairement combien la psychanalyse est loin de toute défense de la dignité du visage humain : le traitement psychanalytique ne consiste-t-il pas à rendre publics (devant l'analyste, qui représente le grand Autre) ses fantasmes les plus intimes, et n'y faisons-nous pas ainsi l'expérience de *perdre la face* au sens le plus radical du terme ?

Chapitre V
Les *cultural studies* sont-elles vraiment totalitaires ?

Dans lequel le lecteur sera témoin de la lutte féroce qui oppose, au sein de l'Université, les cultural studies* *et leurs opposants de la* third culture*, *lesquels accusent les partisans des* cultural studies *d'être « totalitaires ».*

Une question brulante

Si nous demandions aujourd'hui à une personne quelconque de nous dire en deux mots quel est le sujet de *L'Interprétation des rêves* de Freud, elle répondrait probablement : pour Freud, un rêve est la réalisation fantasmatique d'un désir inconscient censuré, qui, en général, est de nature sexuelle. Avec cette définition à l'esprit, examinons maintenant le passage où Freud, au tout début de *L'Interprétation des rêves*, fournit une interprétation détaillée de son rêve dit de « l'injection faite à Irma » – il est raisonnable de supposer que Freud savait ce qu'il faisait et qu'il prit garde de choisir un exemple propre à introduire sa théorie des rêves. Mais c'est alors que nous sommes confrontés à une première grande surprise : l'interprétation que Freud propose de ce rêve ne peut pas ne pas nous rappeler la vieille blague soviétique de Radio Erevan (« Est-ce que Rabinovitch a gagné une nouvelle voiture à la loterie nationale ? » « En principe, oui. Mais, en fait, ce n'était pas une voiture, mais une bicyclette ; elle n'était pas neuve, mais ancienne ; et il ne l'a pas gagnée, on la lui a volée ! »). Les rêves sont-ils la réalisation du désir sexuel inconscient du rêveur ? En principe, oui. Mais le désir dans le rêve que Freud a choisi pour démontrer sa théorie des rêves n'est ni sexuel ni inconscient, et, en plus de cela, ce n'est pas le sien.

Le rêve commence par une conversation entre Freud et sa patiente Irma à propos de l'échec de son traitement, suite à une piqure infectée ; au cours de la conversation, Freud se rapproche d'elle, se penche sur son visage, regarde au fond de sa bouche, et se trouve confronté à la vue atroce de la chair rouge, à vif. À ce moment d'horreur insoutenable, le ton du rêve change, le cauchemar devient soudainement comédie : trois docteurs, des amis de Freud, apparaissent pour énumérer, dans un jargon pseudo-professionnel ridicule, de multiples (et mutuellement exclusives) raisons d'affirmer que l'empoisonnement d'Irma par la piqure infectée n'est la faute de personne (il n'y a pas eu de piqure, la piqure était propre, etc.). Le désir du rêve, la « pensée latente » qui s'y trouve articulée, n'est donc ni sexuel ni inconscient, mais exprime le souhait (tout à fait conscient) qu'a Freud d'occulter sa responsabilité dans l'échec du traitement d'Irma. Mais comment cela s'accorde-t-il avec la thèse selon laquelle le désir qui s'exprime dans les rêves est de nature inconsciente et sexuelle ?

C'est ici qu'une distinction cruciale doit être introduite : le désir inconscient du rêve *n*'est *pas* la pensée latente du rêve ; mais il s'inscrit, par la distorsion de la pensée latente, dans la texture explicite du rêve. C'est en cela que réside le paradoxe du *Traumarbeit* [du travail du rêve] : nous voulons nous débarrasser d'une pensée pressante mais troublante dont nous sommes parfaitement conscients et à cette fin nous la déformons, nous la traduisons dans le hiéroglyphe du rêve – cependant que, par cette déformation même de la pensée du rêve, un *autre* désir, plus fondamental, s'inscrit dans le rêve, et c'est ce désir-là qui est inconscient et sexuel. Dans le cas de l'« injection faite à Irma », Freud lui-même fournit quelques indications sur son désir inconscient : il se représente comme le « père primordial » voulant posséder les femmes qui apparaissent dans le rêve.

Quand on compare différents témoignages oraux du même évènement, la procédure habituelle est de se concentrer sur ce que ces témoignages ont en commun – ce noyau commun est alors tenu pour la « réalité objective », alors que les différences apparues dans les descriptions sont attribuées aux effets déformants des perceptions subjectives partielles. Par exemple, quand, de trois témoins, le premier rapporte que la personne qui est entrée dans une pièce au crépuscule était un jeune homme, le second qu'il s'agissait d'une jeune femme, et que le troisième affirme avoir vu une jeune personne de sexe indéterminé, nous avons tendance à conclure qu'une jeune personne est effectivement entrée dans la pièce, et que les divergences (homme ou femme) résultent de l'existence de différents horizons d'attente concernant l'identité sexuelle, les codes vestimentaires, etc. Freud propose de suivre la procédure exactement inverse quand l'interprétation d'un rêve s'enlise : l'analyste devrait demander au patient de répéter le récit du rêve encore et encore, et l'élément crucial, l'indice de la signification du rêve, sera fourni non par ce qui reste identique dans les récits successifs, mais par ce en quoi ces récits différeront – ce sont ces petits changements, variations, omissions, divergences entre les récits successifs qui indiquent le noyau réel refoulé par le récit officiel du rêve. Ici, de nouveau, nous avons affaire à la différence entre la réalité et le Réel : la similitude des éléments que l'on retrouve dans la multitude des récits est la marque de la réalité de ce qui « a effectivement eu lieu », alors que les omissions « insignifiantes » ou les détails ajoutés renvoient au Réel du rêve.

Plus généralement, cette distinction cruciale rend également manifeste la faiblesse de l'accusation postmoderniste courante selon laquelle le marxisme serait un « essentialisme économique » – cette accusation n'est-elle pas très précisément le pendant de l'argument qui veut que Freud ait été un « pansexualiste », autrement dit un « essentialiste sexuel » qui réduisait tous les désirs à la sexualité ? La réponse est dans les deux cas identique. La différence entre la pensée latente du rêve (qui, en général, n'est pas sexuelle) et le désir inconscient, qui est sexuel, fait écho à la distinction marxiste entre la structure prédominante de la vie sociale (qui, en général, n'est pas l'économie) et la structure (économique) qui détermine la vie sociale « en dernière instance ». Il n'y a donc pas de tension entre le « rôle déterminant » du sexe ou de l'économie et le changement de l'instance prédominante : le premier surdétermine directement le second.

La logique sous-jacente ici est celle de la « détermination contraire » hégélienne : l'économie est simultanément le genre et l'une de ses espèces ; de la même façon, la sexualité est pour Freud le genre et l'une de ses espèces (il y a bien des rêves qui mettent directement en scène un désir sexuel). Pour formuler les choses en termes philosophiques : n'avons-nous pas affaire ici, dans les deux cas, à une solution qui est à la fois matérialiste (qui affirme que la sexualité et/ou l'économie est le facteur déterminant ultime) et dialectique (qui rejette la fétichisation de la sexualité et/ou de l'économie comme facteur directement déterminant) ? Le problème avec le matérialisme dialectique est qu'il nous confronte à ce qui peut raisonnablement être considéré comme le plus grand des paradoxes de toute l'histoire de la philosophie : bien que, dans sa codification stalinienne, il ait dégénéré en un édifice idéologique philosophiquement inepte et dépourvu de valeur, il est en même temps purement et simplement *vrai*, au sens courant du terme : la totalité de la philosophie « postmétaphysique » contemporaine n'est-elle pas portée par le projet de penser ensemble le « matérialisme » (le rejet des solutions idéalistes) et la « dialectique » (au sens large d'approche capable de rendre compte des phénomènes qui rompent le cadre du réalisme du sens commun, de la physique quantique aux paradoxes du langage) ?

Quelle est donc, pour en revenir au rêve de Freud, sa

signification ultime? Comme nous venons de le voir, Freud lui-même se concentre sur la pensée du rêve, sur son désir superficiel (tout à fait conscient) d'effacer sa responsabilité dans l'échec du traitement d'Irma ; pour utiliser le vocabulaire de Lacan, ce désir relève clairement du domaine de l'imaginaire. De surcroit, Freud fournit quelques indications au sujet du Réel dans ce rêve : le désir inconscient du rêve est celui de Freud lui-même, comme « père primordial » qui veut posséder les trois femmes qui apparaissent dans le rêve. Dans son *Séminaire II*, Lacan en propose une lecture purement symbolique : la signification ultime du rêve est qu'il y a une signification, qu'il y a une formule (de triméthylamine) qui garantit la présence et la cohérence de la signification [122].

Il y a cependant une autre énigme dans ce rêve : de *qui* le rêve réalise-t-il en fait le désir ? Des documents publiés récemment [123] établissent clairement que le véritable point de focalisation du rêve était le désir de sauver Fliess (l'ami intime et le proche collaborateur de Freud, qui était alors pour lui le « sujet supposé savoir », l'objet de son *Uebertragung*, de son transfert) de sa responsabilité et de sa culpabilité : c'est Fliess qui a raté l'opération du nez d'Irma et le désir du rêve n'était pas de disculper le rêveur (Freud lui-même), mais le grand Autre du rêveur, c'est-à-dire de démontrer que l'Autre n'était pas responsable de l'échec de l'opération, que son savoir ne lui faisait pas défaut – en bref, que le roi n'était pas nu. Ainsi donc, le rêve réalise bien le désir de Freud – mais pour autant que son désir est déjà celui de l'autre (celui de Fliess). En bref, le désir réalisé dans le rêve est un désir transférentiel.

Pour saisir toute la portée de *L'Interprétation des rêves*, il est nécessaire de compliquer encore un peu les choses. Pourquoi rêvons-nous ? La réponse de Freud n'est pas aussi simple qu'elle en a l'air : la fonction ultime du rêve est de permettre au rêveur de prolonger son sommeil. On suppose habituellement que cette affirmation trouve son fondement dans les rêves que nous avons juste avant le réveil, quand des perturbations extérieures (des bruits) menacent de nous réveiller. Le dormeur imagine (sous la forme d'un rêve) une situation qui incorpore le stimulus externe, et ainsi parvient à prolonger son sommeil pendant un temps ; quand le signal externe devient trop fort, le dormeur finit par se réveiller.

Mais les choses sont-elles vraiment si claires ? Dans un autre rêve tiré de *L'Interprétation des rêves*, il est question d'un réveil intempestif : un père, fatigué par la longue veille auprès de la dépouille de son jeune fils, s'endort et rêve que son fils s'approche de lui, tout en flammes, et lui lance ce terrible reproche : « Père, ne vois-tu pas que je brule ? » [« *Vater, siehst du nich dass ich verbrenne ?* »]. Peu après, le père se réveille pour découvrir que, la bougie s'étant renversée, le linceul de son fils a effectivement pris feu – l'odeur de la fumée, que le père a sentie pendant son sommeil, a été incorporée au rêve de l'enfant mort qui brule afin de prolonger son sommeil. Le père s'est-il réveillé quand le stimulus externe (la fumée) est devenu trop fort pour pouvoir être contenu à l'intérieur des limites du scénario du rêve ? N'est-ce pas plutôt le contraire ? Le père a d'abord élaboré le rêve afin de prolonger son sommeil, autrement dit, afin d'éviter un réveil désagréable ; cependant, ce à quoi il était confronté dans son rêve – littéralement, une question brulante, le *Gespenst* [le spectre] sinistre de son fils lui adressant son reproche – était bien plus insupportable que la réalité extérieure ; il se réveilla donc pour chercher refuge dans la réalité – pourquoi ? Pour continuer à rêver, pour éviter l'insupportable trauma de sa culpabilité face à la mort de son fils.

Pour prendre pleinement la mesure de ce paradoxe, il est nécessaire de comparer ce rêve et celui de l'injection faite à Irma. Dans ces deux rêves, il y a une rencontre traumatique (la vue de la chair à vif d'Irma ; l'apparition du fils en flammes) ; cependant, dans le deuxième rêve, le rêveur se réveille à ce moment précis, alors que dans le premier rêve, l'horreur laisse place au spectacle ridicule des excuses présentées par les médecins. Ce parallèle nous donne la clef ultime de la théorie des rêves de Freud : le réveil dans le second rêve (le père se réveille pour échapper dans la réalité à l'horreur du rêve) a la même fonction que le passage à la comédie, que la conversation entre les trois docteurs, dans le premier rêve ; autrement dit, notre réalité ordinaire a très précisément la structure de cet échange ridicule qui permet d'éviter la rencontre avec le véritable trauma.

Adorno disait déjà que le slogan bien connu des nazis « *Deutschland, erwache* [Allemagne, réveille-toi !] » signifiait en réalité exactement son contraire, à savoir la promesse que, si vous répondez à cette sommation, vous serez autorisé à continuer de dormir et de rêver (c'est-à-dire à éviter la rencontre avec le Réel de l'antagonisme social). Le trauma que nous rencontrons dans le rêve est ainsi en un sens plus réel que la réalité (externe et sociale) elle-même. Il y a un poème bien connu de Primo Levi, qui raconte le devenir du souvenir traumatique de la vie dans les camps de concentration. Dans la première strophe, il est dans le camp, il dort et fait des rêves intenses, il rêve de rentrer chez lui, de faire un bon repas, de raconter son expérience à ses proches, quand, tout d'un coup, il est réveillé par le hurlement cruel d'un kapo polonais : « *Wstawac* ! » (« Debout ! Lève-toi ! ») Dans la seconde strophe, il est chez lui, après la guerre et la Libération ; à table, après avoir bien mangé, il raconte son histoire à sa famille, quand, tout d'un coup, la sommation résonne violemment dans son esprit : « *Wstawac* ! »

Le retournement de la relation entre le rêve et la réalité dans ces deux strophes est, bien sûr, crucial : leur contenu est formellement identique – l'agréable scène du repas à la maison et du récit est interrompue par l'injonction « Lève-toi ! » Cependant, dans la première strophe, c'est un rêve agréable qui est interrompu par la réalité de la sommation, alors que dans la seconde, c'est la douce réalité de la vie en société qui est interrompue par l'hallucination (ou plutôt l'imagination) d'une sommation brutale. Ce retournement rend compte de l'énigme de la *Wiederholungszwang*, de la compulsion de répétition : pourquoi le sujet continue-t-il à être hanté par la sommation obscène et brutale « *Wstawac* ! » ? Pourquoi cette injonction insiste-t-elle et se répète-t-elle ? Si, dans le premier cas, nous avions affaire à la simple intrusion perturbatrice de la réalité extérieure dans le rêve, dans le second cas, il s'agit de l'intrusion du Réel traumatique, qui vient perturber la réalité sociale elle-même. Il est aisé de faire, au prix de légères modifications, du second rêve de Freud le rêve d'un survivant de l'Holocauste que son fils, qu'il a été incapable de sauver du four crématoire, revient hanter après sa mort, lui reprochant : « Père, ne vois-tu pas que je brule ? »

Nous découvrons ici un Freud très éloigné de l'image du Victorien empêtré dans sa vision répressive de la sexualité, un Freud dont le moment est peut-être seulement venu aujourd'hui, à l'heure de la « société du spectacle », alors que notre réalité quotidienne est toujours davantage un mensonge incarné. Il suffit d'évoquer les jeux interactifs du cyberespace auxquels certains d'entre nous jouent compulsivement, ces jeux dans lesquels, comme c'est généralement le cas, des gringalets névrotiques s'imaginent être des machos agressifs, ou plutôt adoptent à l'écran le personnage d'un macho qui roue de coups les autres hommes et jouit violemment des femmes. Il est trop facile de dire que ces personnes trouvent refuge dans le rêve éveillé du cyberespace afin d'échapper à la vie réelle, monotone et disciplinée qui est la leur. Et si les jeux que nous jouons dans le cyberespace étaient plus sérieux que nous ne l'admettons généralement ? Et si s'exprimait en eux le noyau agressif et pervers de notre personnalité, lequel ne peut être, du fait de contraintes éthiques et sociales, exprimé lors des échanges que nous avons avec les autres dans la vie réelle ? Ce que je mets en scène dans mes rêves éveillés du cyberespace n'est-il pas « plus réel que la réalité », plus près du véritable noyau de ma personnalité que le rôle que j'assume dans mes contacts avec les personnes que je rencontre dans la vie réelle ? C'est justement parce que je suis conscient de ce que le cyberespace « n'est qu'un jeu » que je peux y exprimer ce que je ne pourrais aucunement admettre dans mes contacts intersubjectifs « réels ». En ce sens déterminé, pour reprendre une formule de Jacques Lacan, la Vérité a la structure d'une fiction : ce qui apparait sous couvert du rêve, ou même du rêve éveillé, est parfois la vérité cachée dont le refoulement fonde la réalité sociale elle-même. Là réside l'ultime leçon de *L'Interprétation des rêves* de Freud : la réalité est le refuge de ceux qui ne peuvent supporter le rêve.

Les deux réels

Comme nous vivons dans un univers dominé par le discours scientifique, la question fondamentale est ici : quel rapport le Réel freudien entretient-il avec le Réel scientifique ? Dans *Bienvenue à Gattaca*, le thriller futuriste d'Andrew Niccol (1998), Ethan Hawke et Uma Thurman se prouvent mutuellement leur amour en jetant les cheveux qu'ils avaient échangés afin d'effectuer une analyse visant à établir leur qualité génétique respective. Dans cette société futuriste, l'autorité (l'accès à l'élite privilégiée) est établie « objectivement », grâce à l'analyse génétique des nouveau-nés – il n'y a plus à proprement parler d'autorité symbolique ; l'autorité est directement fondée sur le Réel du génome. En cela, *Gattaca* ne fait que généraliser la perspective, aujourd'hui ouverte, d'une légitimation directe de l'autorité et du pouvoir par le réel du code génétique :

> Par l'élimination des formes artificielles d'inégalité, fondées sur le pouvoir et la culture, [des programmes sociaux égalitaristes] pourraient en définitive souligner et accentuer les formes naturelles d'inégalité bien plus violemment que jamais par le passé et ainsi constituer un nouvel ordre hiérarchique fondé sur le code génétique[124].

Contre cette perspective, il ne suffit pas d'insister sur le fait que le principe démocratique de l'égaliberté, pour reprendre le terme forgé par Étienne Balibar, n'a rien à voir avec l'identité génétique/biologique des individus humains, mais qu'il vise l'égalité de principe des sujets en tant qu'ils participent à l'espace symbolique. Le dilemme auquel nous sommes confrontés par *Gattaca* est le suivant : la seule façon de conserver notre dignité est-elle d'accepter certaines limites, de nous arrêter avant l'acquisition d'une connaissance complète du génome, avant notre complète naturalisation, par un geste qui signifierait : « Je ne veux pas savoir ce que vous êtes objectivement, je vous accepte tel quel » ? Sommes-nous donc revenus à la sagesse conservatrice bien connue qui prétend que la seule façon de sauver la liberté humaine et la dignité éthique est de restreindre nos capacités cognitives et de renoncer à sonder trop profondément la nature des choses ?

La science contemporaine semble indiquer une possibilité d'échapper à ce problème difficile : le cognitivisme contemporain ne recourt-il pas souvent à des formulations étonnamment familières aux yeux de ceux qui ont quelque connaissance des différentes versions de la philosophie antique et moderne, du « Vide » bouddhiste à l'« être-au-monde » heideggérien ou à la « différance » derridienne, en passant par la « réflexivité constitutive » de l'idéalisme allemand ? La tentation est grande de combler le fossé en réduisant la philosophie à la science par l'affirmation que le cognitivisme naturaliste contemporain « réalise » les théories philosophiques en les traduisant dans une forme scientifique acceptable ou, au contraire, par l'affirmation que, avec ces conceptions, la science postmoderne échappe au « paradigme cartésien » et se rapproche de la pensée philosophique authentique. Ce court-circuit entre la science et la philosophie prend aujourd'hui une multitude de formes : le cognitivisme heideggérien (Hubert Dreyfus) ; le bouddhisme cognitiviste (Francisco Varela) ; une combinaison de la pensée orientale et de la physique quantique (« le tao de la physique » de Capra) ; et l'évolutionnisme déconstructionniste. Examinons brièvement deux de ces formes.

L'évolutionnisme déconstructionniste

Il y a des parallèles évidents entre les lectures courantes de Darwin (de Gould à Dawkins et Dennett) et la déconstruction derridienne : le darwinisme n'opère-t-il pas une sorte de « déconstruction » non seulement de la téléologie naturelle, mais aussi de l'idée de Nature en tant que système positif bien ordonné des espèces ? La notion darwinienne bien comprise d'« adaptation » ne suppose-t-elle pas, précisément, que les organismes ne « s'adaptent » pas directement, qu'il n'y a pas, à strictement parler, d'« adaptation » au sens téléologique du terme ? Des modifications génétiques se produisent de façon hasardeuse, et certaines d'entre elles permettent à des organismes de mieux fonctionner et de survivre dans un environnement qui lui-même varie et est articulé de façon complexe (il n'y a pas d'adaptation linéaire à un environnement stable : quand quelque chose dans l'environnement change de façon inattendue, une caractéristique qui jusqu'alors empêchait une adaptation complète peut soudain devenir essentielle à la survie de l'organisme). Le darwinisme préfigure de manière étonnante la différance de Derrida ou la *Nachtraeglichkeit* [l'après-coup] de Freud : des modifications génétiques contin-gentes et dépourvues de sens sont rétroactivement utilisées (ou « exaptées », comme aurait dit Gould) parce qu'appropriées à la survie.

Autrement dit, Darwin fournit ici une explication type de la façon dont un état de choses qui semble présupposer une économie téléologique bien ordonnée (les animaux font des choses « afin de ») est en réalité le résultat d'une série de modifications dépourvues de sens – la temporalité est ici celle du futur antérieur, l'adaptation est quelque chose qui toujours et par définition « aura été ». Cette énigme (comment l'apparence d'un ordre téléologique et sensé peut-elle émerger d'évènements contingents et dénués de sens ?) n'est-elle pas tout aussi centrale pour la déconstruction ? Il est donc possible d'affirmer que le darwinisme (dans sa dimension radicale, non pas en tant qu'évolutionnisme vulgaire) « déconstruit » non seulement la téléologie ou l'intervention divine au sein de la nature, mais aussi la notion de nature en tant qu'ordre positif et stable – ce qui rend d'autant plus énigmatique le silence de la déconstruction sur le darwinisme, l'absence de tentatives déconstructionnistes pour se l'« approprier ».

Dans *La Conscience expliquée*, Dennett lui-même, le grand promoteur de l'évolutionnisme cognitiviste, reconnaît (non sans ironie, et néanmoins avec une visée sérieuse) la proximité entre sa théorie de l'esprit humain comme pandémonium et le déconstructionnisme des *cultural studies* :

> Imaginez les sentiments ambigus qui ont été les miens quand j'ai découvert qu'avant même d'avoir publié ma version [de l'idée du Moi comme Centre de Gravité Narratif], elle avait déjà fait l'objet d'une satire dans un roman de David Lodge, *Un tout petit monde*. Il s'agit apparemment d'un thème à la mode chez les déconstructionnistes [125].

De surcroît, toute une école de théoriciens du cyberespace (dont la représentante la plus connue est Sherry Turkle) défend la thèse selon laquelle le phénomène du cyberespace réalise dans notre expérience quotidienne le « sujet décentré » de la déconstruction : nous devrions accepter la « dissémination » du Moi unique en une multiplicité d'agents en compétition, en un « esprit collectif », une pluralité d'images de soi sans centre de coordination global, qui fonctionne dans le cyberespace, et distinguer cette dissémination d'un trauma pathologique. Jouer dans les espaces virtuels me permet de découvrir de nouveaux aspects de mon « moi » – un trésor d'identités changeantes, de masques qui ne dissimulent nulle personne « réelle » – et ainsi de faire l'expérience du caractère idéologique des mécanismes de production du Moi, de la violence et de l'arbitraire de cette construction.

Cependant, la tentation à laquelle il convient de ne pas céder ici est justement de conclure hâtivement que Dennett est une sorte de loup déconstructionniste qui se serait introduit dans la bergerie de la science expérimentale : un fossé sépare pour toujours la naturalisation évolutionniste de la conscience par Dennett de l'exploration déconstructionniste « métatranscendantale » des conditions d'(im)possibilité du discours philosophique. Comme Derrida le montre de façon exemplaire dans sa « Mythologie blanche », il ne suffit pas d'affirmer que « tous les concepts sont des métaphores », qu'il n'y a pas de pure coupure épistémologique, puisque le cordon ombilical qui relie les concepts abstraits et les métaphores courantes est irréductible.

Premièrement, l'idée n'est pas simplement que « tous les concepts sont des métaphores », mais que la différence entre les concepts et les métaphores est toujours plus ou moins métaphorique, repose toujours sur quelque métaphore. Mais la conclusion opposée est encore plus importante : la réduction d'un concept à un faisceau de métaphores repose nécessairement déjà sur une détermination *philosophique*, *conceptuelle*, de la différence entre les concepts et les métaphores, autrement dit sur l'opposition même qu'elle cherche à saper[126]. Nous sommes en conséquence définitivement pris dans un cercle vicieux : il est vrai qu'il est impossible de tenir une position philosophique libérée des contraintes liées aux attitudes et aux notions naïves dont nous usons dans la vie quotidienne ; mais bien qu'elle soit intenable, une telle posture philosophique est en même temps inévitable. Derrida fait une remarque identique au sujet de la thèse historiciste bien connue selon laquelle la totalité de l'ontologie aristotélicienne des dix modes d'être est un effet ou une expression de la grammaire grecque : le problème est que *la réduction de l'ontologie (des catégories ontologiques) à un effet de la grammaire présuppose une notion (une détermination catégorielle) de la relation entre la grammaire et les concepts ontologiques, qui est elle-même déjà grecque et métaphysique*[127].

Il nous faut toujours garder à l'esprit la subtilité de la position derridienne, qui lui permet d'éviter les écueils connexes du réalisme naïf et du fondationnalisme philosophique direct : il est à la fois *impossible* et cependant *nécessaire* de « fonder philosophiquement » notre expérience – bien que tout ce que nous percevons, comprenons ou articulons soit, bien entendu, surdéterminé par un horizon de précompréhension, cet horizon lui-même reste en définitive impénétrable. Derrida est donc une sorte de métatranscendantaliste, à la recherche des conditions de possibilité du discours philosophique. Si nous faisons l'impasse sur la façon précise qu'a Derrida de saper le discours philosophique *de l'intérieur*, nous réduisons la « déconstruction » à une énième version du relativisme historiciste naïf. La position de Derrida est donc à l'opposé de celle de Foucault qui, en réponse à l'objection selon laquelle le cadre théorique qui était le sien ne rendait pas compte de la position à partir de laquelle il parlait, rétorquait avec humour : « Ce genre de questions ne me concerne pas : elles relèvent de la police des discours et de ses fichiers, qui construisent l'identité des sujets ![128] » En d'autres termes, l'ultime leçon de la déconstruction semble être qu'il n'est pas possible de repousser à l'infini la question ontologique. Il y a quelque chose de très révélateur dans l'oscillation de Derrida entre, d'un côté, une approche hyperréfléchie qui dénonce par avance la question de savoir « comment sont vraiment les choses » et qui se limite à des commentaires au troisième degré sur les incohérences de la lecture de l'œuvre du philosophe A par le philosophe B, et, d'un autre côté, une affirmation ontologique directe quant à la façon dont la différance et l'archi-trace déterminent la structure de tous les êtres vivants et sont, en tant que telles, déjà à l'œuvre dans la nature des animaux. Il importe de bien saisir l'interconnexion paradoxale entre ces deux niveaux : ce qui nous empêche pour toujours de saisir directement l'objet visé (le fait que notre compréhension est toujours réfractée, « médiée », par une altérité décentrée) est cela même qui nous met en connexion avec la structure proto-ontologique de base de l'univers.

Le déconstructionnisme implique donc deux interdits :

il interdit l'approche empiriste « naïve » (« Examinons avec attention les matériaux empiriques en question et généralisons ensuite nos hypothèses à leur sujet... »), ainsi que les thèses métaphysiques anhistoriques globales sur l'origine et la structure de l'univers. Ce double interdit qui définit le déconstructionnisme témoigne clairement et sans ambiguïté du fait qu'il trouve ses origines dans la philosophie transcendantale kantienne : n'est-il pas caractéristique de la révolution kantienne ? D'un côté, la notion de constitution transcendantale de la réalité implique l'abandon d'une approche empiriste directe et naïve de la réalité ; d'un autre côté, elle implique le refus de la métaphysique, c'est-à-dire d'une conception du monde totalisante qui nous livrerait la structure nouménale de l'Univers entier. En d'autres termes, il ne faut jamais oublier que, loin d'exprimer seulement sa croyance dans le pouvoir constitutif du sujet (transcendantal), l'introduction de la dimension transcendantale par Kant constitue une réponse à l'impasse fondamentale et insurmontable de l'existence humaine : les êtres humains cherchent compulsivement à acquérir une compréhension globale de la vérité, de la connaissance universelle et nécessaire, mais cette connaissance leur sera cependant toujours inaccessible.

Le bouddhisme cognitiviste

Le bilan est-il meilleur pour ce qui est de l'alliance naissante entre l'approche cognitiviste de l'esprit et les adeptes de la pensée bouddhiste, dont l'enjeu n'est pas de naturaliser la philosophie, mais plutôt, au contraire, d'utiliser les résultats du cognitivisme pour (re)trouver le chemin de l'ancienne sagesse ? Le refus cognitiviste contemporain du Moi unitaire, stable et identique à soi – l'esprit humain conçu comme terrain de jeu pandémonique de puissances d'agir multiples [*multiple agencies*], que certains auteurs (comme, de façon exemplaire, Francisco Varela[129]) lient au refus bouddhiste du Moi comme substance permanente sous-jacente aux évènements mentaux – paraît assez convaincant du fait de son rejet critique de la notion de Moi substantiel.

Les cognitivistes et les néobouddhistes s'appuient sur le paradoxe que constitue le fossé existant entre l'expérience commune – qui repose sur l'idée de Moi ou implique du moins une référence à cette idée, en tant que substance sous-jacente qui « a » des sentiments et des volitions, et à laquelle ces états mentaux « adviennent » – et le fait, bien connu en Europe, au moins depuis Hume, que, aussi poussés et approfondis que soient nos efforts pour parvenir à une intuition empirique du Moi, nous n'avons jamais affaire qu'à des évènements mentaux fugitifs et éphémères, jamais au Moi lui-même, c'est-à-dire à une substance à laquelle ces évènements pourraient être attribués. La conclusion qu'en tirent les cognitivistes et les bouddhistes est, bien sûr, que la notion de Moi est le fruit d'une erreur épistémologique (ou, dans le cas du bouddhisme, éthico-épistémologique) inhérente à la nature humaine : il faut se défaire de cette notion trompeuse et assumer pleinement qu'il n'y a pas de Moi, que « je » ne suis rien d'autre qu'un amas d'évènements (mentaux) hétérogènes et fugitifs.

Mais cette conclusion est-elle vraiment inévitable ? Varela rejette aussi la notion kantienne du Moi, le sujet de l'aperception pure, le sujet transcendantal dont nous ne pouvons avoir d'expérience empirique. Il est cependant nécessaire d'introduire ici une distinction entre les agrégats – les évènements mentaux dépourvus de Moi ou d'égo sous-jacent – et le sujet en tant qu'il est identique à ce vide, à ce défaut de substance. N'est-il pas abusif de déduire du fait qu'il n'y a pas de représentation ou d'idée positive du Moi que le Moi n'existe purement et simplement pas ? Et si le Moi était justement le « Je (l'œil) du cyclone » [*the « I of the storm »*], le vide qui se trouve au centre de l'incessant tourbillon des évènements mentaux : quelque chose comme la « vacuole » de la biologie, le vide autour duquel les évènements mentaux circulent, le vide qui en soi n'est rien, qui n'a pas d'identité positive substantielle, mais qui néanmoins sert de point de référence irreprésentable, de « Je » auquel les évènements mentaux sont attribués ? En termes lacaniens, il nous faut distinguer entre le « Moi » – comme support d'identifications comportementales, imaginaires et symboliques, comme « image de soi », comme ce que je me perçois être – et le point vide de pure négativité, le sujet « barré » ($). Varela lui-même est proche de ce point de vue quand il distingue entre 1) le moi en tant que série de formations mentales et corporelles ayant un certain degré de cohérence causale et de permanence dans le temps, 2) le Moi, avec une majuscule, en tant que noyau substantiel caché de l'identité du sujet (le « moi-égo »), et, enfin, 3) la passion et l'avidité dont fait montre l'esprit humain pour le Moi, pour quelque fondement solide. Dans la perspective lacanienne, néanmoins, cette « avidité sans bornes » n'est-elle pas le sujet lui-même, le vide qui « est » subjectivité ?

Les néobouddhistes ont raison de critiquer les partisans cognitivistes de la notion de « société de l'esprit », parce qu'elle avalise la césure entre notre connaissance scientifique (qui nous dit qu'il n'y a pas de Moi ou de volonté libre) et l'expérience quotidienne qui ne peut tout simplement pas fonctionner sans la présupposition d'un Moi cohérent doué d'une volonté libre – les cognitivistes se condamnent ainsi eux-mêmes à la posture nihiliste consistant à adopter des croyances qu'ils savent être fausses. L'effort des néobouddhistes vise à combler ce fossé en transposant dans notre expérience quotidienne la conception selon laquelle il n'y a pas de Moi substantiel (c'est là, en définitive, le sens de la méditation bouddhiste).

Quand Jackendoff, l'auteur d'une des tentatives cognitivistes les plus poussées pour expliquer la conscience, suggère que notre conscience [*awareness-consciousness*] provient du fait que, précisément, nous *ne* sommes *pas* conscients de la façon dont la conscience est elle-même engendrée par des processus mondains (il y a conscience pour autant que ses origines biologiques organiques restent obscures) [130], il est très proche de l'intuition kantienne selon laquelle il n'y a de connaissance de soi, selon laquelle je ne pense que pour autant que le « Je ou il ou elle (la chose) qui pense » [*Ich oder Er oder Es (das Ding), welches denket*] reste incompréhensible. Le contrargument de Varela, qui veut que le raisonnement de Jackendoff entretienne une confusion (les processus dont nous sommes inconscients sont précisément cela : des processus qui n'appartiennent pas à notre expérience humaine quotidienne, mais se situent au-delà de cette expérience, hypostasiés par la pratique scientifique des cognitivistes[131]), ne porte donc pas. Cette inaccessibilité du Moi substantiel-naturel (ou, plutôt, de la base naturelle et substantielle de mon Moi) fait partie de notre expérience quotidienne non scientifique, précisément sous la forme de notre échec définitif à trouver un élément positif dans notre expérience qui *serait* directement notre Moi (l'expérience mentionnée ci-dessus, déjà formulée par Hume, selon laquelle nous pouvons bien analyser en profondeur nos processus mentaux, nous ne découvrirons pour autant jamais rien qui serait notre Moi). Et s'il nous fallait appliquer à Varela l'histoire du fou qui cherchait sa clef non dans le recoin obscur où il l'avait effectivement perdue, mais sous un réverbère, parce qu'il est plus facile de chercher dans la lumière ? Et si nous cherchions le Moi au mauvais endroit, dans la clarté trompeuse des faits empiriques positifs ?

Nous aboutissons donc à la conclusion qu'il n'y a en fait pas de moyen de surmonter l'abysse qui sépare l'horizon *a priori* transcendantal du domaine des découvertes scientifiques positives : d'un côté, la « représentation philosophique courante de la science » (les sciences positives « ne pensent pas », elles sont incapables de saisir leur horizon de précompréhension, accessible seulement à la philosophie) prend de plus en plus l'allure d'un vieux tour de passepasse qui a perdu son efficacité ; d'un autre côté, l'idée qu'une science « postmoderne » atteindra le niveau de la réflexion philosophique (l'idée, par exemple, que la physique quantique, en incluant l'observateur dans l'objectivité matérielle observée, rompt le cadre de l'objectivisme et du naturalisme scientifique et atteint le niveau de la constitution transcendantale de la réalité) ne parvient manifestement pas au niveau de l'*a priori* transcendantal.

Il est vrai que la philosophie contemporaine est d'une certaine façon « sur la défensive » face à l'assaut de la science : le tournant transcendantal kantien n'est pas seulement lié à l'émergence de la science moderne parce qu'il fournit l'*a priori* de la physique newtonienne, mais, plus fondamentalement, parce qu'il prend en compte la façon dont, avec l'émergence de la science empirique moderne, une Théorie métaphysique directe de la Totalité est devenue impossible et ne peut plus être associée à la science. Ainsi, en raison du caractère définitivement insondable de l'univers et de l'homme, la seule chose que la philosophie puisse faire est de « phénoménaliser » la connaissance scientifique et de lui fournir son horizon herméneutique *a priori*. Adorno soulignait déjà l'ambiguïté profonde de la notion kantienne de constitution transcendantale : loin d'affirmer simplement le pouvoir constitutif du sujet, elle peut aussi être comprise comme l'acceptation résignée de la *limitation a priori* de notre accès au Réel.

La « *third culture* » comme idéologie

Loin de se limiter à un débat strictement théorique, l'affrontement entre les *cultural studies* postmodernes et déconstructionnistes et les vulgarisateurs des sciences « dures », autrement dit les partisans de ladite « *third culture* », est aussi une lutte pour l'hégémonie intellectuelle (pour l'occupation de la place de « l'intellectuel public »). Cette lutte, qui a d'abord attiré l'attention du grand public lors de l'affaire Paul de Man (quand ses opposants se sont efforcés d'établir les tendances irrationalistes et fascistes de la déconstruction), a atteint son sommet lors de l'affaire Sokal. Dans les *cultural studies*, le mot « théorie » renvoie généralement à un mixte de critique littéraire ou cinématographique, de recherches sur la culture de masse,

Vous avez dit totalitarisme ?

l'idéologie, le *queer*, etc. Il n'est sans doute pas inutile de citer ici la réaction étonnée de Dawkins :

> J'ai remarqué, l'autre jour, l'article d'un critique littéraire intitulé « Théorie : de quoi s'agit-il ? » Le croirez-vous ? « Théorie » signifie « théorie de la critique littéraire ». [...] Le mot « théorie » a été détourné par esprit de clocher – comme si Einstein n'avait pas de théories ; comme si Darwin n'avait pas de théories [132].

Dawkins est ici très proche de Gould, son grand adversaire, qui se plaint aussi de ce que « les théoriciens de la littérature semblent s'entendre pour penser que le paysage intellectuel et les ressources critiques leur appartiennent, alors qu'il existe des essayistes, issus du monde de la science, qui ont un tas d'idées fascinantes que les gens aimeraient découvrir. [133] » Ce qui se joue dans ce débat, c'est une lutte pour l'hégémonie idéologique, au sens précis donné à ce terme par Ernesto Laclau dans ses écrits : la lutte pour un contenu particulier qui « hégémonise » toujours le terme universel apparemment neutre [134].

La *third culture* comprend le vaste champ qui, en passant par la physique quantique et la cosmologie (Hawking, Weinberg, Capra), les sciences cognitives (Dennett, Marvin Minsky), la neurologie (Sacks), les théories du chaos (Mandelbrot, Stewart), s'étend du débat sur la théorie de l'évolution (Dawkins et Dennett opposés à Gould) aux auteurs qui traitent de l'impact social et cognitif de la numérisation de notre vie quotidienne et aux théories des systèmes auto-poïétiques, qui s'efforcent de développer une théorie formelle et universelle des systèmes émergents auto-organisés pouvant être appliquée aux espèces et aux organismes vivants « naturels » et aux « organismes » sociaux (le comportement des marchés et des autres groupes d'agents sociaux en interaction). Trois remarques sont ici nécessaires :

1) En général, nous n'avons pas affaire à des scientifiques (bien qu'il s'agisse souvent des mêmes individus) mais à des auteurs qui s'adressent à un large public, avec un succès qui dépasse de loin l'attrait des *cultural studies*

(qu'on pense aux bestsellers de Sacks, Hawking, Dawkins et Gould) ;

2) Comme avec les *cultural studies*, nous ne sommes pas confrontés à un champ homogène, mais à une multitude rhizomatique unifiée par un « air de famille », à un champ à l'intérieur duquel les auteurs se trouvent souvent engagés dans de violentes polémiques, mais dans lequel aussi les liens interdisciplinaires s'épanouissent (entre la biologie évolutionniste et les sciences cognitives, etc.) ;

3) En général, les auteurs de ce domaine sont mus par une sorte de zèle missionnaire, et par la conscience commune de participer tous à un même bouleversement du paradigme général de la connaissance.

En guise de manifeste de ce courant, l'introduction de *The Third Culture*, une anthologie d'articles, peut être citée. Son auteur (John Brockman) y présente le grand récit qui étaye l'identification collective de ces auteurs[135] : dans les années quarante et cinquante, la figure de l'intellectuel public était associée à celle de l'universitaire versé dans les sciences humaines « molles » (sociales), traitant de problèmes d'intérêt général, prenant position sur les grandes questions de l'heure, et suscitant ou participant à des débats publics qui passionnaient un grand nombre de personnes ; par la suite, avec l'assaut de la théorie déconstructionniste postmoderne « française », cette génération de penseurs publics disparut et fut remplacée par des « universitaires exsangues », autrement dit, par les théoriciens des *cultural studies*, dont la posture pseudo-critique contre le « pouvoir » et le « discours hégémonique » impliquait en fait la disparition progressive de l'engagement politique direct et réel en dehors des confins du monde universitaire, ainsi que l'enfermement croissant dans un jargon élitiste rendant impossible de s'engager efficacement en tant qu'intellectuel dans les débats publics.

Heureusement, cependant, ce retrait de « l'intellectuel public » a été compensé par l'irruption de la *third culture*, par l'émergence d'un nouveau type d'intellectuel public, l'auteur *third culture*, qui, aux yeux du grand public, tient de plus en plus le rôle du « sujet supposé savoir », censé révéler la clef des grands secrets qui nous concernent. Le problème est ici encore le fossé entre les sciences « dures » véritables et leurs partisans autoproclamés, les idéologues de la *third culture*, qui élèvent les scientifiques au rang de « sujets supposés savoir » : non seulement pour les gens ordinaires qui achètent ces livres en masse, mais aussi *pour les théoriciens postmodernistes* que ces ouvrages intriguent, dont ils « sont fous », et qui considèrent que ces livres « peuvent vraiment nous apprendre quelque chose sur le mystère ultime de l'être ». Mais cette rencontre amoureuse est vouée à l'échec : non, les très populaires partisans de la *third culture* ne possèdent pas la solution qui permettrait de résoudre la crise des *cultural studies*, ils n'ont pas ce qui fait défaut aux *cultural studies*. L'aimé ne répond pas à la sollicitation, et ne rend pas l'amour dont il est l'objet.

Il est absolument nécessaire de distinguer la science de son idéologisation inhérente, de sa transformation, parfois subtile, en un nouveau « paradigme » holiste (nom de code qui remplace l'expression « conception du monde ») : une série de notions (complémentarité, principe anthropique*, etc.[136]) sont ici doublement inscrites, comme concepts scientifiques et comme notions idéologiques. Il est difficile d'estimer précisément jusqu'à quel point la « *third culture* » est infestée d'idéologie ; parmi ses détournements idéologiques manifestes (mais s'agit-il simplement de détournements secondaires ?), il convient, ici encore, de s'attarder sur deux exemples :

1) L'inscription dans le cadre du *New Age* de ce changement de paradigme, et son interprétation comme sortie hors du paradigme matérialiste et mécaniste cartésien en direction d'une nouvelle approche holiste nous reconduisant à l'antique sagesse orientale (le Tao de la physique, etc.) ; parfois, cette vue est radicalisée jusqu'à l'affirmation que la transformation du paradigme scientifique dominant est un épiphénomène, que l'humanité entière est sur le point de connaître la plus importante transformation spirituelle de

toute son histoire, et se trouve à l'orée d'une nouvelle ère dans laquelle l'individualisme égocentrique sera remplacé par une Conscience cosmique transindividuelle.

2) La « naturalisation » de certains phénomènes sociaux spécifiques clairement perceptible dans ladite cyber-révolution, reposant sur l'assimilation du cyberespace (ou *World Wide Web*) à un organisme « naturel » se transformant lui-même : la « naturalisation de la culture » (le marché, la société, etc., conçus comme des organismes vivants) se confond ici avec la « culturalisation de la nature » (la vie conçue comme un ensemble d'informations qui se reproduisent d'elles-mêmes – « les gènes sont des mèmes* »). Cette nouvelle conception de la Vie est donc neutre pour ce qui est de la distinction des processus naturels et culturels ou « artificiels » – la Terre (*Gaïa*) et le marché mondial apparaissent comme de gigantesques systèmes autorégulés dont la structure de base est définie en termes de processus de codage et de décodage, de circulation des informations, et ainsi de suite.

Ainsi, les idéologues du cyberespace peuvent bien rêver de la prochaine étape de l'évolution, dans laquelle nous ne serons plus des individus « cartésiens » interagissant mécaniquement, et dans laquelle chaque « personne » coupera le lien substantiel qui l'unit à son corps et se concevra comme une partie du nouvel Esprit holiste qui vit et agit au travers de lui ou d'elle ; mais ce qu'obscurcit une telle « naturalisation » directe du *World Wide Web* et du marché, c'est l'ensemble des relations de pouvoir – l'ensemble des décisions politiques, des conditions institutionnelles – dont les « organismes » comme l'Internet (ou le marché ou le capitalisme) ont besoin pour s'épanouir. Nous avons affaire ici à une transposition métaphorique précipitée de certains concepts de la biologie et de la théorie de l'évolution à l'étude de l'histoire des civilisations, comme le passage des « gènes » aux « mèmes », autrement dit à l'idée que non seulement les humains utilisent le langage pour se reproduire, multiplier leur pouvoir et leur savoir, et ainsi de suite, mais aussi, plus fondamentalement peut-être, que le langage lui-même utilise les humains pour se reproduire et se développer, pour acquérir quantité de nouvelles significations.

Le contre-argument courant que les adeptes des *cultural studies* opposent aux critiques de la *third culture* est que l'intellectuel public dont ces lamentations pleurent la disparition est en réalité un type traditionnel déterminé d'intellectuel moderniste (généralement blanc et de sexe masculin) : il a été remplacé, au cours de notre époque postmoderne, par une prolifération de théoriciens qui opèrent sur un mode différent (substituant à la Grande Cause une série d'interventions stratégiques locales) et qui de fait traitent de problèmes intéressant le grand public (le racisme et le multiculturalisme, le sexisme, l'eurocentrisme des programmes scolaires et universitaires, etc.), suscitant ainsi des débats publics (comme les controverses sur le « politiquement correct » et sur le harcèlement sexuel). Bien que cette réponse ne soit pas à la hauteur de la question, il reste que les thèmes dont traitent les *cultural studies* se trouvent en effet bien au cœur du débat politique et idéologique (multiculturalisme hybride contre nécessité de l'identification à une communauté rapprochée ; affirmation du droit à l'avortement et revendication de l'égalité des droits pour les homosexuels et les transgenres contre fondamentalisme de la Majorité morale, etc.), alors même que ce qui frappe d'emblée quand on considère la *third culture*, c'est la manière dont ses adeptes, occupés à clarifier les grandes énigmes de l'univers (« à lire l'esprit de Dieu », comme le travail de Hawking a naguère été décrit), font l'impasse sur les questions brulantes qui sont réellement au cœur des débats politiques et idéologiques actuels.

Enfin, il est manifeste qu'en dépit de la distinction nette entre la science et l'idéologie, l'obscurantisme de l'idéologie *New Age* est une excroissance immanente de la science moderne elle-même – de David Bohm à Fritjof Capra, il y a une multitude d'exemples de « maîtres Wu Li dansant »*, nous enseignant le Tao de la physique, la

« fin du paradigme cartésien », la signification du principe anthropique et de l'approche holiste, etc.

Pour éviter tout malentendu, je tiens à préciser que, en tant que matérialiste dialectique à l'ancienne mode, je m'oppose avec la plus grande vigueur à ces détournements obscurantistes de la physique quantique et de l'astronomie ; mais ce que je prétends, c'est que ces rejetons obscurantistes ne sont pas simplement imposés de l'extérieur, mais fonctionnent à la manière de ce que Louis Althusser aurait appelé une « idéologie spontanée » des scientifiques eux-mêmes, à la manière d'un supplément spiritualiste à l'attitude essentiellement procédurale et réductionniste qui veut que « seul compte ce qui peut être défini et mesuré précisément ».

Ce qui est beaucoup plus inquiétant que les « excès » des *cultural studies*, ce sont les détournements obscurantistes de la science « dure » par les adeptes du *New Age* qui, afin de légitimer leur position, invoquent l'autorité de la science (« la science actuelle a dépassé le matérialisme mécaniste et s'oriente vers une nouvelle attitude spirituelle holiste »). De manière significative, des défenseurs du réalisme scientifique comme Bricmont et Sokal ne font que brièvement référence à certaines des formulations « subjectivistes » de Heisenberg et de Bohr, qui peuvent donner lieu à des détournements relativistes et historicistes, et les tiennent pour l'expression de la philosophie personnelle de leurs auteurs et non pas pour des éléments de l'édifice scientifique de la physique quantique elle-même. Quoi qu'il en soit, les problèmes commencent ici : les formulations « subjectivistes » de Bohr et de Heisenberg ne constituent pas un phénomène marginal, mais ont été canonisées en tant qu'« orthodoxie de Copenhague »*, c'est-à-dire en tant qu'interprétation « officielle » des conséquences ontologiques de la physique quantique.

Le fait est que, dès lors que l'on cherche à rendre compte de la physique quantique d'un point de vue ontologique (à déterminer quelle conception de la réalité correspond à ses conclusions), des paradoxes apparaissent, mettant à mal le sens commun objectiviste des scientifiques – les scientifiques eux-mêmes soulignent fréquemment ce fait, et oscillent entre la simple suspension de la question ontologique (la physique quantique fonctionne, ne cherchons donc pas à la comprendre, préoccupons-nous seulement des calculs) et la recherche des moyens de sortir de cette impasse (l'orthodoxie de Copenhague, la théorie des univers multiples, les différentes théories de la « variable cachée », comme celle que David Bohm a proposée, mais qui implique néanmoins à son tour des paradoxes, comme l'idée d'une causalité rétroactive).

Le problème fondamental sous-jacent est celui de savoir si nous pouvons effectivement renoncer à la question ontologique et nous limiter au seul bon fonctionnement du dispositif scientifique, à ses calculs et à ses mesures. La nécessité d'exprimer et donc de traduire les découvertes scientifiques dans le langage courant constitue une autre impasse : il est possible d'affirmer que ces problèmes ne surgissent que si nous cherchons à traduire les conclusions de la physique quantique dans le vocabulaire auquel le sens commun recourt pour parler de la réalité – mais pouvons-nous résister à cette tentation ? Tous ces sujets sont largement débattus dans la littérature consacrée à la physique quantique, ils n'ont donc rien à voir avec les détournements (abusifs) du discours scientifique par les *cultural studies* – c'est Richard Feynman lui-même qui, dans une déclaration bien connue, a affirmé que « personne ne comprend vraiment la physique quantique », suggérant par là qu'il n'est plus possible de traduire l'édifice théorético-mathématique de la science dans le vocabulaire que nous utilisons dans la vie quotidienne pour parler de la réalité[137]. L'effet de la physique moderne a justement été d'ébranler l'édifice de l'épistémologie réaliste naïve : ce sont les sciences qui ont ouvert la faille dans laquelle les poussées obscurantistes ont pu se développer ; ainsi, au lieu de blâmer ces pauvres *cultural studies*, il serait bien plus productif de reprendre depuis le départ la question des implications épistémologiques et ontologiques précises des bouleversements qui affectent les sciences « dures ».

L'impasse de l'historicisme

Par ailleurs, le problème des *cultural studies* est que, du moins dans leur forme courante, elles impliquent effectivement de ne plus prendre en compte la valeur de vérité de la théorie considérée, une sorte de suspension cognitive caractéristique du relativisme historiciste ; quand un théoricien des *cultural studies* traite d'un édifice philosophique ou psychanalytique, ses analyses visent exclusivement à mettre à jour le « biais » caché patriarcal, eurocentriste, identitaire, etc., sans même poser la question, peut-être naïve, mais néanmoins nécessaire : mais quelle est donc vraiment la structure de l'univers ? Comment le psychisme humain fonctionne-t-il véritablement ? De telles questions ne sont tout simplement pas prises au sérieux par les *cultural studies*, car celles-ci ont tendance à les réduire à une interrogation historiciste sur les conditions d'émergence de certaines catégories, considérées comme le produit de relations de pouvoir historiquement déterminées. De surcroît, en ayant recours à un procédé rhétorique typique, les *cultural studies* dénoncent la prétention même de tracer une ligne de démarcation claire entre la science véritable et la mythologie scientifique comme relevant d'une tentative eurocentriste visant à imposer son hégémonie au moyen d'une stratégie discursive exclusive qui dévalorise l'Autre en tant que « pas-encore-scientifique ».

Ainsi, la science au sens strict, les « sagesses » prémodernes et d'autres formes de savoir finissent par être analysées comme des formations discursives évaluées non en fonction de leur valeur de vérité, mais en fonction de leur statut sociopolitique et de leurs effets (une sagesse « holiste » pourra de la sorte être considérée comme bien plus « progressiste » que la science « mécaniste » occidentale tenue pour responsable des formes modernes de la domination). Le problème avec la démarche du relativisme historiciste est qu'elle repose sur un ensemble de présupposés ontologiques et épistémologiques implicites (non thématisés) sur la nature de la connaissance humaine et de la réalité : dans la plupart des cas, il s'agit de l'idée protonietzschéenne selon laquelle la connaissance n'est pas simplement imbriquée dans un ensemble complexe de stratégies discursives de (re)production du pouvoir, mais qu'elle est de plus engendrée par cet ensemble complexe. Il est donc crucial de souligner qu'en ce point Lacan diverge de l'historicisme des *cultural studies* : pour lui, la science moderne n'est assurément pas un « récit » comparable en principe à d'autres modes de « repérage cognitif » – la science moderne touche au réel d'une manière qui n'a pas d'équivalent dans les discours prémodernes.

Il faut restituer les *cultural studies* dans leur contexte : depuis la disparition des grandes écoles philosophiques à la fin des années soixante-dix, la philosophie universitaire elle-même, avec son orientation herméneutico-historique, partage paradoxalement avec les *cultural studies* cette suspension cognitive. D'excellentes études ont récemment paru sur les grands auteurs du passé, mais elles s'efforcent d'établir une interprétation juste de l'auteur, tout en ignorant presque entièrement la question naïve, mais inévitable, de la valeur de vérité de son œuvre – nous ne devons en effet pas seulement nous demander : « Est-ce là la bonne interprétation de la conception cartésienne du corps ? Est-ce là ce que la conception cartésienne du corps doit refouler pour rester cohérente ? », mais aussi : « Quel est vraiment le statut du corps ? Quelle est *notre* position à l'égard de la conception cartésienne du corps ? » Il semble que ces questions « ontologiques » taboues font aujourd'hui retour avec force dans la *third culture* : qu'est-ce qui caractérise la promotion récente de la physique quantique et de la cosmologie sinon la réhabilitation agressive et violente des questions métaphysiques les plus fondamentales (quelles sont l'origine et la fin supposées de l'univers ?) ?

Les cultural studies *sont-elles vraiment totalitaires?*

Le but explicite des gens comme Hawking est de parvenir à une formulation de la TT (de la Théorie du *Tout*), autrement dit de découvrir la formule fondamentale de la structure de l'univers (ou, pour ce qui est des êtres humains, du génome qui les identifie objectivement) susceptible d'être imprimée et exhibée sur un teeshirt. Ainsi, en opposition pure et simple avec le rejet définitif par les *cultural studies* des questions « ontologiques », les partisans de la *third culture* s'attaquent sans retenue aux problèmes métaphysiques prékantiens les plus fondamentaux (quels sont les éléments ultimes de la réalité, l'origine et la fin de l'univers, la nature de la conscience, l'origine de la vie, etc. ?) – comme si le vieux rêve, disparu avec l'hégélianisme, d'une synthèse de la métaphysique et de la science, le rêve d'une théorie générale du Tout, qui trouverait ses fondements dans les vues de la science, renaissait de ses cendres.

En opposition à ces deux types de suspension cognitive, l'approche cognitiviste opte pour une investigation directe, naïve, de la « nature des choses » (Qu'est-ce que la perception ? Comment le langage est-il apparu ?) ; cependant, pour utiliser une expression rebattue, cette approche jette le bébé avec l'eau du bain, elle ignore la dimension propre de la réflexion philosophico-transcendantale. Autrement dit, le relativisme historiciste (qui conduit pour finir à un intenable solipsisme) est-il véritablement la seule solution alternative au réalisme naïf prétendument scientifique (selon lequel les sciences en particulier et notre connaissance en général se rapprochent graduellement d'une représentation juste de la façon dont les choses sont vraiment, indépendamment de la conscience que nous avons d'elles) ? D'un point de vue philosophique, il est facile de montrer que ces deux positions manquent également le niveau proprement transcendantal et herméneutique. En quoi consiste ce niveau ? Suivons la ligne d'argumentation réaliste classique qui veut que le passage de la pensée mythique prémoderne à l'approche scientifique moderne de la réalité ne puisse être simplement interprété comme le remplacement d'un « récit » prédominant par un autre récit – la démarche scientifique moderne nous rapproche de la connaissance de ce que la « réalité » (la « dure » réalité, qui existe indépendamment du scientifique) est véritablement. La réponse courante des philosophes herméneutes consiste à insister sur le fait que, avec le passage de l'univers mythique prémoderne à l'univers de la science moderne, la compréhension que nous avons de la « réalité » (ou de « ce qui existe véritablement », de ce qui est tenu pour réel) a aussi changé, en sorte que nous ne pouvons tout simplement pas présupposer une mesure extérieure et neutre qui nous permettrait de juger que nous nous sommes rapprochés, avec la science moderne, de la « même » réalité que celle dont traitait la mythologie prémoderne – comme aurait dit Hegel, avec le passage de l'univers mythique prémoderne à l'univers scientifique moderne, la mesure, la norme que nous utilisons ou appliquons implicitement pour mesurer la « réalité » de ce à quoi nous avons affaire, a elle-même subi une transformation fondamentale. La perspective scientifique moderne implique un certain nombre de distinctions (entre la réalité « objective » et les idées ou impressions « subjectives » du sujet ; entre les faits neutres et les « valeurs » que nous, les sujets qui jugeons, projetons sur les faits) qui sont *stricto sensu* dépourvues de sens dans l'univers prémoderne. Bien entendu, un réaliste pourra toujours répondre que c'est justement avec le passage à l'univers scientifique moderne que nous avons acquis, en comparaison avec la perspective prémoderne qui confondait les « faits » et les « valeurs », une compréhension satisfaisante de la « réalité objective » ; à cela, le philosophe herméneute sera pleinement justifié de répondre que nous ne pouvons éviter le cercle vicieux qui consiste à présupposer notre conclusion : la façon dont fondamentalement la réalité nous « apparait », la façon dont nous faisons en fait l'expérience de « ce qui compte comme existant véritablement », est toujours déjà présupposée dans nos jugements sur « ce qui existe vraiment ». Ce niveau transcendantal est indiqué par Kuhn lui-même dans sa *Structure des révolutions scientifiques* quand il affirme que le changement de paradigme scientifique est *plus* qu'un simple changement dans notre perspective (extérieure) sur la réalité, *plus* qu'un simple changement de notre perception de la réalité, mais qu'elle est cependant *moins* que la « création » d'une nouvelle réalité [138].

C'est la raison pour laquelle la distinction courante entre les conditions sociales et psychologiques contingentes de l'invention scientifique et sa valeur de vérité objective est ici insatisfaisante : le moins que l'on puisse dire à ce sujet est que la distinction même entre la genèse (empirique, sociopsychologique et contingente) d'une formation scientifique donnée et sa valeur de vérité objective, indépendante des circonstances de sa genèse, présuppose un ensemble de distinctions (entre la genèse et la valeur de vérité, etc.) qui ne sont nullement évidentes. Ainsi, il faut ici souligner une fois encore que la discussion herméneutique-transcendantale de ces présuppositions implicites n'avalise aucunement le relativisme historiciste typique des *cultural studies*.

Mais alors, en quoi consiste la différence irréductible du cognitivisme et des *cultural studies* ? D'un côté, il y a la connaissance objective et neutre, autrement dit l'examen attentif et patient de la réalité : les cognitivistes aiment à souligner que, politiquement, ils ne s'opposent pas à la gauche – que le but est précisément de libérer la gauche du bluff postmoderne irrationaliste, relativiste et élitiste ; néanmoins, ils acceptent de distinguer entre la perspective (scientifique) théorique neutre et le parti pris idéologique et politique possible de son auteur. Par contraste, les *cultural studies*, quant à elles, entrainent le paradoxe proprement dialectique d'une Vérité dépendant d'une position subjective engagée. Cette distinction entre le Savoir inhérent à l'institution universitaire, défini par les normes du « professionnalisme », et la Vérité d'un sujet « collectif » engagé dans une lutte (élaborée, entre autres, par des philosophes comme Theodor Adorno et Alain Badiou) nous permet d'expliquer pourquoi la différence entre les cognitivistes et les *cultural studies* fonctionne comme un schibboleth : elle n'est pleinement visible que depuis la position des *cultural studies*. Il faut donc reconnaitre le sérieux des recherches qui constituent l'essentiel de l'entreprise cognitiviste – le plus souvent, elles témoignent de ce que l'université peut produire de mieux ; mais il faut d'autre part souligner que cette entreprise ignore purement et simplement une dimension.

Par ailleurs, les « *cultural studies* politiquement correctes » paient souvent cher le prix de leur arrogance et de l'absence de sérieux de leur démarche, notamment quand elles confondent la Vérité (la position subjective engagée) et le Savoir, quand elles refusent de reconnaitre le fossé qui les sépare et subordonnent directement le Savoir à la Vérité (comme, par exemple, dans le cas de la disqualification sociocritique d'une science donnée, telle que la physique quantique ou la biologie, effectuée sans connaissance approfondie de la structure conceptuelle propre à ce champ du Savoir). Le problème des *cultural studies* est en réalité souvent leur manque de compétences disciplinaires spécifiques : un théoricien de la littérature, dépourvu de toute connaissance du champ en question, peut se permettre d'écrire des remarques dévastatrices sur le phallogocentrisme de Hegel, sur le cinéma, et ainsi de suite – nous sommes confrontés à une prétendue capacité critique universelle de juger de tout, sans connaissances spécifiques. Malgré leur critique de l'universalisme philosophique traditionnel, les *cultural studies* fonctionnent en réalité comme une sorte d'ersatz de la philosophie. Des concepts sont ainsi transformés en universaux idéologiques : dans les études postcoloniales, le concept de « colonisation » fonctionne de plus en plus comme un concept hégémonique et se trouve promu au rang de paradigme universel, en sorte que les hommes « colonisent » les femmes, les classes dominantes « colonisent » les classes dominées.

Les cultural studies *sont-elles vraiment totalitaires ?*

En particulier, certains interprètes « progressistes » de la biologie contemporaine aiment à centrer leurs analyses sur la manière dont des positions opposées sont surdéterminées par les opinions politiques et idéologiques de leurs auteurs : la théorie du vivant dite « du gangster de Chicago », élaborée par Dawkins, cette théorie réductionniste et déterministe selon laquelle des « gènes égoïstes » se trouvent pris dans une lutte à mort pour la survie, n'est-elle pas l'expression d'une société bourgeoise et individualiste où règne la compétition ? L'insistance de Gould sur les changements génétiques soudains et sur l'exaptation ne traduit-elle pas la posture plus souple, dialectique et « révolutionnaire » de l'auteur ? Et ceux qui (comme Lynn Margulis) soulignent l'existence de formes de coopération spontanée n'expriment-ils pas leur désir d'un ordre organique stable, d'une société « corporatiste » ? N'avons-nous pas ici affaire à la traduction dans le domaine scientifique de la triade classique « droite, centre et gauche » : de l'idée, conservatrice et organiciste, selon laquelle la société est un Tout ; de l'idée, individualiste et bourgeoise, selon laquelle la société est un espace de compétition entre les individus ; et de la théorie révolutionnaire du changement soudain ? (Bien entendu, il est possible de donner un accent différent à l'insistance sur l'approche holiste et l'ordre émergeant : elle peut manifester le désir conservateur d'un ordre stable, mais aussi la croyance utopique et progressiste en une nouvelle société, fondée sur la coopération et la solidarité, dans laquelle l'ordre se développe spontanément depuis la base et n'est pas imposé par le sommet.)

La forme courante de cette opposition distingue l'investigation mécaniste « froide » de la causalité, qui correspond à l'attitude du scientifique manipulateur, au service de la domination et de l'exploitation de la nature, et la nouvelle approche « holiste » qui s'attache à l'ordre et à la coopération émergente spontanés, indiquant le chemin de ce qu'Andrew Ross appelle une « science plus douce, plus aimable [139] ». On retrouve ici l'erreur du marxisme stalinien qui opposait la science « bourgeoise » à la science

« prolétarienne » ou celle du féminisme « radical » qui oppose le discours « masculin » au discours « féminin », comme s'il s'agissait de deux totalités fermées sur elles-mêmes en guerre l'une contre l'autre : il n'y a pas *deux* sciences, il n'y a qu'*une* science, mais scindée de l'intérieur, c'est-à-dire engagée dans la bataille pour l'hégémonie[140].

Appareils théoriques d'État

La « pensée radicale » établie au sein de l'Université n'évolue pas dans le vide, mais elle est partie prenante des relations sociales de pouvoir. Au sujet des *cultural studies*, il est nécessaire de poser la vieille question benjaminienne : non pas « quel est leur rapport au pouvoir ? », mais « comment se situent-elles à l'intérieur des relations de pouvoir dominantes ? » Les *cultural studies* ne fonctionnent-elles pas aussi comme un discours qui prétend faire sa propre critique et mettre au jour les relations de pouvoir dominantes, mais qui dans les faits occulte son propre mode de participation à ces relations ? Il serait donc fécond d'appliquer aux *cultural studies* la notion foucaldienne de « biopouvoir » productif, distingué du pouvoir légal « répressif » : et si le champ des *cultural studies*, loin de menacer les relations de domination, s'inscrivait parfaitement dans leur cadre, de la même façon que la sexualité et le discours « répressif » qui la régule se complètent adéquatement ? Et si la critique de l'idéologie patriarcale/identitaire révélait une fascination ambiguë pour elle plus qu'une volonté réelle de la saper ? La transformation des *cultural studies* lors de leur passage de l'Angleterre aux États-Unis est ici fondamental : même si nous retrouvons dans l'une et l'autre les mêmes thèmes, les mêmes concepts, leur fonctionnement socio-idéologique est complètement différent ; nous passons d'un engagement dans la culture ouvrière à un radicalisme chic universitaire.

Néanmoins, il reste que, malgré ces remarques critiques, l'existence même d'une résistance aux *cultural studies* témoigne qu'elles constituent toujours un corps étranger incapable de s'adapter tout à fait à l'université telle qu'elle est : le cognitivisme est en définitive une tentative du savoir universitaire normal – de la théorie « professionnelle », rationnelle, empirique, qui s'efforce de résoudre des problèmes – visant à regagner du terrain, à se débarrasser de l'intrus. La distinction entre le cognitivisme et les *cultural studies* ne se réduit donc pas simplement à la distinction entre deux doctrines ou deux démarches théoriques différentes ; il s'agit en définitive d'une distinction bien plus radicale entre deux modalités ou, plutôt, entre deux *pratiques* du savoir, qui impliquent deux appareils institutionnels du savoir différents. Cette dimension, celle des « appareils théoriques d'État », pour utiliser une tournure althussérienne, est essentielle : si nous ne la prenons pas en compte, nous ne pouvons tout simplement pas comprendre l'antagonisme qui oppose le cognitivisme et les *cultural studies*. Il n'y a rien d'étonnant à ce que les cognitivistes aiment à souligner leur opposition à la psychanalyse : le marxisme et la psychanalyse constituent bien sûr deux cas typiques d'un tel savoir non universitaire. La psychanalyse diffère de la psychologie et de la psychothérapie cognitivistes en trois points fondamentaux :

1) Puisqu'elle ne se présente pas comme un savoir testé objectivement et empiriquement, la question (dans les États où les soins psychiatriques sont couverts par la sécurité sociale) du remboursement des soins aux patients par l'État ou par les mutuelles se pose continûment ;

2) Pour la même raison, la psychanalyse ne parvient que très difficilement à s'intégrer aux départements universitaires de psychologie ou de psychiatrie médicale et doit donc fonctionner comme une entité parasite qui s'attache, selon les cas et les situations, aux départements de psychologie, de *cultural studies* ou de littérature comparée ;

3) Pour ce qui est de leur organisation, les communautés psychanalytiques ne fonctionnent pas comme les associations scientifiques « normales » (comme les

associations de sociologues, de mathématiciens, etc.); elles fonctionnent d'une façon telle qu'elles ne peuvent apparaître, du point de vue des associations scientifiques « normales », que comme les chapelles d'une discipline « dogmatique », engagée dans des luttes de fractions sans fin, opposant des sous-groupes dominés par des leaders charismatiques et autoritaires – conflits qui ne sont pas réglés par le recours à des échanges argumentés et des tests empiriques, et qui ressemblent beaucoup aux luttes des sectes religieuses. En bref, le phénomène du transfert (personnel) fonctionne ici selon des modalités très différentes de celles de la communauté universitaire « courante ». (Il en va de même, à quelques différences près, du marxisme.)

De la même façon que le marxisme interprète la résistance à ses vues comme l'« effet de la lutte des classes dans la théorie », tel que son objet même en rend compte, la psychanalyse interprète elle aussi la résistance qu'elle suscite comme l'effet des processus inconscients dont elle traite – dans les deux cas, la théorie est prise dans une boucle autoréférentielle ; d'une certaine manière, il s'agit d'une *théorie de la résistance contre elle-même*. Pour ce qui est de cette question essentielle, la situation est aujourd'hui entièrement différente de celle des années soixante et du début des années soixante-dix, quand les disciplines « marginales » (comme la version de la psychanalyse que proposent les *cultural studies*) étaient perçues comme « anarchistes », comme libératrices par rapport au régime autoritaire et répressif de la discipline universitaire. Les critiques cognitivistes des *cultural studies* jouent sur la représentation courante aujourd'hui de l'interprétation que les *cultural studies* donnent de la psychanalyse (ou de ce qu'il en reste) : sectaire, « stalinienne », autoritaire, engagée dans des luttes de clans quasi théologiques dans lesquelles la ligne du Parti prévaut sur la recherche empirique ouverte et sur l'argumentation rationnelle, alors qu'eux-mêmes, les critiques cognitivistes, se présentent comme l'air frais qui élimine cette atmosphère renfermée et étouffante – « Maintenant que nous ne sommes plus « terrorisés » par la ligne que le Parti imposait dogmatiquement, nous sommes enfin libres de formuler et de tester des hypothèses différentes ». Nous sommes donc loin de la logique anti-universitaire et anti-institutionnelle des années soixante : l'Université se présente aujourd'hui comme le lieu d'un débat libre et ouvert, qui nous libère des contraintes étouffantes des « subversives » *cultural studies*. Et même s'il est vrai que la « régression » vers le discours prophétique et autoritaire menace les *cultural studies*, qu'elle constitue leur tentation propre, il faut néanmoins prêter attention à la façon dont le discours cognitiviste est parvenu sans difficulté à présenter le cadre du discours universitaire *institutionnel* comme le lieu même de la *liberté* intellectuelle.

Conclusion

« ... à quoi servent les indigents (totalitaires) en ces temps poétiques ? »

Dans lequel le lecteur sera averti de ce que le spectre du totalitarisme rôde toujours (et où l'on examinera, dans l'ordre, les « dictateurs fous » du Tiers-Monde ; la nouvelle droite populiste ; le Big Brother numérique).

Dans l'*auto-poïesis* sans limite du capitalisme qui a suivi la chute du socialisme, le spectre de la « menace totalitaire » survit sous trois formes : les nouveaux fondamentalismes ethnico-religieux, généralement incarnés par de Méchants Dictateurs comme Slobodan Milošević ou Saddam Hussein ; la montée, en Occident, d'un nouveau populisme de droite ; et, *last but not least*, la numérisation de nos vies, qui constituerait une menace majeure pour nos libertés : nos vies quotidiennes seront bientôt enregistrées et contrôlées à une échelle telle que le vieux contrôle étatique policier nous semblera un enfantillage – la « fin de la sphère privée » pointe à l'horizon.

Examinons tout d'abord la première forme de cette « menace totalitaire ». La manière dont les États de droit occidentaux, États « éclairés », perçoivent et traitent les régimes « fondamentalistes » gouvernés par des dirigeants comme Milošević ou Saddam Hussein semble vouée à l'échec. Ces régimes paraissent insensibles à toutes les pressions occidentales : on les bombarde, on leur enlève des pans de territoire, on les isole de la communauté internationale, on leur impose de sévères mesures de boycott, on les humilie de toutes les façons imaginables, et cependant ils survivent, leur gloire intacte, et leurs leaders conservent l'image de chefs courageux osant défier le Nouvel Ordre Mondial. Non pas que ces derniers arrivent à faire passer leurs défaites pour des triomphes, mais, à la manière de sages bouddhistes, ils restent assis dans leur palais et persistent, se permettant même parfois, contre toute attente, des dépenses délirantes, à la Georges Bataille, comme lorsque le fils de Milošević ouvrit, au moment même où l'OTAN bombardait la Serbie, une version locale de Disneyland, ou quand Saddam Hussein acheva l'immense parc d'attractions destiné à la nomenklatura irakienne. Pas plus que la carotte, le bâton (à savoir les menaces et les bombardements) ne permet d'obtenir quoi que ce soit.

Quelle a été l'erreur des Occidentaux ? Pour interpréter la situation, ils n'ont eu recours qu'à une seule grille d'analyse, celle qui oppose la poursuite rationnelle du bonheur au fanatisme idéologique ; c'est pourquoi une autre opposition leur a échappé : celle de l'apathie et de l'obscénité. L'apathie qui envahit aujourd'hui la vie quotidienne en Serbie n'exprime pas simplement la désillusion à l'égard de l'« opposition démocratique » à Milošević, mais une indifférence plus profonde encore vis-à-vis des buts sacrés du nationalisme. Comment se fait-il que les Serbes ne se soient pas soulevés contre Milošević quand il a perdu le Kosovo ? En Yougoslavie, ce mystère n'en est pas un, et tout Serbe connait la réponse : les Serbes se désintéressent totalement du Kosovo. Ainsi, au moment de la perte du Kosovo, ils poussèrent secrètement un soupir de soulagement : nous voilà enfin débarrassés de ce bout de terre « sacré » qui nous a causé tant d'ennuis ! Si les plus antinationalistes des intellectuels occidentaux de gauche ne sont pas parvenus à déceler cette apathie fondamentale, c'est pour une part parce que les préjugés et les dogmes courants à gauche contribuent à restreindre leur compréhension de la crise yougoslave – je pense tout particulièrement à la croyance secrète en la viabilité du socialisme autogéré yougoslave, ainsi qu'à l'idée que les petites nations comme la Slovénie (ou la Croatie) ne peuvent pas fonctionner comme des démocraties modernes, et que, laissées à elles-mêmes, elles régressent nécessairement à un stade de communauté « fermée » proto-fasciste (au contraire de la Serbie, dont la capacité à devenir un État démocratique moderne n'est jamais mise en doute). Sur cette question essentielle, même un philosophe aussi lucide qu'Alain Badiou soutient que seule la Yougoslavie de Tito était digne de respect : pour lui, après sa désintégration et sa division selon des frontières ethniques, tous les camps se valent en dernière instance, tous étant des « épurateurs ethniques », qu'ils soient Serbes, Slovènes ou Bosniaques :

> Le nationalisme serbe ne vaut rien. Mais est-il pire que d'autres ? Il est plus vaste, plus répandu, mieux armé, il a sans aucun doute plus d'occasions d'exercer sa passion criminelle. Cela ne dépend que de circonstances extérieures. [...] Imaginons que, demain, le KLA des nationalistes kosovars prenne le pouvoir : peut-on imaginer qu'un seul Serbe restera au Kosovo ? En dehors de la rhétorique de la victimisation, nous n'avons vu aucune bonne raison politique de préférer un nationaliste kosovar (ou croate, ou albanais, ou slovène, ou musulman-bosniaque) au nationaliste serbe. [...] Bien sûr, Milošević est une brute nationaliste, de même que tous ses collègues de Croatie, Bosnie ou Albanie. [...] Depuis le début du conflit, les Occidentaux ont effectivement pris parti, et d'une manière étrange, en faveur du nationalisme faible (bosniaque, kosovar) contre le nationalisme fort (serbe, et de façon subsidiaire, croate) [141].

L'ironie suprême de cette nostalgie de gauche pour la Yougoslavie perdue est qu'elle conduit à considérer comme successeur de la Yougoslavie la force même qui l'a en réalité tuée, à savoir la Serbie de Milošević. Dans les années quatre-vingt-dix, pendant la crise de l'après-Yougoslavie, c'était la Bosnie (« musulmane ») qui incarnait authentiquement l'héritage de la Yougoslavie de Tito, sa tolérance multiculturaliste tant louée ; l'agression serbe de la Bosnie fut ainsi également une agression menée par Milošević – qui est le premier post-titiste véritable, le premier politicien yougoslave à avoir reconnu que Tito était mort, et à avoir agi en conséquence, selon l'analyse faite il y a plus de dix ans par un chercheur serbe perspicace – contre ceux qui s'accrochaient désespérément à l'héritage titiste de la « fraternité et de l'unité » ethniques. On ne s'étonnera donc pas que le commandant suprême de l'armée « musulmane » soit le général Rasim Delic, qui, ethniquement parlant, est serbe ; rien d'étonnant non plus à ce que, pendant toutes les années quatre-vingt-dix, la Bosnie « musulmane » ait été la seule partie de l'ex-Yougoslavie où, dans les bureaux des ministères, les portraits de Tito étaient encore accrochés aux murs. Effacer cette dimension fondamentale de la guerre yougoslave et la réduire à une guerre civile entre différents « groupes ethniques » en Bosnie n'est pas un geste neutre, c'est au contraire adopter par avance le point de vue d'une des parties du conflit, la Serbie.

Pour les partisans du capitalisme libéral mondialisé, les républiques de l'ex-Yougoslavie doivent choisir entre l'adhésion au capitalisme libéral occidental et l'obstination dans leur enfermement ethnique – mais ne s'agit-il pas d'une fausse alternative, et n'y a-t-il pas une troisième possibilité, qui serait la combinaison des deux, ce que Vesna Pesic, membre de l'opposition démocratique serbe, appelait la « russification » possible de la Serbie ? Et si, après Milošević, une nouvelle élite prenait le pouvoir, composée de *nouveaux riches* corrompus et de membres de la classe politique actuelle, qui, devant l'Occident, se prétendraient « pro-occidentaux » (afin d'obtenir des soutiens financiers), tandis qu'ils reporteraient sans fin les véritables réformes démocratiques, alléguant des « circonstances spéciales », et agitant la menace (alors que leur politique intérieure suivrait une ligne nationaliste) d'un retour au pouvoir des extrémistes nationalistes, si l'Occident leur retirait son soutien ? En d'autres termes, n'est-il pas possible que Milošević, en mourant, joue un rôle christique, et prenne sur lui tous leurs péchés ? Milošević est un paria

Conclusion

qui, aux yeux des gouvernements occidentaux, incarne tout ce qui est mauvais en Yougoslavie, de sorte que sa chute serait saluée comme une chance pour un nouveau commencement démocratique – la Yougoslavie serait ainsi de nouveau acceptée, sans avoir à en payer le prix. On assiste actuellement à un scénario similaire en Croatie, avec la mort du président Franjo Tudjman. Ses funérailles ont été ignorées par la communauté internationale ; le leitmotiv de la plupart des commentateurs était que son obstination constituait le principal obstacle à la démocratisation de la Croatie, de sorte que son décès ouvrait de nouvelles perspectives pour la Croatie démocratique – comme si tous les aspects sombres de la Croatie indépendante, depuis la corruption jusqu'à son propre « nettoyage ethnique », avaient désormais disparu comme par magie et avaient été enterrés avec le corps de Tudjman. Milošević pourra-t-il lui aussi offrir un tel cadeau à sa nation ?

Ce phénomène est plus courant qu'il ne paraît. Dans nombre d'États du Tiers-Monde, le discours idéologique de l'élite au pouvoir est double : dans les villes, elle développe un discours démocrate et libéral, tandis qu'elle s'adresse à d'autres, en particulier dans les régions reculées, comme aux membres d'une communauté *ethnique* exclusive. L'illusion d'un grand nombre d'acteurs politiques, depuis les intervenants occidentaux bienveillants et condescendants jusqu'à Mandela, consiste ainsi à croire qu'il est possible de suspendre purement et simplement l'identification ethnique, cette source de « violence ethnique tribale sauvage », et d'imposer le régime de la citoyenneté démocratique universelle. Comme on a pu le constater de la Bosnie au Kenya, cette solution ne fonctionne pas : elle a en réalité pour conséquence catastrophique que les principaux choix *politiques* se retrouvent surdéterminés (ou envahis, imprégnés) par les différences ethniques, de sorte que telle orientation politique est identifiée aux membres de telle communauté ethnique.

Le problème n'est ainsi pas tant de déterminer ce que

l'Occident doit faire – ou aurait dû faire – mais ce qu'il ne faut pas qu'il fasse. Le résultat pitoyable de l'attentisme occidental puis de sa (ré)action excessive à la crise yougoslave est qu'aujourd'hui, en 2000, dans toute la vaste région des Balkans du centre (la Yougoslavie, l'Albanie, la Macédoine, la Bosnie), l'État de droit est largement suspendu, le pouvoir politique a des connexions publiques avec le crime organisé, la contrebande est directement mise en place par l'État, le meurtre est toléré comme arme politique – en un mot, cette région est régie par le banditisme politique. Mais quelle est donc la racine de l'incompréhension de l'Occident ?

Il y a environ un an, la télévision autrichienne avait organisé un débat sur le Kosovo entre un Serbe, un Albanais et un pacifiste autrichien. Le Serbe et l'Albanais présentèrent tous deux leur point de vue d'une manière cohérente et rationnelle (bien sûr, cohérente et rationnelle si, et seulement si, on accepte leurs présupposés respectifs : à savoir, que le Kosovo est le berceau historique de la Serbie, auquel les Serbes ont un droit inaliénable ; et que les Albanais, opprimés depuis des décennies par les Serbes, ont droit à une entité politique souveraine). À l'inverse, le pacifiste autrichien tenta de jouer le rôle du conciliateur, implorant les deux adversaires : « Quelles que soient vos idées, promettez-nous que vous ne tirerez pas l'un sur l'autre, que vous ferez de votre mieux pour résister à la terrible tentation de la haine et de la vengeance ! » À ce moment-là, le Serbe et l'Albanais, officiellement adversaires, échangèrent un bref regard dans un geste de solidarité issu d'une perplexité partagée, comme s'ils se disaient l'un à l'autre : « De quoi parle cet imbécile ? Est-ce qu'il comprend *quoi que ce soit* ? » Dans ce bref échange de regard, je vois une lueur d'espoir : si le Serbe et l'Albanais, au lieu de se battre l'un contre l'autre, étaient capables d'allier leurs forces pour assommer ce pacifiste stupide, tout espoir ne serait pas perdu pour la Yougoslavie…

Afin d'éviter tout malentendu, je précise que je suis bien conscient qu'il est facile de se moquer d'un pacifiste sans défense. Cependant, le regard échangé par le Serbe et l'Albanais n'était pas un geste de reconnaissance et de solidarité entre deux nationalistes agressifs, il exprimait plutôt leur perplexité devant ce que disait le pacifiste autrichien. Ce qui les surprenait, ce n'était pas que le pacifiste n'ait pas conscience de la complexité ethnique, religieuse, etc., de la situation dans les Balkans, c'était qu'il prenne au sérieux tous ces bavardages au sujet de mythes et de passions ethniques vieux de cent ans, et qu'il ne voie pas que les Serbes et les Albanais, loin d'être « sous l'emprise » de ces mythes, les manipulaient eux-mêmes. Ce qu'il y avait de problématique chez ce pacifiste n'était pas son pacifisme en lui-même, mais sa manière dépolitisée et *raciste* de voir dans l'intolérance et la réémergence de vieilles haines ethniques la cause de la guerre post-yougoslave.

Je suis ainsi tenté de proposer au lecteur un test simple de racisme implicite, inspiré du célèbre trait de Robespierre, qui, à l'apogée de la terreur révolutionnaire, montra à l'Assemblée nationale réunie un carnet qui, prétendait-il, contenait les noms des traitres au sein de l'Assemblée : « Si quelqu'un dans cette pièce craint que son nom puisse être dans ce carnet, sa crainte même est la preuve irréfutable qu'il *est* un traitre ! » *Mutatis mutandis*, je suis tenté d'affirmer : si quelqu'un, lisant ces lignes, s'est trouvé un tant soit peu gêné par l'idée que l'échange de regard entre le Serbe et le Kosovar est porteur d'un petit espoir, s'il s'est senti un tant soit peu mal à l'aise lorsque j'ai paru me moquer de ce pauvre pacifiste bien intentionné, cet embarras est la preuve irréfutable qu'il est raciste.

Ce qui nous conduit fort opportunément à l'Autriche : on peut être sûr que, dans les premiers mois de l'année 2000, ce même pacifiste s'est engagé corps et âme dans les manifestations contre la participation des *Freidemokraten* [les Démocrates Libres] de Jörg Haider au gouvernement autrichien. Cette perspective suscita l'horreur dans tout le spectre politique « démocratique légitime » du monde occidental : depuis la gauche de la Troisième Voie sociale-démocrate jusqu'aux chrétiens conservateurs, de Chirac à Clinton (pour ne pas citer, bien sûr, Israël), tous exprimèrent leur « inquiétude » et annoncèrent des mesures au moins symboliques de quarantaine démocratique contre l'Autriche, jusqu'à ce que cette maladie disparaisse ou s'avère n'être pas réellement dangereuse. Selon certains commentateurs, cet affreux évènement a prouvé que le consensus démocratique et antifasciste, issu de la seconde guerre mondiale, est toujours solide – mais les choses sont-elles si dépourvues d'ambigüité ?

Il faut tout d'abord rappeler ce fait si bien caché, qui était pourtant manifeste à l'époque : quand, il y a dix ans, les partis populistes d'extrême droite sont devenus une force politique majeure (Haider en Autriche, Le Pen en France, les républicains en Allemagne, Buchanan aux États-Unis), un véritable soupir de soulagement s'est fait entendre dans le champ politique démocratique dominant. Ce soulagement exprimait l'idée suivante : voici enfin l'ennemi que nous pourrons, tous ensemble, véritablement haïr, que nous pourrons sacrifier – c'est-à-dire excommunier – afin de démontrer notre communion dans les valeurs démocratiques ! Ce soulagement doit être lu à la lumière de ce qu'on appelle généralement le « consensus postpolitique » émergent : cette nouvelle droite populiste est la seule force politique qui ait un poids suffisant pour continuer *de fait* à générer un antagonisme véritablement politique, une opposition tranchée entre Nous et Eux.

Il s'est passé quelque chose d'étrange dans le monde politique new-yorkais à la fin novembre 1999 : Lenora Fulani, l'activiste noire de Harlem, a annoncé publiquement qu'elle soutenait la candidature à la présidentielle du *Reform Party* de Patrick Buchanan, ajoutant qu'elle ferait tout pour qu'il puisse venir à Harlem et pour convaincre les gens de voter pour lui. Tandis que les deux partenaires reconnaissaient qu'ils différaient sur un certain nombre de sujets essentiels, ils soulignèrent « leur populisme économique commun, et, en particulier, leur antipathie pour le libre-échange ». Comment expliquer ce pacte entre Fulani, partisane d'une politique marxiste-léniniste, et

Conclusion

Buchanan, guerrier blanc reaganien et principale figure de l'aile droite populiste ? La sagesse libérale commune a une réponse toute prête à cette question : tous deux extrêmes, les « totalitarismes » de droite et de gauche se rencontrent dans leur rejet de la démocratie et, spécialement en ce moment, dans leur incapacité commune à s'adapter aux nouvelles tendances de l'économie mondialisée. N'ont-ils pas par ailleurs en commun des opinions antisémites ? L'antisémitisme des Afro-Américains radicaux est bien connu, et l'on se souvient que Buchanan avait qualifié de façon provocatrice le Congrès américain de « territoire occupé israélien ». Contre ces banalités libérales, il faut insister sur ce qui unit effectivement Fulani et Buchanan : ils prétendent tous deux parler au nom de la fameuse « classe ouvrière en voie de disparition ».

La politique « radicale » postmoderne accepte la thèse de la « disparition de la classe ouvrière » et son corolaire, l'absence croissante de pertinence de l'antagonisme de classe ; ses représentants aiment à dire que l'antagonisme de classe ne doit pas être « essentialisé », qu'il ne doit pas constituer un point de référence herméneutique absolu auquel pourraient être réduits tous les autres antagonismes. Nous assistons aujourd'hui à l'efflorescence d'une multiplicité de subjectivités politiques nouvelles (de classe, ethnique, gay, écologique, féministe, religieuse), et leur alliance est le résultat de la lutte ouverte et entièrement contingente pour l'hégémonie. Des philosophes aussi différents qu'Alain Badiou et Fredric Jameson ont cependant souligné, évoquant la célébration multiculturaliste de la diversité des modes de vie, combien cette efflorescence des différences repose sur un Un sous-jacent, c'est-à-dire sur l'effacement radical de la Différence, de la faille antagoniste[142]. Il en va de même pour la critique postmoderne commune selon laquelle la différence sexuelle serait une « opposition binaire » qu'il conviendrait de déconstruire : « Il n'y a pas simplement deux sexes, mais une multitude de sexes, d'identités sexuelles… » – la vérité de ces sexes multiples est l'Unisexe, l'effacement de la

Différence dans une Similitude ennuyeuse, répétitive et perverse qui sert de réceptacle à cette multitude. À chaque fois que nous introduisons la « multitude efflorescente », nous affirmons en fait exactement son contraire, la Similitude envahissante ; la notion de faille antagoniste radicale, affectant le corps social dans son entier, disparait ; la Société sans antagonisme est ici le « réceptacle » capable d'englober la multitude des communautés culturelles, des modes de vie, des religions, des orientations sexuelles [143].

Il y a une raison philosophique bien précise pour laquelle l'antagonisme doit être une dyade, et qui explique, par conséquent, pourquoi la « multiplication » des différences équivaut à la réaffirmation de l'Un sous-jacent. Comme Hegel l'a souligné, tout genre n'a en dernière instance que deux espèces, la différence spécifique se réduisant finalement à la différence entre le genre lui-même et son espèce « en tant que telle ». Ainsi, dans notre univers, la différence sexuelle n'est pas simplement la différence entre les deux espèces du genre humain, mais la différence entre un terme – l'homme – qui représente le genre en tant que tel et un autre terme – la femme – qui représente la Différence au sein du genre en tant que tel, son moment de spécification. Dans une analyse dialectique, même lorsqu'il nous semble être confronté à une multiplicité d'espèces, nous devons donc toujours chercher l'espèce exceptionnelle qui donne corps au genre en tant que tel : la véritable Différence est la différence « impossible » entre cette espèce et toutes les autres.

Paradoxalement, Ernesto Laclau est ici très proche de Hegel : en effet, sa conception de l'hégémonie comporte l'idée que, parmi les éléments (ou signifiants) particuliers, il y en a un qui donne directement une « couleur » au signifiant vide de l'universalité impossible elle-même, de sorte que, au sein de cette constellation hégémonique, s'opposer à ce signifiant particulier équivaut à s'opposer à la « société » en tant que telle [144]. Quand la dyade antagoniste est remplacée par la « multitude efflorescente », la faille ainsi effacée n'est donc pas simplement celle qui sépare différents contenus au sein de la société, mais la faille antagoniste entre le Social et le non-Social, la faille qui affecte l'idée Universelle du Social. J'ajouterai, afin d'éviter tout malentendu, qu'il y a, bien sûr, une pluralité de positions et de pratiques subjectives sexuelles qui ne peuvent être réduites à des variantes ou à des déviations par rapport à une Norme symbolique fondamentale (qui serait l'hétérosexualité « normale [*straight*] »). Cependant, la question essentielle est la suivante : cette pluralité représente-t-elle une série de tentatives manquées pour symboliser le réel d'un antagonisme ou d'une impossibilité, ou s'agit-il simplement d'une multitude qui prospère sur fond d'un Un englobant ?

Dans cet univers de Similitude, la forme principale que prend l'apparence de la Différence politique est la structure bipartite du système politique, cette apparence de choix là où aucun choix n'est en réalité possible. Les deux pôles convergent quant à leur politique économique, comme l'a montré la façon dont Blair et Clinton ont fait du principe des « restrictions budgétaires » le dogme fondamental de la gauche moderne : les restrictions budgétaires soutiennent la croissance économique, et la croissance nous permet de mener une politique sociale plus active, de lutter plus efficacement pour une meilleure sécurité sociale, une meilleure éducation et une meilleure santé... Ils ne se différencient plus, en dernière instance, que par des attitudes culturelles opposées : « ouverture » multiculturaliste, sexuelle, etc., contre « valeurs familiales ». Il est significatif que seul le discours de l'extrême droite s'adresse aujourd'hui à ce qui peut rester du gros de la « classe ouvrière » dans nos sociétés occidentales et tente de la mobiliser, tandis que la « tolérance » multiculturaliste devient la devise des nouvelles « classes symboliques » privilégiées (journalistes, universitaires, chefs d'entreprise, etc.). Ce choix politique – social-démocrate ou démocrate-chrétien en Allemagne, démocrate ou républicain aux États-Unis – m'évoque irrésistiblement l'embarras que j'éprouve toujours lorsque je veux prendre une sucrette dans une cafétéria américaine :

lequel choisir, entre *Nutra Sweet Equal* et *High & Low*, entre les petits emballages bleus et les rouges ; à ce sujet, chacun a presque toujours ses préférences (évitez les rouges, ils contiennent des substances cancérigènes, ou le contraire), et cette manière ridicule de s'agripper à ses choix ne fait que souligner l'absurdité totale de l'alternative.

N'est-ce pas la même chose pour les talkshows télévisés, où la « liberté de choisir » se réduit au droit de choisir entre Jay Leno et David Letterman[*] ? Pareil encore pour les boissons : Coca ou Pepsi ? On sait bien que, dans la plupart des ascenseurs, le bouton « Fermer la porte » n'est qu'un placebo sans aucun effet, qui n'est placé là qu'afin de donner aux gens l'impression qu'ils sont partie prenante de ce qui se passe, qu'ils contribuent à la rapidité du trajet : quand nous appuyons sur ce bouton, la porte se ferme exactement au même moment que si nous n'avions appuyé que sur celui de l'étage, et cela n'« accélère » en rien le processus. Ce cas extrême de participation factice constitue une métaphore adéquate de la façon dont les individus participent au processus politique « postmoderne ».

Bien sûr, la réponse postmoderne à ces remarques serait qu'un antagonisme radical n'émerge dans la société que dans la mesure où la société continue à être perçue comme un tout unifié – Adorno ne disait-il pas en effet que la contradiction est la différence sous une apparence d'identité[145] ? Le recul de l'identité de la société auquel on assisterait en cette époque postmoderne impliquerait ainsi *indissociablement* le recul de l'antagonisme qui divise le corps social – ce que nous obtenons à la place, c'est l'Un de l'indifférence comme médium neutre dans lequel coexiste la multitude (des modes de vie, etc.). À l'inverse, la réponse de la théorie matérialiste consiste à démontrer que cet Un, ce champ commun au sein duquel fleurissent les identités multiples, repose en fait sur certaines exclusions, qu'il est sous-tendu par une scission antagoniste invisible.

Ce qui nous ramène aux nouvelles droites populistes, qui jouent un rôle essentiel, structurel, dans la légitimation de la nouvelle hégémonie de la tolérance multiculturaliste libérale-démocrate. Elles sont le dénominateur commun négatif de tout le spectre des libéraux de centre-gauche. Leur exclusion elle-même, leur irrecevabilité comme partis de gouvernement, fournit la garantie négative de la légitimité de l'hégémonie libérale, la preuve de sa position « démocratique ». Leur existence substitue ainsi au *véritable* centre de la lutte politique – qui est, bien sûr, l'étouffement de toute alternative radicale de gauche – la « solidarité » de tout le bloc « démocratique » contre le danger venu d'extrême droite.

C'est là que réside la preuve de l'hégémonie libérale-démocrate qui règne actuellement dans la scène idéologico-politique, et qui a trouvé son accomplissement avec l'apparition de la « Troisième Voie » ; car la « Troisième Voie » est précisément la démocratie sociale sous l'hégémonie du capitalisme libéral-démocrate, c'est-à-dire privée du plus petit aiguillon de subversion, et elle parvient ainsi à exclure définitivement toute référence à l'anticapitalisme et à la lutte des classes. Par ailleurs, il est d'une importance cruciale que les nouveaux populistes d'extrême droite soient la seule force politique « sérieuse » qui s'adresse aux gens avec une rhétorique anticapitaliste, bien qu'habillée d'oripeaux nationalistes, racistes ou religieux (leur message est en substance que les multinationales « trahissent » les honnêtes travailleurs de « notre » pays) [146].

Il y a quelques années, à un congrès du Front National, Le Pen fit monter sur scène un Algérien, un Africain, et un Juif, les embrassa tous et dit à l'assemblée : « Ils ne sont pas moins français que moi – ce sont les représentants du grand capital multinational qui, négligeant leur devoir envers la France, représentent le véritable danger pour notre identité ! » Aussi hypocrites que soient ces propos, ils indiquent cependant la façon dont la droite populiste se déplace pour occuper le terrain laissé vacant par la gauche. Le nouveau centre libéral-démocrate joue ici un double jeu : il présente les populistes d'extrême droite comme l'ennemi commun, et manipule en même temps la peur de l'extrême droite pour dominer le champ « démocratique », c'est-à-dire pour vaincre et discipliner son véritable adversaire, la gauche radicale.

Haider aime à souligner les parentés entre le New Labour et son propre parti, celui des Démocrates Libres autrichiens, lesquelles montrent selon lui que l'opposition droite/gauche a perdu toute pertinence : tous deux affirment rompre avec le vieux ciment idéologique et combinent la flexibilité de l'économie de marché (la dérégulation, etc.) avec une politique de solidarité fondée sur la communauté (aide aux personnes âgées, aux enfants et aux déshérités de la société), prônant ainsi le développement d'une solidarité communautaire au-delà du dogme de l'État providence[147]. De telles affirmations sont bien sûr destinées, et ce de façon consciente et intentionnelle, à masquer le noyau populiste et xénophobe de la politique de Haider – elles sont du même ordre que les tentatives des partisans de l'apartheid en Afrique du Sud pour présenter leur politique comme une autre version de la « politique des identités » qui vise à garantir la survie des différentes cultures, dans toute leur richesse. Ernesto Laclau[148] a montré qu'il faut distinguer les éléments d'un édifice idéologique et la manière dont ces éléments sont articulés entre eux, laquelle leur confère leur signification : ainsi, le fascisme n'est pas simplement caractérisé par un ensemble de traits (comme le corporatisme économique, le populisme, la xénophobie ou le militarisme), c'est-à-dire que ces traits ne sont pas *en eux-mêmes* « fascistes », mais peuvent appartenir à différentes configurations idéologiques – ce qui les rend « fascistes », c'est leur articulation spécifique au sein du projet idéologique fasciste d'ensemble (ainsi, les grands travaux publics n'ont pas joué le même rôle dans l'Allemagne nazie et dans l'Amérique du New Deal). De la même manière, il serait aisé de montrer en quoi consiste la manipulation de Haider : même si Haider et Blair proposent de fait un ensemble de mesures identiques, ces mesures s'inscrivent dans un projet d'ensemble différent.

Mais là n'est pas le fin mot de l'histoire : Haider est effectivement une sorte de double étrange de Blair, le sourire ricanant et obscène qui accompagne comme son ombre le grand sourire du New Labour. Pour le formuler dans les bons vieux termes du stalinisme, bien qu'Haider mente quand il se compare à Blair, ses affirmations sont « objectivement vraies » : le populisme de la nouvelle droite est un « retour du refoulé », le complément nécessaire de la tolérance multiculturaliste du capitalisme mondialisé. S'il y a une « vérité » de l'affirmation de Haider, ce n'est pas parce qu'on peut identifier le New Labour au populisme de la nouvelle droite, mais c'est parce que ce populisme est engendré par l'incohérence du projet de la Troisième Voie. Dans le corps à corps que Haider engage avec Blair (et l'expression « corps à corps » est ici utilisée au sens précis qu'elle a en boxe), comme dans l'étrange coalition entre Buchanan et Fulani, la gauche de la Troisième Voie se voit renvoyer son message sous une forme inversée – c'est-à-dire en fait sous sa véritable forme. La participation de l'extrême droite au gouvernement ne vient pas punir le « sectarisme » de l'extrême gauche et son incapacité à « s'accommoder des nouvelles conditions postmodernes » – c'est, au contraire, le prix que la gauche paie pour avoir renoncé à tout projet politique radical, pour avoir accepté le capitalisme de marché comme si c'était le « seul choix possible ».

De ce point de vue, même la défense néoconservatrice des valeurs traditionnelles apparait sous un nouveau jour, à savoir comme une réaction contre la disparition de toute normativité légale et éthique, progressivement remplacée par des règles pragmatiques visant à concilier les intérêts particuliers de différents groupes. Cette thèse peut sembler paradoxale : notre époque n'est-elle pas celle du règne universel des droits de l'homme, lesquels peuvent même prévaloir contre la souveraineté d'un État ? Les bombardements de l'OTAN sur la Yougoslavie n'étaient-ils pas le premier cas d'intervention militaire menée (ou tout au moins prétendument menée) au nom d'un souci purement normatif, sans référence à aucun intérêt politico-économique « pathologique » ? À travers cette normativité des « droits de l'homme », c'est en fait son contraire qui émerge actuellement. Je n'entends pas ici reprendre simplement l'affirmation marxiste selon laquelle il y a un écart entre l'apparence idéologique de la forme légale universelle et les intérêts particuliers qui l'animent en réalité. À cette critique, on peut répondre, comme l'ont fait notamment Lefort et Rancière[149], que la forme n'est précisément jamais une « simple » forme, mais implique une dynamique propre qui laisse des traces dans la matérialité de la vie sociale ; et cet argument est pleinement valide : la « liberté formelle » bourgeoise met en mouvement le processus très « matériel » des revendications et des pratiques politiques, du syndicalisme au féminisme.

Rancière souligne surtout l'ambiguïté radicale de la notion marxiste d'« écart » entre la démocratie formelle (les droits de l'homme, la liberté politique, etc.) et la réalité économique de l'exploitation et de la domination. On peut interpréter cet écart entre une « apparence » d'égaliberté et la réalité sociale des différences notamment économiques et culturelles soit de la manière « symptomatique » habituelle – et on en conclut alors que la forme des droits universels, de l'égalité, la liberté et la démocratie n'est que la forme d'expression, nécessaire mais illusoire, d'un contenu social concret : l'univers d'exploitation et de domination de classe – soit, de façon bien plus subversive, comme une tension dans laquelle l'apparence de l'égaliberté *n*'est précisément *pas* une « simple apparence », mais témoigne d'une effectivité propre, qui lui permet de mettre en mouvement le processus de réorganisation des relations socioéconomiques existantes au moyen de leur « politisation » progressive (ainsi, émergeront progressivement des questions comme : pourquoi les femmes ne pourraient-elles pas voter, elles aussi ?, ou encore : pourquoi les conditions de travail ne pourraient-elles pas être un problème public, politique ?) Il est tentant d'employer ici la vieille expression de Lévi-Strauss, celle d'« efficacité symbolique » : l'apparence d'égaliberté est

Conclusion

une fiction symbolique qui, en tant que telle, possède une efficacité réelle propre – il faut résister à la tentation véritablement cynique de la réduire à une simple illusion qui masquerait une réalité qui la contredirait.

Au contraire, la position qui prévaut aujourd'hui est celle du cynisme postmoderne : le fait que, derrière la forme universelle de la norme légale, il y ait un intérêt particulier ou un compromis entre la multitude des intérêts, est directement – et même formellement – pris en compte : la norme légale qui s'impose est « formellement » perçue et présentée comme un compromis entre la multitude des intérêts « pathologiques » (ethniques, sexuels, écologiques ou économiques). La critique marxiste classique de l'idéologie fait ainsi l'objet d'une réappropriation et d'une instrumentalisation perverse ; et l'idéologie conserve sa prégnance dans cette fausse transparence à soi. Ce qui s'évapore dans l'univers idéologique post-politique actuel, ce n'est donc pas la « réalité » bannie par des fantasmagories idéologiques, mais c'est l'apparence elle-même, l'apparence d'une norme contraignante, et sa force « performative » : le « réalisme » – l'attitude qui consiste à aborder les choses telles qu'elles « sont vraiment » – est la pire des idéologies[150].

Aujourd'hui, le principal problème politique est le suivant : comment allons-nous rompre ce consensus cynique ? Il importe de ne pas fétichiser la démocratie formelle : ses limites sont ainsi parfaitement lisibles dans la situation du Venezuela après l'élection du général Chávez à la présidence en 1998. Cet homme est *effectivement* un populiste anti-libéral, « autoritaire », charismatique, *mais* il *faut* prendre ce risque, dans la mesure où la démocratie libérale traditionnelle n'est pas capable d'énoncer un certain nombre de revendications populaires radicales. La démocratie libérale tend vers des décisions « rationnelles » à l'intérieur des limites de ce qui est (perçu comme) possible ; pour ce qui est des gestes politiques plus radicaux, les structures charismatiques proto-totalitaires, sous-tendues par une logique de plébiscite où l'on « choisit librement la solution imposée », sont plus efficaces. Il faut admettre ce paradoxe qu'en démocratie, les individus tendent *de fait* à rester pris au niveau du « service des biens » – on a souvent *besoin* d'un chef pour être capable de « faire l'impossible ». Le véritable Chef est littéralement l'Un qui me rend capable de me choisir moi-même ; la subordination à ce chef est le plus grand acte de liberté.

Cependant, toutes ces menaces paraissent bien insignifiantes comparées à celle du *Big Brother*, cette idée d'Orwell que nous avions presque oubliée et qui a retrouvé une nouvelle vigueur avec la menace engendrée par la numérisation de nos vies – il ne s'agit pas moins que de la « fin de la vie privée », la disparition des derniers refuges contre le Regard omniprésent de *Big Brother*. Les choses sont néanmoins plus complexes qu'il n'y paraît. Il n'y a pas longtemps, il est arrivé une aventure amusante à l'un de mes amis en Slovénie. Alors qu'il était revenu dans son bureau tard dans la soirée pour finir un dossier, il remarqua dans le bureau situé de l'autre côté de la cour un directeur (marié) et sa secrétaire qui copulaient passionnément – tout à leur passion, ils avaient oublié qu'il y avait un bâtiment de l'autre côté de la cour, d'où ils pouvaient être vus distinctement, étant donné que le bureau était vivement éclairé et que les rideaux n'étaient pas tirés. Mon ami composa alors le numéro de téléphone du bureau d'en face et, quand le directeur décrocha, interrompant un instant son activité sexuelle, il murmura d'une voix inquiétante : « Dieu te regarde ! » À ces mots, le pauvre directeur s'évanouit et manqua d'être victime d'une crise cardiaque…

L'intervention d'une voix aussi traumatisante, dont on ne parvient pas à déterminer l'origine dans la réalité, est peut-être l'expérience la plus proche du Sublime qu'il nous soit donné de connaître. Mais pourquoi ? me demandera-t-on peut-être. C'est que le pauvre directeur n'a pas simplement été désagréablement surpris ; au contraire, la surprise consistait pour lui à voir se réaliser de façon si directe le fantasme qu'il avait lui-même intimement d'être observé. Nous sommes là au cœur de la notion psychanalytique de fantasme. Ce qui constitue le fantasme proprement dit, ce n'est pas la scène qui suscite notre fascination, mais c'est le *regard* que nous imaginons observer la scène, c'est par exemple l'impossible regard en surplomb auquel les anciens Aztèques destinaient les gigantesques dessins d'oiseaux et d'animaux qu'ils traçaient sur le sol, ou celui auquel étaient destinés les détails des sculptures sur le vieil aqueduc de Rome, qui ne pouvaient être vus depuis le sol. En bref, la scène fantasmatique la plus élémentaire n'est pas une scène fascinante à regarder, mais l'idée qu'« il y a quelqu'un dehors qui nous regarde » ; le fantasme n'est pas un rêve, mais l'idée que « nous sommes les objets du rêve de quelqu'un ».

Dans *La Lenteur*, Milan Kundera présente comme l'image paradigmatique de la fausse sexualité aseptisée et pseudo-voluptueuse qui est de règle aujourd'hui un couple qui mime une sodomie au bord de la piscine d'un hôtel, au vu et au su des clients des chambres qui la surplombent – poussant de faux gémissements de plaisir mais sans procéder en fait à la pénétration ; à cela, il oppose les lents jeux galants, intimes et érotiques qui avaient cours au XVIIIe siècle en France…

Des scènes analogues à celle qui est décrite dans *La Lenteur* eurent lieu dans le Cambodge des Khmers Rouges. Après que les purges et la famine eurent décimé tant de personnes, le régime, désireux d'accroître la population, déclara officiellement les premier, dix et vingt du mois jours de copulation. Dans la soirée, les couples mariés (qui, les autres jours, devaient dormir dans des baraquements séparés) étaient autorisés à dormir ensemble, et contraints de faire l'amour. Pour seul espace privé, ils disposaient d'une petite cabine isolée par un rideau de bambou à demi transparent ; les gardes Khmers Rouges patrouillaient devant les cabines pour vérifier que les couples faisaient effectivement l'amour. Ces derniers savaient que ne pas faire l'amour était considéré comme un acte de sabotage justiciable d'une punition sévère, et cependant, après une journée de travail de quatorze heures, ils étaient en général trop fatigués pour faire effectivement l'amour ; ils faisaient donc semblant, afin de tromper la vigilance de leurs gardiens, imitant les gestes et les bruits d'un couple faisant l'amour...

Cette situation n'est-elle pas l'exact inverse de celle que certains d'entre nous ont connue dans leur jeunesse, lorsqu'il leur fallait – l'époque était en effet moins permissive qu'aujourd'hui – se glisser furtivement dans la chambre de leur partenaire, et faire l'amour aussi silencieusement que possible, afin de ne pas attirer l'attention des parents ? Faut-il en conclure que ce spectacle destiné au regard de l'Autre fait partie de l'acte sexuel ? que, comme « il n'y a pas de rapport sexuel », selon le mot de Lacan, celui-ci ne peut qu'être mis en scène pour le regard de l'Autre ?

Internet a été récemment submergé par le phénomène des sites avec « *webcam* » qui mettent en œuvre le principe du film de Peter Weir, *The Truman Show* ; sur ces sites, il est possible de suivre en continu un évènement ou ce qui se passe à un endroit donné : la vie d'une personne dans son appartement, une vue sur telle rue, etc. Cette tendance n'exprime-t-elle pas le même besoin pressant du Regard fantasmatique de l'Autre, garantie de l'Être du sujet : « Je n'existe que dans la mesure où l'on me regarde constamment » ? (De façon analogue, comme l'a remarqué Claude Lefort, les téléviseurs restent souvent allumés en permanence, même quand personne ne les regarde : c'est la garantie minimale de l'existence du lien social.) On assiste ici au renversement tragicomique de l'idée benthamo-orwellienne de société panoptique, dans laquelle nous sommes (potentiellement) « observés en permanence » et où il nous est impossible de nous dérober au regard omniprésent du Pouvoir : l'anxiété semble naitre aujourd'hui de la perspective de *n*'être *pas* exposé en permanence au regard de l'Autre, comme si le sujet avait besoin du regard de la caméra, qui seul serait le garant ontologique de son être.

Cette tendance a atteint son sommet avec l'émission

télévisée, au succès extraordinaire, baptisée ironiquement « *The Big Brother* », et qui a été produite pour la première fois aux Pays-Bas en 1999 par la société Endemol. Il existe déjà pour la désigner un terme révélateur : la « téléréalité » ; la formule est sur le point d'être reprise en Allemagne et en Grande-Bretagne, et des projets sont en cours aux États-Unis. Dans cette émission, qui est une sorte de série télévisée mêlée de film pornographique amateur, un groupe d'environ quinze personnes est isolé dans un grand appartement dont chaque pièce est surveillée par une caméra vingt-quatre heures sur vingt-quatre, suivant tous les faits et gestes des acteurs (volontaires), y compris les actes sexuels. Une fois par semaine, les acteurs sont autorisés à avoir des contacts avec l'extérieur, à parler de leurs problèmes avec des psychologues ou avec les réalisateurs, et à recevoir des messages sur la manière dont devraient évoluer leurs relations avec les autres. (Généralement, la règle subsidiaire est que, chaque semaine, la personne désignée par le public comme la moins populaire est renvoyée dans le monde « réel », de sorte que l'émission finit quand il ne reste plus qu'un gagnant.)

L'étrangeté de cette émission réside en ce qu'elle va en un sens plus loin que *The Truman Show* : la naïveté de Truman consiste en ce qu'il a besoin d'être trompé, et de croire qu'il vit dans une communauté réelle, toute la dramaturgie du film reposant sur les doutes croissants qu'il éprouve quant à ce qui se passe en réalité autour de lui. Bien que, à l'inverse du film *The Truman Show*, les sujets/acteurs de « *The Big Brother* » jouent leur propre rôle dans un espace artificiel isolé, ils le jouent en un sens « pour de vrai », de sorte que la fiction devient littéralement impossible à distinguer de la réalité : les sujets s'impliquent dans des conflits émotionnels « réels », et quand ils consultent des gens du monde extérieur « réel », il ne s'agit pas pour eux de retourner ainsi à la « vraie vie », mais plutôt d'en *sortir* magiquement, de traiter la « vraie vie » comme un jeu virtuel qu'on peut tenir temporairement à distance pour demander des conseils. (Des créneaux horaires sont également prévus pour que les acteurs discutent directement avec le public de ce qu'ils doivent faire dans leur rôle, de sorte que le jeu est littéralement interactif, les spectateurs pouvant déterminer avec les acteurs ce qui va se produire.) La distinction entre la vraie vie et la vie jouée est ainsi « déconstruite » : en un sens, les deux coïncident, dans la mesure où les participants jouent leur « vraie vie », et se jouent en jouant leur rôle à l'écran (le paradoxe benthamien de l'image de soi est ici enfin réalisé : les acteurs « se ressemblent »).

L'émission américaine « *How to Marry a Multi-Millionnaire* » [« Comment épouser un multimillionnaire »], diffusée pour la première fois en février 2000, n'avait-elle pas le même sens ? Ce qui était choquant dans cette émission, c'était de penser que le millionnaire anonyme, caché derrière un écran protecteur, allait choisir sa future épouse (et il l'épousa ensuite effectivement) parmi sept candidates qui lui auraient été présentées pendant l'émission, et après avoir demandé leur avis aux téléspectateurs – c'est à nouveau le plus intime qui est entièrement extériorisé, tandis que la ligne de séparation entre le « spectacle » et la « réalité » se brouille. Et n'est-ce pas quelque chose de strictement analogue qui se joue dans *Celebration*, le célèbre (et odieux) parc d'attractions de Disney en Floride, où est recréée de manière réaliste une petite ville américaine idyllique à dimension « humaine », dans laquelle les habitants « jouent leur propre rôle » ou « mènent leur vraie vie sur une scène de théâtre ». Le cercle se referme en quelque sorte : alors que la télévision était censée nous permettre de nous évader de la réalité sociale actuelle en nous offrant un monde de fiction, tout se passe comme si, dans la « téléréalité », c'était la réalité elle-même qui était recréée et proposée comme *la* fiction absolue nous permettant de fuir la réalité…

Qu'y a-t-il alors de si troublant dans la « téléréalité » ? L'horreur que certaines âmes sensibles éprouvent devant « *The Big Brother* » est du même ordre que celle que nombre d'entre nous éprouvent devant le sexe virtuel sur

Internet. La dure leçon que nous donne le sexe virtuel n'est pas que nous n'avons plus de « sexualité réelle », c'est-à-dire de contact intense avec le corps d'une autre personne, mais seulement une stimulation produite par les images sans substance dont nous bombarde l'écran. Non, ce qu'il nous fait découvrir, c'est plutôt – et cela est bien plus pénible à admettre – qu'il n'y a jamais eu de « sexualité réelle » : le sexe a toujours déjà été un jeu nourri par des scénarios fantasmatiques et masturbatoires. Selon les représentations communes, la masturbation est « un acte sexuel avec un partenaire imaginaire » : je me le fais à moi-même tandis que j'imagine le faire avec quelqu'un d'autre. Lorsque Lacan dit qu'« il n'y a pas de rapport sexuel », il opère un renversement de cette idée commune : et si la « sexualité réelle » n'était rien d'autre que de la masturbation avec un partenaire réel ? Se peut-il que, même quand je le fais avec un partenaire réel, ce qui me fait jouir en dernière instance n'est pas tant le partenaire lui-même, mais les fantasmes secrets que je projette sur lui ? Il en va de même pour notre exposition absolue au regard de *Big Brother* : et si *Big Brother* était toujours déjà là, s'il était le Regard (imaginaire) pour lequel j'agis, que je tente d'impressionner, de séduire, même quand je suis seul ? Et si l'émission « *The Big Brother* » ne faisait que rendre palpable cette structure universelle ? En d'autres termes, se pourrait-il que, dans nos « vraies vies », nous jouions toujours déjà un rôle défini – ainsi, nous ne serions pas ce que nous sommes, nous jouerions notre propre rôle ? Le succès considérable de « *The Big Brother* » semble être là pour nous rappeler ce fait étrange.

Quant à la « menace totalitaire » que cette actualisation du regard de l'Autre représenterait, la réponse matérialiste qu'il convient d'y apporter a été fournie il n'y a pas si longtemps par la réalité sociale elle-même (pour employer cette expression marxiste dépassée). Au cours des derniers jours de l'année 1999, partout dans le monde (occidental), nous fûmes bombardés de différentes versions du même message, exemple parfait du clivage fétichiste : « Je sais bien, mais quand même… ». Dans les grandes villes, les locataires recevaient des lettres du syndic leur disant qu'il n'y avait pas de problème, que tout se passerait bien, mais leur conseillant *néanmoins* de remplir leur baignoire d'eau et de faire des provisions de nourriture et de bougies ; les banques affirmaient à leurs clients que leurs dépôts d'argent étaient en sécurité, mais qu'ils devraient, *au cas où*, se prémunir d'un peu d'argent liquide et d'un relevé bancaire imprimé ; cela jusqu'au maire de New York, Rudolf Giuliani, qui, bien qu'il répétât pour apaiser ses administrés que la ville était bien préparée, passa néanmoins la nuit du réveillon dans le bunker en béton situé près du World Trade Center, à l'abri des armes chimiques et biologiques…

Et la cause de toute cette inquiétude ? Une entité inexistante, désignée généralement par l'expression « le bug de l'an 2000 ». Je ne suis pas sûr que, aujourd'hui encore, nous ayons entièrement pris conscience de l'étrangeté de cette obsession du bug de l'an 2000 qui nous a saisis alors, ni de ce qu'elle nous dit sur notre société. Non seulement le bug a été produit par l'homme, mais il est même possible de le situer précisément : à cause de l'imagination bornée des premiers programmateurs, ces ordinateurs stupides ne surent pas comment lire le « 00 » de 2000 à minuit (ils étaient incapables de distinguer 1900 et 2000). Cette simple limite de la machine en était la *cause*, mais l'écart entre la cause et ses *effets* potentiels était incommensurable. Les prévisions allèrent des plus stupides aux plus effrayantes, puisque même les experts étaient incapables de prévoir avec certitude ce qui se produirait : la panne totale de tous les services sociaux, ou peut-être rien du tout (ce qui fut effectivement le cas).

La menace qui pesait alors sur nous était-elle vraiment celle d'un simple dysfonctionnement mécanique ? Bien sûr, le réseau numérique est matérialisé par des puces et des circuits électroniques ; mais il faut toujours garder à l'esprit que ces circuits sont en un sens « censés savoir » : ils sont censés donner corps à un certain savoir, et c'est ce savoir – ou plutôt son absence (l'incapacité des ordinateurs à lire « 00 ») – qui provoqua toutes ces inquiétudes. Ce à quoi le bug de l'an 2000 nous a confrontés, c'est au fait que notre « vraie » vie repose elle-même sur un ordre virtuel de savoir objectivé, dont le dysfonctionnement peut avoir des conséquences catastrophiques. Jacques Lacan appelait ce Savoir objectivé – la substance symbolique de notre être, l'ordre virtuel qui régule l'espace intersubjectif – le « grand Autre ». Une version plus populaire, et plus paranoïaque, de la même idée est incarnée par la Matrice du film des frères Wachowski, *Matrix*.

La menace à laquelle nous avons donné le nom de « bug de l'an 2000 » était en fait l'idée que la Matrice puisse cesser de fonctionner. Nous voyons ici ce qu'il y a de vrai dans *Matrix* : la réalité que nous habitons est *effectivement* contrôlée par un réseau numérique invisible et tout-puissant d'une telle ampleur qu'en disparaissant il pourrait provoquer une désintégration mondiale « réelle ». C'est pourquoi il est illusoire et dangereux de penser que le bug aurait pu nous apporter la libération : si nous étions privés du réseau numérique digital artificiel qui sert d'intermédiaire et de support à notre accès à la réalité, nous ne trouverions pas la vie naturelle dans sa vérité immédiate, mais une terre désolée, invivable – « Bienvenue dans le désert du réel ! », c'est la salutation ironique qui nous accueillerait, comme elle accueille Néo la première fois qu'il voit la réalité telle qu'elle est vraiment, sans la Matrice.

Qu'est-ce alors que le bug de l'an 2000 ? C'est peut-être la dernière illustration de ce que Lacan appelait l'objet *a*, le « petit autre », l'objet-cause du désir, cette petite particule de poussière qui donne corps au manque dans le « grand Autre », dans l'ordre symbolique. Et c'est là que l'idéologie entre en jeu : le bug est l'objet sublime de l'idéologie. Le terme même est révélateur, si l'on prend en compte ses cinq significations : un pépin ou un défaut, une maladie comme la grippe, un insecte, un fanatique, un microphone dissimulé[151]. Ce glissement de sens réalise l'opération idéologique la plus élémentaire : un simple manque ou pépin est imperceptiblement transformé en une maladie, à laquelle est attribuée une cause positive : un « insecte » nuisible doté d'un comportement psychologique spécifique (le fanatisme) et censé nous surveiller secrètement. Un dysfonctionnement purement négatif acquiert ainsi une existence positive et prend la forme d'un espion fanatique qui doit être exterminé comme un insecte... On nage déjà dans la paranoïa. Vers la fin du mois de décembre 1999, le principal journal slovène de droite titrait : « Est-ce vraiment un danger – ou un leurre ? », sous-entendant que d'obscurs cercles financiers avaient préparé la panique du bug de l'an 2000 et allaient l'utiliser pour organiser une gigantesque escroquerie... Le bug n'est-il pas la meilleure métaphore animale de la figure antisémite du Juif : un insecte enragé qui introduit la dégénérescence et le chaos dans la vie sociale, la cause véritable et cachée des antagonismes sociaux ?

Dans un geste symétrique à cette paranoïa de droite, Fidel Castro – après qu'il est apparu clairement qu'il n'y avait pas de bug, et que le cours des choses allait continuer sans trop de heurts – dénonça publiquement la peur du bug : elle aurait été le résultat d'un complot des grandes entreprises informatiques, destiné à pousser les gens à acheter de nouveaux ordinateurs. De fait, une fois la frayeur passée, et une fois qu'il fut avéré que le bug de l'an 2000 était une fausse alarme, on entendit des accusations monter de tous côtés, disant qu'il devait bien y avoir une raison à tout ce bruit pour rien, quelque intérêt financier (caché) à l'origine de cette peur : il n'était tout simplement pas possible que tous les programmateurs aient fait une telle erreur ! Le sujet de discussion tourna ainsi au dilemme post-paranoïaque : y avait-il eu un bug, dont les conséquences catastrophiques avaient été évitées grâce à de prudentes mesures préventives, ou n'y avait-il tout simplement rien eu, de sorte que tout aurait continué normalement même si l'on n'avait pas dépensé les millions de millions de dollars investis dans ces mesures ? Nous avons ici de nouveau affaire à l'objet *a*, le vide qui « est »

Conclusion

l'objet-cause du désir, sous sa forme la plus pure: un certain « rien du tout », une entité dont on ne sait même pas clairement si elle « existe vraiment » ou non, et qui cependant, comme l'œil du cyclone, cause un gigantesque bouleversement autour d'elle.

Ainsi, conclurons-nous par une idée marxiste toute simple: puisque le réseau numérique nous affecte tous, puisque c'est déjà le réseau qui contrôle notre vie quotidienne jusque dans ses aspects les plus communs, comme l'approvisionnement en eau, il doit faire l'objet d'une *socialisation*, sous une forme ou sous une autre. La numérisation de nos vies rend effectivement possible un contrôle à la *Big Brother* en comparaison duquel celui de la vieille police secrète communiste semble un enfantillage primitif. Ici, plus que jamais, il importe de souligner que la réponse adéquate à cette menace ne consiste pas à se retirer toujours plus avant dans des ilots protégés de sphère privée, mais qu'elle passe par une socialisation plus grande encore du cyberespace. Il nous faut donc rassembler la force visionnaire nécessaire pour discerner le pouvoir émancipateur du cyberespace là où nous ne voyons aujourd'hui qu'une menace « totalitaire »[152].

Notes de l'auteur

1. Mussolini est le premier à avoir fait usage de l'expression « État total » dans les années vingt ; mais la notion de totalitarisme a été élaborée par des théoriciens libéraux de gauche.

2. Darian Leader, *À quoi penses-tu ? Les incertitudes de l'amour*, Paris, Odile Jacob, 1997 (traduction de *Why Do Women Write More Letters Than They Post ?*, Londres, Faber & Faber, 1996, p. 72).

3. Je fais ici bien entendu référence à *Hamlet's Mill* de Giorgio de Santillana et Hertha von Dechend, un des classiques de la littérature *New Age* (Boston, MA, David R. Godine, 1977).

4. Voir les chapitres XIX à XXII du *Séminaire VIII : Le transfert* (Jacques Lacan, Paris, Seuil, 1991, séance du 10 mai 1961).

5. Voir *Séminaire XI : Les quatre concepts fondamentaux de la psychanalyse* de Jacques Lacan (Paris, Seuil, 1973, séance du 29 janvier 1964).

6. De même, Antigone resplendit d'une beauté sublime, alors qu'Œdipe, dans *Œdipe à Colone*, offre l'exemple d'une abnégation totale : il maudit la terre entière, lui y compris, avant de disparaître dans les enfers.

7. Dans *Rigoletto* de Verdi la situation est similaire – un affreux bossu a pour fille une jeune femme à la beauté éclatante.

8. Le personnage de Jean est donc très semblable à celui du père dans *Le Royaume des moustiques* de Paul Theroux (Paris, Calmann-Lévy, 1983).

9. Voir, de Phil Powrie, *French Cinema in the 1980s*, Oxford, Clarendo, 1977, p. 50-61.

10. Un tel lien, « diagonal », peut être discerné dans les écrits théologico-politiques de jeunesse de Hegel, fondés sur une double opposition : religion subjective et religion objective (institutionnelle), religion privée et religion populaire [*Volksreligion*]. Nous n'avons pas affaire ici à l'opposition attendue

entre les doublons religion privée-subjective et religion populaire-objective : le lien est « diagonal », autrement dit la religion moderne est à la fois privée et objective (prise dans l'opposition entre l'intimité de la conscience et l'institution imposée de l'extérieur), alors que la religion des Grecs était à la fois populaire (elle imprégnait toute la vie publique) et subjective (elle était vécue comme la substance spirituelle du sujet lui-même, non comme une substance étrangère).

De la même façon, l'interconnexion entre les deux couples de formules que constituent les « formules de la sexuation » de Lacan est diagonale et, de surcroît, immanente : l'Universel masculin est objectif et a le privé pour exception, alors que le domaine féminin est celui du pas-tout, autrement dit du subjectif, et est en outre sans exception, autrement dit populaire.

11. Un autre exemple : dans les années trente, en URSS, les journaux étaient pleins de publicités pour de nouveaux produits associés à l'abondance économique, comme les glaces à la crème ou les parfums (voir à ce sujet le livre de Sheila Fitzpatrick, *Le Stalinisme au quotidien, La Russie soviétique dans les années trente*, Paris, Flammarion, 2002). Le problème n'était pas d'écouler ces produits : ils n'étaient disponibles que pendant un temps très court dans quelques rares magasins des grandes villes comme Moscou. Pourquoi donc cette débauche de publicités ? Il ne s'agissait pas tant de publicités visant à assurer la vente des produits que de « métapublicités », de publicités réflexives, qui annonçaient que ces produits *étaient* maintenant en vente (même s'il était en fait très difficile de les acquérir). Loin d'être une spécificité du stalinisme, cette dimension réflexive est à l'œuvre dans toute publicité : une publicité est toujours aussi une publicité pour elle-même, pour le mode de vie dans lequel elle s'insère.

12. Ce sont ses contradictions idéologiques qui font tout l'intérêt de *La Terre désolée*. Le poème associe en effet trois mythes incompatibles : le mythe païen de la terre stérile et de sa régénération ; le mythe chrétien de la résurrection ; et le mythe bouddhiste du nirvana. Eliot aspire à une régénération d'inspiration chrétienne du monde moderne ; néanmoins, il semble inscrire cet effort dans le cadre du mythe païen de la fécondité retrouvée, et, de plus, il parait tendre à une annihilation proto-bouddhiste plutôt qu'à une régénération au sens strict.

13. Robert Coover, *Demandez le programme ! Ça doit vous rappeler quelque chose*, Paris, Seuil, 1991.

14. Heinrich von Kleist (1777-1811), *La Marquise d'O*.

15. *Ibid*.

16. Voir sur ce point, de Walter Benjamin, « Critique de la violence », *Œuvres*, tome I, Gallimard, Folio essai, Paris, 2000.

17. Ernst Bloch, *Ueber Rechtsleidenschaft innerhalb des positiven Gesetzes*, Francfort, Suhrkamp, 1972, p. 96. Je m'inspire ici du remarquable *Lizentiatsarbeit* de David Ratmokos, intitulé « *Agency, Fiction and Act : Paranoia's Invisible Legacy* » (Zurich, 1999).

18. Voir, de Theodor W. Adorno, *Minima Moralia. Réflexions sur la vie mutilée*, Paris, Payot, 1980.

Notes de l'auteur

19. Voir, de Michael Atkinson, *The Secret Marriage of Sherlock Holmes and Other Eccentric Readings*, Ann Arbor, University of Michigan Press, 1996.

20. « *Ulysse, Order and Myth* », reproduit dans *Selected Prose of T. S. Eliot*, New York, Farrar, Straus Q Giroux, 1975, p. 177.

21. *Ibid*, p. 178.

22. Martin Heidegger, *Schelling : le traité de 1809 sur l'essence de la liberté humaine*, Gallimard, Paris, 1977, p. 251.

23. Jacques Lacan, *Séminaire VI : Le désir et son interprétation* (tapuscrit t. II, p. 554). Pour défendre Marx, il est possible de préciser que cette « négligence » n'est pas tant de son fait que de celui du capitalisme lui-même – des « ajustements produits par la société moderne entre les valeurs d'usage et les valeurs d'échange ».

24. Ces paragraphes doivent beaucoup à Mladen Dolar qui a développé ces idées, en y incluant notamment la genèse de la figure antisémite du Juif à partir des paradoxes de l'Avare.

25. Georg Wilhelm Friedrich Hegel, *La Science de la logique*, Paris, Aubier, 1949.

26. Karl Marx, *Fondements de la critique de l'économie politique*, Paris, Éditions Anthropos, 1967.

27. Jacques Lacan, *Séminaire VI : Le désir et son interprétation*, tapuscrit t. II, p. 524-527.

28. Cet aria s'inscrit au sein d'un ensemble ; les autres éléments sont « *Largo il factotum* » et « *La calumnia* ».

29. Je présente ici un autre aspect du surmoi capitaliste, dont la logique est développée plus complètement dans le chapitre III de *The Fragile Absolute* (Slavoj Žižek, *The Fragile Absolute*, Londres et New York, Verso, 2000).

30. Jacques Lacan, *Séminaire XI : Les quatre concepts fondamentaux de la psychanalyse*, Paris, Seuil, 1973 (séance du 24 juin 1964).

31. La préoccupation contemporaine pour la toxicomanie envisagée comme le danger suprême menaçant l'édifice social ne peut être comprise qu'au regard de l'économie subjective dominante de la consommation en tant que forme d'apparence de l'économie [*thrift*] : à d'autres époques, la consommation de drogue n'était qu'une des pratiques semi-clandestines de personnages réels (de Quincey) ou fictionnels (Sherlock Holmes).

32. Pour une interprétation matérialiste de cette notion, voir les chapitres un à quinze de *The Fragile Absolute* (*op. cit.*).

33. Gerald O'Collins, *Christology, A Biblical, Historical, and Systematic Study of Jesus Christ*, Oxford, Oxford University Press, 1995, p. 286-287.

34. Je m'inspire ici du livre de E. Mac Grath, *An Introduction to Christianity*, Oxford, Blackwell, 1997, p. 138-139.

35. *Ibid*, p. 141. 36. *Ibid*, p. 141-142.

37. Conversation privée, octobre 1999.

38. Ce paragraphe constitue une critique des analyses que j'ai développées dans *The Fragile Absolute* (*op. cit.*).

39. Voir sur ce point le livre de Jean Laplanche, *Nouveaux Fondements de*

la psychanalyse : la séduction originaire, Paris, PUF, 1987.

40. Jean Laplanche, *Le Primat de l'Autre en psychanalyse*, Flammarion, Paris, 1997, p. 360.

41. Voir, de Jean Laplanche, « L'interprétation entre déterminisme et herméneutique. Nouvelle position de la question », in *La Révolution copernicienne inachevée*, Aubier Montaigne, Paris, 1992, p. 385-415. La reconstitution par Laplanche des errements de Freud dans l'élaboration de la pulsion de mort est très convaincante : il n'y a qu'une pulsion, la pulsion sexuelle, en tant que poussée « immortelle » et incessante qui persiste au-delà du principe de plaisir ; l'hypothèse freudienne d'une pulsion de mort est simplement (pas si simplement que cela) une forme de régression vers la problématique évolutionniste et déterministe, qui le contraint à identifier la libido et la force de vie unificatrice, en sorte que Freud s'est trouvé dans l'obligation, pour rendre compte de l'effet déstabilisant et destructeur de la sexualité, d'imaginer une force contraire, dont la théorie a été élaborée, de façon particulièrement peu éclairante, en référence à la tradition philosophique issue de Schopenhauer.

42. Jean Laplanche, *Le primat de l'Autre en psychanalyse*, (*op. cit.*, p. 410).

43. Jacques Lacan, « Le séminaire sur la lettre volée » in *Écrits*, Paris, Seuil, 1966, p. 11.

44. Le « Nom-du-Père » désigne l'autorité symbolique paternelle ; les « noms du père » désignent le père en tant qu'il est la Chose réelle qui ne peut être approchée que par une multitude de noms, comme dans le mysticisme qui établit une distinction stricte entre le Nom de Dieu et les noms de Dieu : le Nom de Dieu est, en quelque sorte, la « chose même », le noyau même de l'autorité symbolique de Dieu ; la multitude des noms divins désigne la Chose divine qui échappe à toute appréhension symbolique.

45. La réponse de Lacan à Laplanche aurait été d'affirmer que quelque chose *manque* à son explication : pourquoi l'enfant se trouve-t-il pris dans l'énigme de l'Autre ? Il ne suffit pas d'évoquer ici la naissance prématurée et la vulnérabilité de l'enfant – pour que ce fossé apparaisse, pour que les gestes des parents apparaissent comme un message énigmatique, un message qui est une énigme pour les parents eux-mêmes, *l'ordre symbolique doit déjà être là.*

46. Je m'inspire ici du livre de Ron Rosenbaum, *Explaining Hitler* (New York, Harper, 1999), livre sans doute théoriquement faible et assez journalistique, mais qui cependant ne manque pas d'intérêt.

47. « *Foreword by Elie Wiesel* » in Annette Insdorf, *Indelible Shadows : Film and the Holocaust*, Cambridge, MA, Cambridge University Press, 1989, p. xi.

48. Il est néanmoins révélateur qu'il n'existe pas de comédies du goulag ou même tout simplement de films dont l'action se déroule dans le goulag – à l'exception de l'adaptation par Tom Courtney d'*Un jour dans la vie d'Ivan Denissovitch* de Soljenitsyne (cette adaptation britannique a été tournée au début des années soixante-dix en Norvège, et est tombée presque aussitôt dans l'oubli).

49. Des tentatives similaires ont eu lieu au théâtre : à la fin des années quatre-vingt un cabaret soviétique proposait un spectacle dansé et chanté dont une partie se déroulait dans les chambres à gaz d'un camp de concentration.

50. Je m'inspire ici du chapitre deux du livre de Giorgio Agamben, *Ce qui reste d'Auschwitz* (Paris, Rivages, 1999). Le racisme anti-arabe sous-jacent dans ce terme est plus qu'évident : la désignation de « musulman » vient sans doute de ce que les prisonniers associaient les morts vivants des camps à l'image courante en Occident du « musulman », celle d'une personne résignée à son destin, endurant passivement toutes les calamités comme des fléaux de Dieu. À l'heure du conflit israélo-palestinien, ce terme retrouve une actualité : le « musulman » est le noyau extime, le degré zéro du juif lui-même.

51. « Un des rares survivants les décrit comme des robots, leur visage jaune gris cerclé de glace et couvert de larmes froides. Ils mangeaient en silence, formant un groupe compact, ignorants des autres » (Colin Thubron, *In Siberia*, New York, Harper Collins, 2000, p. 40).

52. *Ibid*, p. 42-43.

53. Sur ce terme, voir Slavoj Žižek, *The Ticklish Subject*, Londres et New York, Verso, 1999.

54. Pour une analyse plus complète, voir la contribution de Slavoj Žižek au recueil *Tout ce que vous avez toujours voulu savoir sur Lacan sans jamais oser le demander à Hitchcock*, Paris, Navarin, 1988 (ouvrage publié sous la direction de Slavoj Žižek).

55. Jacques Lacan, *Séminaire VII : L'éthique de la psychanalyse*, Paris, Seuil, 1986, p. 362. C'est Simon Critchley qui a souligné la dimension comique de *das Ding* chez Lacan (voir Simon Critchley, « *Comedy and Finitude : Displacing the Tragic-Heroic Paradigm in Philosophy and Psychoanalysis* », in *Ethics-Politics-Subjectivity*, Londres et New York, Verso, 1999).

56. Voir de Jacques-Alain Miller « *The desire of Lacan* », *Lacanian ink* 14, printemps 1999. À partir d'une perspective théorique différente, Simon Critchley a perçu ce même glissement (voir Simon Critchley, *Ethics-Politics-Subjectivity*, *op. cit.*).

57. Voir de Václav Havel, « Le pouvoir des sans-pouvoir », in *Essais politiques*, Paris, Calmann-Lévy, 1989.

58. Pour ce qui est des éléments factuels, je m'inspire ici du livre d'Elizabeth Becker, *When the War Was Over: Cambodia and the Khmer Rouge Revolution* (New York, PublicAffairs, 1998), livre par ailleurs typique du journalisme d'inspiration libérale tel qu'on le pratique en Occident.

59. Citation extraite du livre d'Elizabeth Wilson, *Shostakovich, A Life Remembered* (Princeton, NJ, Princeton University Press, 1995, p. 134).

60. Cette logique a été décrite avec beaucoup de finesse par Ayn Rand au sujet des lois antitrusts : tout ce qu'un capitaliste fait devient un crime – si ses prix sont plus élevés que ceux de ses concurrents, il profite d'une situation de monopole ; s'ils sont plus bas, il est coupable de concurrence déloyale ; s'ils sont égaux à ceux de ses concurrents, il est coupable d'entente

illicite. La question de l'heure d'arrivée de l'analysant chez le psychanalyste ne peut-elle pas être formulée de façon similaire ? Si le patient est en retard, il accomplit une provocation hystérique ; s'il est en avance, il manifeste une compulsion obsessionnelle ; s'il arrive à l'heure, il obéit à un rituel pervers.

61. J. Arch Getty and Oleg V. Naumov, *The Road to Terror: Stalin and the Self-Destruction of the Bolsheviks, 1932-1939*, New Haven et Londres, Yale University Press, 1999, p. 370. Ces rires improbables se retrouvent en d'autres endroits : « Boukharine : 'Tout ce qu'ils peuvent dire contre moi est faux. [*Rires et agitation dans la salle.*] Pourquoi riez-vous ? Il n'y a là rien de drôle' » (*Ibid.*, p. 394).

62. Franz Kafka, *Le procès*, chapitre deux.

63. J. Arch Getty et Oleg V. Naumov, *The Road to Terror, op. cit.*, p. 315-316.

64. *Ibid.*, p. 322. 65. *Ibid.*, p. 321. 66. *Ibid.*, p. 399.

67. *Ibid.*, p. 404-405. 68. *Ibid.*, p. 556. 69. *Ibid.*, p. 558-560.

70. *Ibid.*, p. 558. 71. *Ibid.*, p. 387-388. 72. *Ibid.*, p. 100.

73. Pour une analyse plus détaillée de cet aspect essentiel de l'éthique kantienne, voir le chapitre deux de *Essai sur Schelling : « le reste qui n'éclôt jamais »* (Slavoj Žižek, Paris, Montréal, L'Harmattan, 1996).

74. Voir d'Alenka Zupancic, *Ethics of the Real : Kant, Lacan*, Londres et New York, Verso, 1999.

75. Il est nécessaire de rappeler ici que, dans les semaines qui précédèrent la Révolution d'octobre, alors que des débats très vifs opposaient les bolcheviks, Staline prit parti *contre* la position de Lénine en faveur d'une prise immédiate du pouvoir. Staline, comme les mencheviks, jugeait que la situation n'était pas encore « mure », qu'il fallait éviter tout « aventurisme » et soutenir une large coalition de toutes les forces opposées au tsarisme.

76. Je cite ici de mémoire des propos de Lénine au sujet des débats suscités par l'adoption des statuts du parti social-démocrate russe lors de son deuxième congrès.

77. Vladimir Ilitch Oulianov Lénine, « Lettre aux membres du Comité central », 24 octobre 1917, in *Œuvres*, t. XXVI, Éditions du Progrès, Moscou, 1967, p. 240.

78. Alain Badiou, *L'Être et l'évènement*, Paris, Seuil, 1988.

79. J. Arch Getty et Oleg V. Naumov, *The Road to Terror, op. cit.*, p. 480.

80. *Ibid.*, p. 481

81. Sigmund Freud, *Le Président Schreber : remarques psychanalytiques sur un cas de paranoïa (dementia paranoides) décrit sous forme autobiographique*, Paris, PUF, 1995.

82. J. Arch Getty et Oleg V. Naumov, *The Road to Terror, op. cit.*, p. 14.

83. *Ibid.*, p. 14.

84. Voir Elisabeth Wilson, *Shostakovich, A Life Remembered, op. cit.*, p. 124-125.

85. Heidegger eut recours à une formulation identique pour justifier son engagement aux côtés des nazis : au cours de son séminaire des années

trente sur le *logos* chez Héraclite, il était clair pour tous ceux qui « avaient des oreilles pour entendre » qu'il portait là un coup dévastateur à l'idéologie nazie !

86. Pour une analyse plus précise de ces deux niveaux, voir de Slavoj Žižek, *The Art of the Ridiculous Sublime* (Seattle, University of Washington Press, 2000).

87. J. Arch Getty et Oleg V. Naumov, *The Road to Terror, op. cit.*, p. 586.

88. Voir d'Alain Badiou, *Saint Paul ou la naissance de l'universalisme* (Paris, PUF, 1997, p. 41).

89. Voir de Fredric Jameson, *Signatures of the Visible* (New York, Routledge, 1992, p. 137).

90. Les analyses qui suivent s'inspirent du livre de Charity Scribner, *Requiem for Communism* (Cambridge, MA, MIT Press, 2003).

91. György Lukács, *Soljenitsyne*, Paris, Gallimard, 1970.

92. C'est l'un des grands mérites de Fredric Jameson d'insister encore et encore sur ce point.

93. C'est aussi l'un des points faibles de l'analyse de Claude Lefort, qui est pourtant sur d'autres points très rigoureux. Dans son ouvrage récent, *La Complication : retour sur le communisme* (Paris, Fayard, 1999), Lefort critique de manière convaincante les simplifications de François Furet, en soulignant notamment la façon dont certains éléments du consensus libéral actuel ont été intégrés au sens commun libéral à la suite des luttes menées par les communistes (comme c'est le cas par exemple pour l'impôt progressif ou l'accès universel à l'école). Néanmoins, ses efforts pour déployer une logique strictement *politique* de « l'invention démocratique » limitent considérablement sa perspective. C'est cette limitation qui l'empêche d'apporter une explication satisfaisante au phénomène « totalitaire » : ce dernier apparaît précisément au moment où la politique prend le dessus – comme tel, il met en évidence l'incapacité effective des efforts des acteurs politiques pour restructurer la sphère de la production.

94. L'exemple le plus frappant d'un tel « dépassement » de la réalité historique dans sa notion symbolique est la thèse de Hegel selon laquelle l'histoire de la guerre du Péloponnèse de Thucydide était le but véritable de la guerre : d'un point de vue spirituel, la guerre du Péloponnèse n'était qu'un prétexte pour l'écriture du texte qui en renferme l'essence.

95. Je m'inspire ici des chapitres trois et cinq de *Stanze : parole et fantasme dans la culture occidentale* (Giorgio Agamben, Paris, Christian Bourgois, 1981).

96. Graham Greene, *La Fin d'une liaison*, Robert Laffont, Paris, 1951, p. 291.

97. Theodor W. Adorno, *Musikaliche Schriften VI*, Franfort, Suhrkamp, 1984, p. 469. Cette remarque s'inscrit, bien sûr, dans le contexte de l'effort de Furtwängler pour sauver la tradition de la musique classique allemande des attaques de la barbarie nazie.

98. Giorgio Agamben, *Ce qui reste d'Auschwitz, op. cit.*, p. 20.

Vous avez dit totalitarisme ?

99. Citation extraite du livre de E. Fay, *Shostakovich: A Life* (Londres, Oxford University Press, 2000, p. 217).

100. Voir, de Sigmund Freud, « Le deuil et la mélancolie », in *Métapsychologie*, Gallimard, Paris, 1968.

101. Nous avons ici affaire à l'opposition logique entre négation interne et négation externe (autrement dit, entre ne pas vouloir [passivement] participer et [activement] vouloir ne pas participer) qui est aussi à l'œuvre dans la dialectique du désir et de l'interdit : souvent, le rejet actif par le sujet d'un désir qu'il juge répugnant (« le désir que j'éprouve pour cette femme me dégoute ») est un mécanisme de défense contre une perspective bien plus terrifiante encore, celle de *ne rien désirer du tout*. Le fossé qui sépare le fait de *renoncer* à l'objet désiré et le fait de *ne plus le désirer* est immense : le renoncement n'est pas exclusif du désir. Quand elle est extrême, l'anxiété ne renvoie pas à la crainte de perdre l'objet du désir, mais à la crainte de perdre le désir lui-même. Un phénomène semblable a lieu quand nous acceptons de nous conformer aux prescriptions d'un médecin (par exemple de ne pas manger tel ou tel aliment) : ce que nous craignons le plus, c'est de perdre notre goût pour l'aliment auquel il nous faut renoncer. En bref, ce qui nous effraie le plus, c'est que l'interdit affecte non seulement notre rapport aux objets, mais surtout notre univers symbolique subjectif lui-même. Par exemple, quand nous sommes contraints de vivre loin de notre partenaire pendant un an ou deux, ce que nous craignons par-dessus tout, ce n'est pas tant la séparation elle-même que la perspective de l'indifférence, de l'accoutumance à l'absence de l'être aimé.

102. Jacques Derrida, *Spectres de Marx*, Paris, Galilée, 1993, p. 151.

103. Simon Critchley, *Ethics-Politics, Subjectivity, op. cit.*, p. 275.

104. *Ibid.*, p. 283.

105. Lacan opère au sujet d'*Antigone* un double mouvement : d'une part, ce qu'il cherche à mettre en évidence, c'est l'obscurcissement de l'expérience grecque du tragique par la « comédie » chrétienne ; d'autre part, il christianise secrètement Antigone, dont la figure sublime devient, comme l'image de la crucifixion, « l'image qui oblitère toutes les (autres) images ».

106. Voir, de Rudolf Bernet, « *Subjekts und Gesetz in der Ethik von Kant und Lacan* », in *Kant und psychoanalyse*, sous la direction de Hans-Dieter Gondek et de Peter Vidmer, Francfort, Fischer Verlag, 1994.

107. Jacques Derrida, *Politiques de l'amitié*, Paris, Galilée, 1994, p. 87.

108. Simon Critchley, *Ethics-Politics-Subjectivity, op. cit.*, p. 277. Les italiques sont de Simon Critchley.

109. Jacques Lacan, *Séminaire III : Les psychoses*, Paris, Seuil, 1981, p. 48.

110. Je m'inspire ici de conversations avec Alenka Zupancic ; voir aussi son remarquable livre, *Ethics of the Real* (*op. cit.*).

111. François Truffaut, *Le Cinéma selon Hitchcock*, Seghers, Paris, 1965, p. 287.

112. C'est là la toile de fond du roman de Martin Amis, *Train de nuit*

Notes de l'auteur

(Paris, Gallimard, 1999), qui offre une description des efforts mis en œuvre pour « pathologiser » le suicide. Quand la fille d'un responsable de la police, jeune et apparemment heureuse, se suicide, l'héroïne (une inspectrice de police) découvre que les indices laissés par la jeune fille (un amant occasionnel, l'usage de drogues) sont factices – qu'elle n'avait pas de raison particulière de mettre un terme à sa vie. Néanmoins, sachant que ce malaise purement existentiel serait trop difficile à supporter pour son père, l'inspectrice dresse dans son rapport final un portrait de la jeune femme dans lequel son geste est réduit à des causes claires (la consommation de drogue, des amours éphémères), ce qui le rend bien plus facile à supporter que s'il fallait affronter le caractère abyssal de son acte.

113. C'est pourquoi aussi un chrétien ne devrait rien trouver à redire au volume des *Cliff Notes* consacré à la Bible, volume proprement obscène, qui traite la Bible comme un texte littéraire, et offre de brèves descriptions des « personnages » principaux : « Dieu : personne âgée, passionnément jalouse, mais créatrice et très puissante » ou « Jésus : le fils, jeune et doux, d'un menuisier juif, à qui a été confiée une grande et importante mission ».

114. Edward P. Moser, *The Politically Correct Guide to the Bible*, New York, Three Rivers Press, 1997.

115. C'est là, bien entendu, simplement une des variantes de la multitude d'attitudes éthiques et politiques actuelles – il suffit de mentionner ici l'attitude opposée (dont la formulation est librement adaptée du psaume 24:3) : « Bien que je marche dans la vallée de l'ombre de la mort, je ne crains aucun mal, *parce que je suis le pire des salopards de toute la vallée* ! ».

116. Voir Donald Spoto, *Un inconnu nommé Jésus*, Paris, Le Pré aux Clercs, 2000.

117. Emmanuel Lévinas, *Totalité et infini, Essai sur l'extériorité*, Paris, Le livre de poche, 1990, p. 221.

118. Citation extraite de *Truth and Interpretation*, sous la direction d'Ernest Lepore, Oxford, Blackwell, 1986, p. 331.

119. Le paradoxe que recèle la définition donnée par Saussure du signifiant est assurément le meilleur exemple de cette circularité : si un signifiant n'est *rien* qu'un amas de différences avec les autres signifiants, qu'est-ce qui soutient l'édifice de tous les signifiants ? Comment se fait-il qu'il ne s'effondre pas ? La réponse consiste, bien sûr, à introduire un signifiant paradoxal, en excès, qui, loin de servir de fondement ultime, donne corps à son absence ; autrement dit, il s'agit d'introduire un signifiant qui ne s'inscrit pas dans la série des signifiants, mais qui représente le signifiant en tant qu'il n'est pas absent, c'est-à-dire la Différence en tant que telle.

120. Voir, de Michael Taussig, *Defacement*, Stanford, CA, Stanford University Press, 1999, p. 223-5.

121. Voir, de Giorgio Agamben, *Ce qui reste d'Auschwitz* (*op. cit.*, p. 143-145).

122. Voir, de Jacques Lacan, le chapitre quatorze du *Séminaire II : Le*

moi dans la théorie de Freud et dans la technique de la psychanalyse, Paris, Seuil, 1990.

123. Voir, de Lisa Appignanesi et John Forrester, *Freud's Women*, Cambridge, Cambridge University Press, 1995.

124. Perry Anderson, « A Sense of the Left », *New Left Review* 231 (septembre-octobre 1998), p. 276.

125. Daniel C. Dennett, *La conscience expliquée*, Paris, Odile Jacob, 1993.

126. Voir, de Jacques Derrida, « La mythologie blanche », in *Marges de la philosophie*, Minuit, 1972.

127. Voir, de Jacques Derrida, « Le supplément de la copule », in *Marges de la philosophie*, Paris, Minuit, 1972.

128. Michel Foucault, *Language, Counter-Memory, Practice,* Ithaca, NY, Cornell University Press, 1977, p. 124.

129. Voir, de Francisco Varela, Evan Thompson et Eleanor Rosch, *L'Inscription corporelle de l'esprit : sciences cognitives et expérience humaine*, Paris, Seuil, 1993.

130. Voir, de Ray Jackendoff, *Consciousness and the Computational Mind*, Cambridge, MA, MIT Press, 1987.

131. Voir, de Francisco Varela, Evan Thompson et Eleanor Rosch, *L'inscription corporelle de l'esprit : sciences cognitives et expérience humaine*, Paris, Seuil, 1993.

132. John Brockman (dir.), *The Third Culture*, New York, Simon and Schuster, 1996, p. 23.

133. *Ibid.*, p. 21.

134. Voir, d'Ernesto Laclau et Chantal Mouffe, *Hegemony and Socialist Strategy*, Londres, Verso, 1984.

135. Voir l'introduction de John Brockman à *The Third Culture* (*op. cit.*).

136. Voir notamment, parmi la multitude de textes étayant cet argument : « Existe-t-il, comme le dit David Bohm, un ordre inhérent à la matière, et qui présupposerait une sorte de « totalité » des choses ? Pouvons-nous concevoir un « tao de la physique », pour reprendre l'expression qu'utilise Fritjof Capra dans son best-seller, dans lequel les philosophies orientales jouxteraient les casse-têtes de la physique quantique ? » (Pat Kane, « There's Method in the Magic », in *The Politics of Risk Society*, sous la direction de Jane Franlin, Oxford, Polity Press, 1998, p. 78-79).

137. Richard Feynman, *La Nature des lois physiques*, Paris, R. Laffont, 1970.

138. Thomas S. Kuhn, *La Structure des révolutions scientifiques*, Paris, Flammarion, 1972.

139. Voir, d'Andrew Ross, *The Chicago Gangster Theory of Life*, Londres et New York, Verso, 1995.

140. Il est remarquable que l'opposition entre sciences « dures » (dont la structure conceptuelle incorpore une position dominante) et sciences « molles » (qui reposent sur la collaboration, etc.) est dangereusement

proche de l'idéologie *New Age* qui distingue deux univers mentaux : masculin et féminin, compétitif et coopératif, analytique et intuitif. En bref, avec cette opposition, nous sommes dangereusement proches de la sexualisation prémoderne de l'univers, conçu comme pris dans la tension entre deux principes – le Masculin et le Féminin.

14. Alain Badiou, « La Sainte-Alliance et ses serviteurs » (avril 1999), texte diffusé sur l'Internet.

142. Alain Badiou est parfaitement fondé à affirmer dans son *Deleuze* (Paris, PUF, 1998) que le philosophe des multitudes rhizomatiques et foisonnantes est le plus radical des monistes de la philosophie contemporaine, le philosophe de l'Identité, de l'Un qui traverse toutes les différences – non pas seulement sur le plan du contenu de ses écrits, mais aussi sur celui de la procédure formelle qu'il met en œuvre : le style de Deleuze ne se caractérise-t-il pas par une compulsion obsessionnelle à appliquer la même matrice, le même ensemble conceptuel, à tous les phénomènes qu'il analyse, des systèmes philosophiques à la littérature et au cinéma ?

143. La thèse de Judith Butler, selon laquelle la différence sexuelle est produite par l'identification mélancolique à l'objet perdu, est emblématique des impasses qui surgissent quand on cherche à contourner la différence des sexes : au commencement (mythique, originellement refoulé), une femme (ou un homme) est libidinalement attachée à un objet du même sexe ; quand, sous la pression de l'ordre normatif socio-symbolique, il lui est nécessaire de renoncer à cet attachement, le sujet s'identifie à cet objet libidinal perdu ; une « femme » est un sujet qui devient elle-même l'objet libidinal féminin auquel il a fallu renoncer, et la même chose est valable pour les « hommes » (voir Judith Butler, *La Vie psychique du pouvoir*, Paris, Léo Scheer, 2003). Le problème de cette solution, particulièrement élégante, est qu'elle présuppose la différence sexuelle : comment une femme, avant de devenir telle, pourrait-elle choisir pour objet libidinal une autre femme (*et non un homme*) si la différence sexuelle entre un homme et une femme n'est pas déjà acquise ? En répondant que la circularité de l'argument n'est qu'apparente, qu'en réalité la première identification est une identification avec le (même) sexe en tant que fait biologique, et que seule la seconde identification a lieu avec le sexe en tant que modèle symbolique, on recourt à une opposition grossière entre la nature et la culture que Butler elle-même a « déconstruite » dans *Gender Trouble : Feminism and the Subversion of Identity* (New York, Routledge, 1990).

À propos de la différence des sexes, on se trouve devant un cercle en raison de l'absence de clarification du statut de la différence sexuelle en tant qu'elle est réelle. L'argument fondamental de Butler à l'encontre du Réel lacanien est que l'acte même de différencier (ce qui peut être compris dans) le Symbolique et le Réel (qui ne peut être symbolisé) est un geste symbolique par excellence. Cette thèse s'inspire de l'argument idéaliste classique selon lequel il est impossible qu'il y ait une réalité en dehors de la représentation : comme nous sommes limités au domaine de la représentation, tout effort pour distinguer entre nos représentations et les choses représentées – ou, pour le formuler à la manière de Hegel, entre l'en-soi et le pour-soi – est intérieur au domaine de la représentation, autrement dit c'est la conscience elle-même qui distingue ce qui n'est que pour elle de ce qui existe « au dehors », indépendamment d'elle. Or, le Réel lacanien *n'est pas* cet en-soi insaisissable situé hors du domaine des représentations « symboliques » ; il est plutôt la limitation *interne* de ce domaine, l'obstacle interne à cause duquel les représentations *échouent, bien qu'il n'y ait rien « en dehors » de leur domaine.*

144. Voir, d'Ernesto Laclau, *Emancipation(s)*, Londres et New York, Verso, 1996.

145. Voir, de Theodor W. Adorno, *Dialectique négative*, Paris, Payot, 1978.

146. La confusion de la gauche face aux « fondamentalismes » ethno-religieux actuels et son incapacité à les comprendre sont rendues manifestes par le recours aux termes de « néofascistes » ou de « protofascistes », des termes qui trahissent l'*absence* de concepts appropriés de ces phénomènes (leur seul contenu positif consiste en l'affirmation qu'il y a là « quelque chose qui ressemble partiellement au fascisme mais n'est pas véritablement du fascisme »).

147. Voir la tribune de Jörg Haider, « *Blair and me versus the forces of conservatism* », in *The Daily Telegraph*, 22 février 2000.

148. Voir, d'Ernesto Laclau, *Politics and Ideology in Marxist Theory*, Londres, Verso, 1975.

149. Voir, de Claude Lefort, *L'Invention démocratique : les limites de la domination totalitaire* (Paris, Fayard, 1981) et, de Jacques Rancière, *La mésentente*, (Paris, Galilée, 1997).

150. Un autre aspect de cette antinomie idéologique réside dans la façon dont les mêmes personnes, d'une part, s'inquiètent des dangers de l'intervention étatique et, d'autre part, exigent une forte protection étatique de leurs droits. Les mêmes personnes, attachées à la libre réalisation de leur potentiel, sans contrôle et sans intervention étatiques, en appellent à la protection de l'État dès que cette libre réalisation est menacée.

151. Je tiens à remercier Gillian Beaumont pour avoir attiré mon attention sur ces cinq sens.

152. Ce livre doit beaucoup à de très stimulantes discussions avec Charity Scribner, notamment pour ce qui est des développements sur le deuil et la mélancolie du chapitre quatre. Voir son *Requiem for Communism* (Cambridge, MA, MIT Press, 2003).

Notes des traducteurs

p. 12 : L'expression « *cultural studies* » désigne un ensemble assez hétérogène d'institutions et de travaux de recherche transdisciplinaires. Nées au Royaume Uni à la fin des années cinquante, les *cultural studies* ont connu un développement très important au cours des années quatre-vingt, notamment aux États-Unis ; ses promoteurs se caractérisent souvent par une humeur « radicale » et une forte propension au relativisme, ainsi que par un intérêt marqué pour la culture populaire et les *mass medias*, et pour les questions relatives aux genres, aux classes et aux identités ethnoculturelles. Lire, d'Armand Mattelart et Érik Neveu, *Introduction aux* cultural studies, Paris, La Découverte, 2003.

p. 65 : *extime* : la notion d'extime (le terme est forgé sur le modèle d'« intime ») a été élaborée par Lacan pour désigner un extérieur logé au-dedans du sujet, où il plaçait la Chose, à la fois intime et au-dehors (voir *Séminaire VII : L'éthique de la psychanalyse*).

p. 128 : Dimitri Chostakovitch, *Témoignage, les mémoires de Chostakovitch*, propos recueillis par Solomon Volkov, Paris, Albin Michel, 1980.

p. 137 : Christa Wolf, *Le ciel partagé*, Paris, Éditeurs français réunis, 1967.

p. 146 : *queer* : ce terme connait un succès grandissant depuis une vingtaine d'années ; il peut, dans son acception première, se traduire par « étrange » ou « bizarre » ; il était autrefois utilisé comme une insulte pour désigner les homosexuels ; *queer* est aujourd'hui employé, avec un sens laudatif, dans les milieux où s'élaborent des pratiques, des discours et des politiques de la sexualité « postidentitaires », « postféministes » et « postgays » (qui s'efforcent de déconstruire les identités et d'en jouer, en mettant notamment en relief la dimension performative de la production des genres).

p. 191 : *cultural studies* : voir la note correspondante de la page 12.

p. 191 : *third culture* : pour une présentation de ce que John Brockman appelle la *third culture*, consulter *Edge*, un site Internet en anglais consacré à la promotion des intellectuels *third culture* :
http://www.edge.org/3rd_culture/

Il s'agit d'une appellation générique, subsumant sous un même vocable des personnalités de tempéraments et de styles variés (dont les plus illustres sont sans doute Steven C. Dennett, Stephen Jay Gould et Francesco Varela), mais que lie un commun rejet d'une certaine figure de l'intellectuel de gauche (disqualifié parce que trop « littéraire » et « jargonnant », et du fait de son ancrage historique dans le marxisme et la psychanalyse). Ces intellectuels d'un nouveau genre (les deux autres genres – les *first and second cultures* – étant représentés par les intellectuels littéraires et les scientifiques marginalisés) sont en général issus des sciences physiques ou de la biologie, et prétendent, armés de leur savoir, intervenir directement dans les débats contemporains.

p. 212 : Le principe anthropique énonce que l'Univers a été conçu dans des conditions extrêmement spéciales dans le but d'abriter la vie.

p. 213 : *même* : le terme a été forgé en 1976 par Richard Dawkind et repris par Steven C. Dennett. D'après les promoteurs de ce concept, les mèmes sont les unités de base de l'information, les « gènes » de nos idées, considérées comme des « êtres vivants ».

p. 214 : « Les maîtres Wu Li dansant » est le titre d'un livre, très populaire aux États-Unis, de Gary Zukav (*The Dancing Wu Li Masters, The New Physics*, paru en 1979). Il s'agit d'un exposé de la physique contemporaine, inspiré par la conception « chinoise » de la physique, selon lequel les physiciens, chez qui l'imagination prime toujours sur le savoir, « dansent » avec le monde et avec leurs étudiants (auxquels ils n'enseignent rien, mais qui apprennent beaucoup)…

p. 215 : *Le Tao de la physique* est un livre de Fritjof Capra (Paris, Sand, 1975). Capra s'efforce de montrer que les grandes sagesses orientales et la physique contemporaine présentent des vues convergentes sur le monde et l'existence : limites de l'objectivité, primat des processus sur les choses et interconnexion de tous les évènements seraient les traits saillants de notre monde selon la physique quantique et les grands courants spirituels de l'Asie.

p. 240 : L'expression « orthodoxie de Copenhague » désigne l'interprétation de la physique quantique développée notamment par Heisenberg dont le fameux « principe d'incertitude » (qui affirme que l'objet quantique n'a pas d'existence indépendante du sujet qui l'observe, et qu'il est impossible d'éliminer les perturbations dues à l'observation) a alimenté de nombreux débats.

Cet ouvrage a été achevé d'imprimer
pour le compte d'Éditions Amsterdam
par Europe Still et Euroteh (Slovénie)
en février 2007

Dépôt légal : mars 2007